High School

Basic English 2

 자습서

Preface

영어 공부는 단순히 새로운 언어를 배우는 것이 아니라, 더 넓은 세상과 소통할 수 있는 열쇠를 쥐는 일입니다. 공부하는 과정이 힘들고 어렵게 느껴질 수 있지만, 작은 노력들이 쌓여 큰 성과로 이어지기 마련입니다. 매일 조금씩이라도 꾸준히 공부하면 어느 순간 자신이 발전해 있는 모습을 발견하게 될 거예요. 힘들다고 느껴질 때도, 그 과정을 즐기며 배운다는 마음으로 계속 도전하세요.

영어 실력은 앞으로 여러분이 마주할 수많은 기회들을 열어줄 것입니다. 영어로 꿈꾸는 미래를 그리며 한 걸음씩 나아가세요!

저자 일동

> *The future belongs to those who believe in the beauty of their dreams.*
>
> *- Eleanor Roosevelt*

내신 필수
해석 & 해설

- 스스로 학습을 돕는 교과서 영문 해석
- 교과서 활동과 본문 이해를 돕는 자세한 해설
- 어휘 및 구문 해설

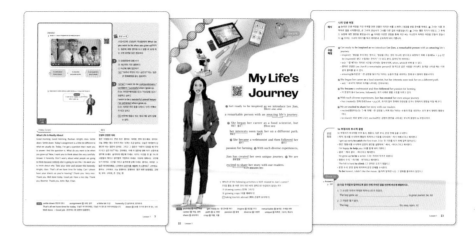

내신 만점
활동 자료

- 교과서 본문 어휘 학습 Word Practice
- 본문 주요 구문 학습 Check Up
- 본문 문장 이해 점검 학습 옳은 것 고르기 빈칸 채우기

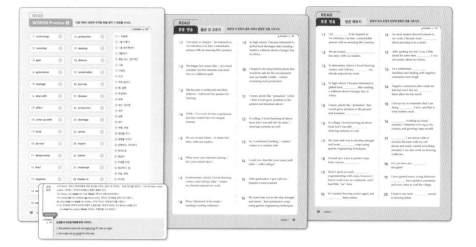

실전 대비
평가 자료

- 주요 의사소통 기능과 핵심 문법 점검하며 기본 다지기
- 학습한 내용을 종합적으로 점검하며 학교 시험 대비

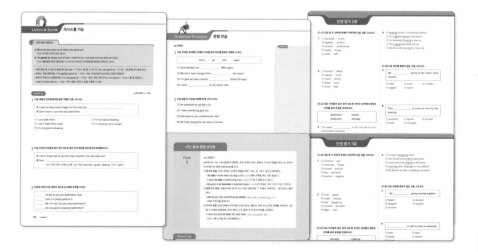

Contents

**Learning
is the only thing
the mind never exhausts,
never fears,
and never regrets.**

3

Lesson 1

A Bright Future Ahead
앞으로의 밝은 미래

Big Question

What matters most in your life?
여러분 인생에서 무엇이
가장 중요한가요?

LOVE WHAT
YOU DO
&
DO WHAT
YOU LOVE.

The Startline

**The Important
Question**
중요한 질문

Listen & Speak

1 What Are You Good At?
Ⓕ 능력 여부 표현하기
너는 무엇을 잘하니?
2 Who Is Your Role Model?
Ⓕ 설명 요청하기
너의 롤 모델은 누구니?

Read

My Life's Journey 나의 인생 여정
Ⓥ 반의어
Ⓖ to 부정사 / 동명사

THINK BIG

Write & Present

From Your Future Self
너의 미래의 자아로부터

Teen Vibes

- **Hire Me** Fun Time
  나를 고용하세요
- **The Career Dice Challenge** Project Time
  진로 주사위 게임

The Important Question

GET READY

여러분은 무엇을 좋아하고, 어떤 일을 해 보고 싶은가요? 후드 티셔츠에 자유롭게 표현해 봅시다.

<후드 티셔츠에 담을 정보>
1. 자신에 관한 기본적인 정보
2. 좋아하는 것
3. 해보고 싶은 것

교과서 10쪽

중요한 질문

● 준비 활동

자신에 관한 정보를 담은 후드 티셔츠를 디자인하여 자신만의 기록물을 만들고, 반 친구들에게 자신을 소개하는 활동이다. 노랑 원 안의 예시와 같이 원하는 컬러와 이미지를 활용하고, 티셔츠의 면을 분할하여 다음과 같은 정보를 넣을 수 있다.

1. 자신에 관한 기본적인 정보

① name or stage name 이름 또는 예명
[예시] Kim Yujin / Jinny

② date of birth 생일
[예시] Feb. 29, 2010

③ age 나이
[예시] 16

④ grade 학년
[예시] 10th grade

⑤ place of birth 태어난 곳
[예시] Mapo-gu, Seoul

⑥ self-portrait 자화상

2. 좋아하는 것

① favorite color 좋아하는 색
[예시] red, orange, yellow, green, blue, indigo, purple, brown, white, black, gray, navy, khaki, violet, etc.

② favorite singer/group 좋아하는 가수/그룹
[예시] Michael Jackson, BTS, etc.

③ best ever book 최고의 책
[예시] *Human Acts* (Han Kang), *Wonder* (R. J. Palacio), *The Giver* (Lois Lowry)

④ best subject 가장 좋아하는 과목
[예시] history, physics, biology, math, etc.

⑤ favorite healthy snack 좋아하는 건강 간식
[예시] apple, peanut, sweet potato, etc

3. 해보고 싶은 것

① future job 미래 직업
[예시] teaching, making a film, space scientist, vet, etc.

② dream destination 가고 싶은 곳
[예시] Paris, Jeju, Madrid, etc.

③ leisure activity 여가 활동
[예시] fishing, playing VR games, flying a drone, etc.

④ new skills to learn (배울 새로운 기술)
[예시] cooking, playing the guitar, climbing, surfing, etc.

참고 후드 티셔츠 대신 스니커즈 또는 백팩 등으로 바꾸어 디자인할 수 있다.

VIEW & TALK

1 영상을 보고, 선생님이 학생들에게 제시한 과제를 골라 봅시다.

What Life Is Really About

ⓐ to write about future dreams
ⓑ to describe personal worries
ⓒ to ask questions about oneself

2 여러분이라면 위 과제에 무엇이라고 답할지 생각해 보고, 친구들과 이야기해 봅시다.

Sample
I want to be happy / a musician when I grow up.

🎥 **영상 소개**

수업시간에 선생님이 학생들에게 **What do you want to be when you grow up?**이라는 질문에 대해 생각해 보고 답을 써 보게 하는 수업 장면을 담은 영상이다.

1
ⓐ 장래희망에 대해 쓰기
ⓑ 개인적인 걱정 설명하기
ⓒ 자신에 대해 질문하기

해설 "자라서 무엇이 되고 싶은가?"라는 질문은 장래희망을 묻는 질문이다.

2
추가 예시 I want to be compassionate / confident / successful when I grow up.
(나는 자라면 배려심을 갖고 / 자신감을 갖고 / 성공하고 싶어.)
I want to be a wonderful animal keeper / an astronaut when I grow up.
(나는 자라면 멋진 동물 사육사 / 우주 비행사가 되고 싶어.)

해설 빈칸에 형용사 또는 명사구를 넣어 답할 수 있다.

교과서 11쪽

Video Script

What Life Is Really About

Good morning. Good morning, Rashan. Alright, class. Settle down. Settle down. Today's assignment is a little bit different to what we usually do. Today, I've got a question that I want you to answer. And the question is: What do you want to be when you grow up? Now, I want you to think about this very carefully. Answer it honestly. Don't worry about what people are going to think because nobody else is going to see this. I do want you to think about why. Take your time and answer this honestly. Alright, class. That's all we have time for today. Can I please have your sheets as you're leaving? Thank you. Very nice. Thank you. Well done today. Good job. Have a nice day. Thank you, Boomie. Thank you, John. Bye, Chan.

해석

인생의 진정한 의미

좋은 아침입니다. 안녕 라샨. 좋아요, 여러분. 편히 앉으세요. 앉아요. 오늘 과제는 평소 우리가 하는 것과는 조금 달라요. 오늘은 여러분이 답했으면 하는 질문이 있어요. 그리고 그 질문은 "어른이 되었을 때 무엇이 되고 싶은가요?"라는 것이에요. 이제 이 질문에 대해 아주 신중하게 생각해 보세요. 솔직하게 대답해 주세요. 아무도 이것을 못 볼 거니까 사람들이 뭐라고 생각할까 걱정하지 마세요. 이유에 대해서도 고민해 보기 바라요. 시간을 가지고 솔직하게 답해 주세요. 좋아요, 여러분. 오늘은 여기까지예요. 나가면서 답안지를 제출해 주시겠어요? 고마워요. 좋아요. 고마워요. 오늘 잘했어요. 잘했어요. 좋은 하루 보내세요. 고마워, 부미. 고마워, 존. 안녕, 챈.

어휘 **settle down** 편안히 앉다   **assignment** 몡 과제, 임무   **a little bit** 조금   **honestly** 閈 솔직하게, 정직하게
That's all we have time for today. 오늘은 여기까지예요, 오늘은 이 정도로 마무리하겠습니다.   **sheet** 몡 (보통 크기의 종이 한 장), 시트
Well done. = Good job. (칭찬하는 말) 잘했어, 훌륭했어.

Listen & Speak — What Are You Good At?

능력 여부 표현하기
I'm good at ....

LISTEN IN

1 대화를 듣고, 여학생의 마지막 말에 대한 남학생의 응답으로 가장 적절한 것을 골라 봅시다.
ⓐ I think you can be a good movie star.
ⓑ I hope you win the contest next time.
ⓒ I'm sure you can make your dream come true.

2 대화를 다시 듣고, 여학생이 어떤 내용의 영상을 제작하고 싶어 하는지 골라 봅시다.

ⓐ ⓑ ⓒ

SPEAK OUT

3 잘하는 것과 미래의 꿈을 연결 지어 생각해 보고, 친구들과 대화해 봅시다.

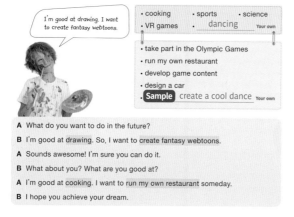

I'm good at drawing. I want to create fantasy webtoons.

- cooking   • sports   • science
- VR games   • dancing   Your own

- take part in the Olympic Games
- run my own restaurant
- develop game content
- design a car
- **Sample** create a cool dance   Your own

A What do you want to do in the future?
B I'm good at drawing. So, I want to create fantasy webtoons.
A Sounds awesome! I'm sure you can do it.
B What about you? What are you good at?
A I'm good at cooking. I want to run my own restaurant someday.
B I hope you achieve your dream.

교과서 12쪽

너는 무엇을 잘하니?

1
ⓐ 나는 네가 훌륭한 영화배우가 될 수 있다고 생각해.
ⓑ 다음에는 대회에서 우승하기를 바라.
ⓒ 너는 분명히 꿈을 이룰 수 있을 거야.
해설 야생동물에 관한 다큐멘터리 영상을 제작하고 싶다고 꿈을 말했으므로, 그 꿈을 이루기를 격려하는 표현이 응답으로 알맞다.

3 나는 그리기를 잘해. 나는 판타지 웹툰을 창작하고 싶어.

- 요리 • 운동 • 과학 • VR 게임
- 올림픽 경기에 참가하다
- 내 식당을 운영하다
- 게임 콘텐츠를 개발하다
- 차를 디자인하다

A 넌 장래에 무엇을 하고 싶니?
B 나는 그림을 잘 그려. 그래서 판타지 웹툰을 창작하고 싶어.
A 정말 멋지다! 분명히 이룰 수 있을 거야.
B 그럼 너는? 무엇을 잘하니?
A 나는 요리를 잘해. 언젠가 내 식당을 운영하고 싶어.
B 너의 꿈을 이루길 바라.

Listening Script

M Sujin, you look excited. Do you have any good news?
W I won first prize in the National Short Film Contest.
M That's great! What was your film about?
W It was about teenagers' dreams. I interviewed many high school kids. They all had different dreams.
M Sounds interesting! What's your own dream?
W I believe I'm good at making movies. I want to create documentaries about wildlife.
M I'm sure you can make your dream come true.

해석

남: 수진아, 신나 보인다. 좋은 소식이 있어?
여: 내가 전국 단편 영화 공모전에서 1등을 했어.
남: 대단하다! 너의 영화는 어떤 내용이었어?
여: 10대들의 꿈에 관한 것이었어. 많은 고등학생을 인터뷰했어. 그들 모두가 서로 다른 꿈을 가지고 있었어.
남: 흥미롭다! 너 자신의 꿈은 무엇이니?
여: 나는 내가 영화 만드는 것을 잘한다고 생각해. 야생동물에 관한 다큐멘터리를 만들고 싶어.
남: 너는 분명히 꿈을 이룰 수 있을 거야.

어휘 win (과거형 won) (동) (경쟁 등에서 이겨 무엇을) 따다, 차지하다   teenager (명) 십대   be good at ~을 잘하다, ~에 능숙하다   create (동) 창작하다   wildlife (명) 야생동물   come true 실현하다   fantasy (명) 공상   VR (virtual reality) 가상 현실   take part in ~에 참가하다   run (동) 운영하다, 경영하다   game content 게임 내용   awesome (형) 기막히게 좋은, 굉장한   achieve (동) 달성하다, 이루다

8 Lesson 1

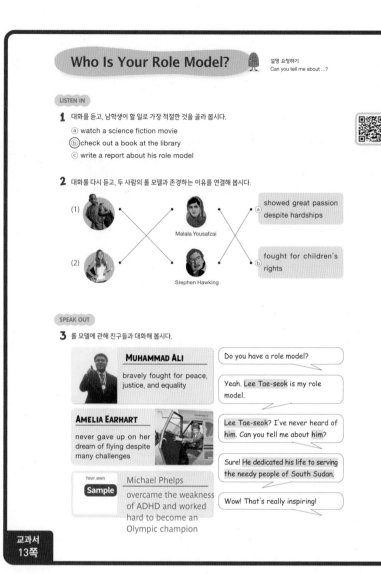

Who Is Your Role Model?

설명 요청하기
Can you tell me about ...?

LISTEN IN

1 대화를 듣고, 남학생이 할 일로 가장 적절한 것을 골라 봅시다.

ⓐ watch a science fiction movie
ⓑ check out a book at the library
ⓒ write a report about his role model

2 대화를 다시 듣고, 두 사람의 롤 모델과 존경하는 이유를 연결해 봅시다.

(1)

Malala Yousafzai

(2)

Stephen Hawking

ⓐ showed great passion despite hardships

ⓑ fought for children's rights

SPEAK OUT

3 롤 모델에 관해 친구들과 대화해 봅시다.

MUHAMMAD ALI
bravely fought for peace, justice, and equality

AMELIA EARHART
never gave up on her dream of flying despite many challenges

Your own
Sample
Michael Phelps
overcame the weakness of ADHD and worked hard to become an Olympic champion

Do you have a role model?

Yeah. Lee Tae-seok is my role model.

Lee Tae-seok? I've never heard of him. Can you tell me about him?

Sure! He dedicated his life to serving the needy people of South Sudan.

Wow! That's really inspiring!

교과서
13쪽

너의 롤 모델은 누구니?

1
ⓐ 공상 과학 영화 보기
ⓑ 도서관에서 책 빌리기
ⓒ 그의 롤 모델에 대한 보고서 쓰기
해설 남학생이 마지막에 당장 도서관에 가야 겠다고 말했으므로 '도서관에서 책 빌리 기'가 할 일로 가장 적절하다.

2
(1) 스티븐 호킹: 역경에도 불구하고 엄청난 열정을 보여주었다
(2) 말랄라 유사프자이: 아이들의 권리를 위해 싸웠다

3
무하마드 알리
평화, 정의, 평등을 위해 용감하게 싸웠다

아멜리아 에어하트
많은 역경에도 불구하고 비행이라는 그녀 의 꿈을 결코 포기하지 않았다

A 너는 롤 모델이 있니?
B 응. 이태석님이 나의 롤 모델이야.
A 이태석? 난 들어본 적이 없어. 그에 관해 내게 말해줄 수 있니?
B 물론이지! 그는 남수단의 어려운 사람들을 돕는 데 그의 일생을 헌신했어.
A 와! 정말 감동적이다!

Listening Script

W Brian, who's your role model?

M I really admire Stephen Hawking. He kept his passion for science even after losing his ability to move. He overcame his hardships. Who's your role model?

W Malala Yousafzai. She's my role model.

M I've never heard of her. Can you tell me about her?

W She won the Nobel Peace Prize at the age of 17. She fought for children's rights to education.

M Wow, she's amazing! I'm really interested in knowing more about her.

W Well, the school library has a book about her. Why don't you borrow it?

M Good idea! I'll go to the library right now.

해석

여: 브라이언, 너의 롤 모델은 누구니?

남: 나는 스티븐 호킹을 정말 존경해. 움직일 수 있는 능력을 잃은 후에 도 그는 과학을 향한 열정을 유지했어. 역경을 극복했지. 너의 롤 모 델은 누구니?

여: 말랄라 유사프자이. 그녀가 나의 롤 모델이야.

남: 나는 그녀를 들어본 적이 없어. 그녀에 관해 나에게 말해 줄 수 있어?

여: 그녀는 17살에 노벨 평화상을 수상했어. 그녀는 교육에 대한 아동 의 권리를 위해 싸웠어.

남: 와, 그녀는 대단하다! 나는 정말 그녀에 대해 좀 더 알고 싶어.

여: 음, 학교 도서관에 그녀에 관한 책이 있어. 그것을 빌려보는 것은 어때?

남: 좋은 생각이야! 지금 바로 도서관에 가야겠다.

어휘 **admire** 동 존경하다 **passion** 명 열정 **lose** 동 잃다 **ability** 명 능력 **overcome** 동 극복하다 **hardship** 명 고난 **fight** 동 싸우다 **right** 명 권리 **education** 명 교육 **amazing** 형 놀라운 **borrow** 동 빌리다 **right now** 당장 **science fiction** 공상 과학 소설 **check out** 대출하다 **bravely** 부 용감하게 **peace** 명 평화 **justice** 명 정의 **equality** 명 평등 **give up** 포기하다, 그만두다 **despite** 전 ~에도 불구하고 **challenge** 명 도전, 난제 **dedicate ... to -ing** ~하는 데 전념하다 **needy** 형 (경제적으로) 어려운, 궁핍한 **inspiring** 형 고무하는, 격려하는

1 능력 여부 표현하기

A What do you want to be when you grow up?
(너는 자라면 무엇이 되고 싶니?)

B I'm good at taking care of pets. I want to be a vet and run my own vet clinic.
(나는 애완동물 돌보기를 잘해. 난 수의사가 되어서 내 애완동물 병원을 운영하고 싶어.)

- 어떤 일을 할 수 있는지 물을 때 Can you ~? (너는 ~를 할 수 있니?), Are you good at ~? (너는 ~을 잘하니?) 등을 쓴다.
- 잘하는 것을 말할 때는 I'm (pretty) good at ~. (나는 ~하는 데 (상당히) 능숙하다.)처럼 표현한다.
- 잘하지 못한다고 표현할 때는 I'm not good at ~. (나는 ~하는 것에 서투르다.), I'm bad at ~. (나는 ~를 잘 못한다.), I don't know how to ~. (나는 ~하는 법을 모른다.) 등을 사용할 수 있다.

Check Up

▶ Answers p. 188

1 다음 대화의 빈칸에 들어갈 말로 적절한 것을 고르시오.

> **A** I want to draw some images on the card, but _____.
> **B** Don't worry. I can help you draw them.

① I can draw them
② I'm not bad at drawing
③ I can't make these cards
④ I'm drawing many images
⑤ I'm not good at drawing

2 다음 주어진 우리말과 같은 뜻이 되도록 괄호 안의 표현을 빈칸에 바르게 배열하시오.

> **A** I don't know how to use this copy machine. Can you help me?
> **B** Sure. _____.
> 　　　　 나는 기계 다루는 것에 능숙해. (at / the machine / good / dealing / I'm / with)

3 다음이 자연스러운 대화가 되도록 순서대로 번호를 쓰시오.

> _____ I'd like to join the badminton club.
> _____ Sure, I'm pretty good at it.
> _____ No, I'm not. Can you play badminton?
> _____ Are you good at playing badminton?

A Can you tell me about your role model?
(너의 롤 모델에 대해 이야기해 줄래?)

B Sure. My role model is Muhammad Ali. He bravely fought for peace, justice, and equality.
(그럼. 내 롤 모델은 무하마드 알리야. 그는 평화와 정의와 평등을 위해 용감하게 싸웠어.

Can you tell me about ~?은 어떤 상황이나 사람에 대한 설명이나 정보를 요청하는 표현이다. 유사한 표현으로는 Can you explain ~?, Would you mind telling me about ~?, I'd like to know about ~., Can you give me information on ~? 등이 있고, 간접적이고 공손한 표현으로는 I was wondering if you could tell me about ~., Would it be possible for you to explain ~?, I'm curious to learn more about ~., Can you share some details? 등이 있다. Can 대신 Could 를 사용하면 좀 더 격식 있고 공손한 표현이 된다.

Check Up

▶ Answers p. 188

1 다음 대화의 빈칸에 알맞은 말을 <u>두 개</u> 고르시오.

> **A** I really admire Lee Tae-seok. Do you know who he is?
> **B** _____
> **A** Sure! He dedicated his life to serving the needy people of South Sudan.
> **B** That's really inspiring!

① No. Who is he?

② Yes. I admire him, too.

③ No. Can you give me some information on him?

④ No. Would you say that again?

⑤ Um, I've never heard of him. Can you tell me about him?

2 다음이 자연스러운 대화가 되도록 순서대로 번호를 쓰시오.

> _____ I grow various herbs and some vegetables. It's great to use them in cooking.
> _____ Can you tell me about your favorite hobby?
> _____ That's cool. What kind of plants do you grow?
> _____ Of course! I really enjoy gardening. It's so relaxing.

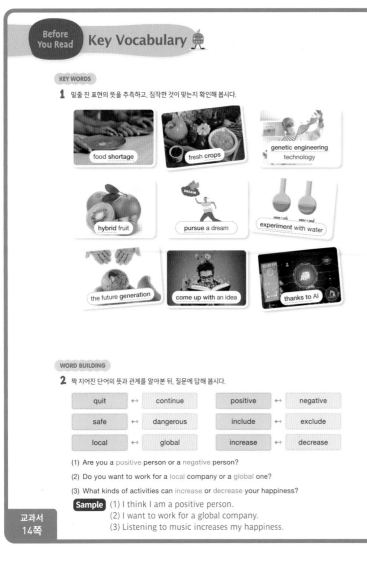

Before You Read — Key Vocabulary

KEY WORDS

1 밑줄 친 표현의 뜻을 추측하고, 짐작한 것이 맞는지 확인해 봅시다.

food shortage / fresh crops / genetic engineering technology / hybrid fruit / pursue a dream / experiment with water / the future generation / come up with an idea / thanks to AI

WORD BUILDING

2 짝 지어진 단어의 뜻과 관계를 알아본 뒤, 질문에 답해 봅시다.

quit	↔	continue		positive	↔	negative
safe	↔	dangerous		include	↔	exclude
local	↔	global		increase	↔	decrease

(1) Are you a positive person or a negative person?

(2) Do you want to work for a local company or a global one?

(3) What kinds of activities can increase or decrease your happiness?

Sample
(1) I think I am a positive person.
(2) I want to work for a global company.
(3) Listening to music increases my happiness.

교과서 14쪽

1 Key Words

food shortage 식량 부족
fresh crops 신선한 작물
genetic engineering technology
유전 공학 기술
hybrid fruit 혼종(잡종) 과일
pursue a dream 꿈을 향해 나아가다
experiment with water 물로 실험하다
the future generation 미래 세대
come up with an idea
아이디어를 생각해내다
thanks to AI 인공지능 덕분에

2 Word Building: 반의어

좌 • 그만두다 ↔ 계속하다
  • 안전한 ↔ 위험한
  • 지역적인, 현지의 ↔ 세계적인
우 • 긍정적인 ↔ 부정적인
  • 포함하다 ↔ 제외하다
  • 증가하다 ↔ 감소하다

(1) 너는 긍정적인 사람이야, 아니면 부정적인 사람이야?

(2) 너는 현지 회사에서 일하고 싶어, 아니면 국제적인 회사에서 일하고 싶어?

(3) 어떤 활동들이 네 행복을 증가시키거나 감소시킬 수 있니?

Key Words 예문

• Some countries are at risk of a **food shortage**.
(몇몇 국가는 식량 부족의 위험에 처해 있다.)

• The farmers harvested **fresh crops** early in the morning to sell at the market.
(농부들은 신선한 작물을 아침 일찍 수확하여 시장에서 팔았다.)

• **Genetic engineering technology** has revolutionized agriculture by improving plant resistance to diseases.
(유전 공학 기술은 작물의 질병 저항력을 높여 농업을 혁신시켰다.)

• The new **hybrid fruit** combines the sweetness of apples with a sour taste of lemons.
(새로운 혼종 과일은 사과의 달콤함과 레몬의 신 맛을 결합한 것이다.)

• She worked hard to **pursue her dream** of becoming a scientist despite the challenges.
(그녀는 어려움에도 불구하고 과학자가 되기 위한 꿈을 향해 열심히 나아갔다.)

• We **experimented with water** to understand how different temperatures affect its boiling point.
(우리는 다양한 온도가 물의 끓는점에 어떻게 영향을 미치는지 이해하기 위해 물로 실험했다.)

• **The future generation** will benefit from advances in renewable energy and sustainable farming practices.
(미래 세대는 재생 가능 에너지와 지속 가능한 농업 관행의 발전으로 혜택을 볼 것이다.)

• He managed to **come up with an idea** for a science project at the last minute.
(그는 과학 프로젝트 아이디어를 마지막 순간에 간신히 생각해냈다.)

• **Thanks to** AI, diagnosing complex diseases has become faster and more accurate.
(AI 덕분에 복잡한 질병을 진단하는 것이 더 빠르고 정확해졌다.)

Word Building 추가 예시

접두사를 붙인 반의어

un-: comfortable (안락한) ↔ uncomfortable (불편한)
dis-: agree (의견이 일치하다) ↔ disagree (의견이 다르다)
in-: ability (능력) ↔ inability (무능력)
im-: possible (가능한) ↔ impossible (불가능한)
ir-: rational (합리적인) ↔ irrational (비이성적인)

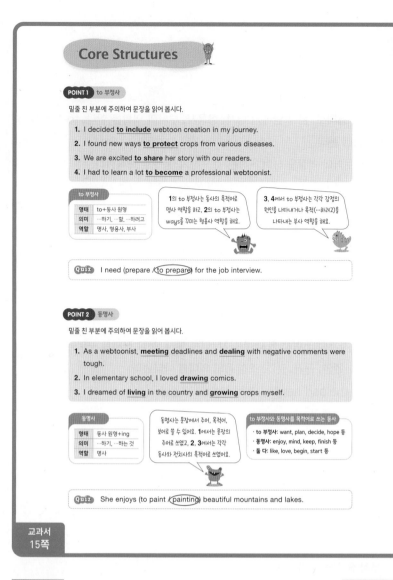

Core Structures

POINT 1 to 부정사

밑줄 친 부분에 주의하여 문장을 읽어 봅시다.

1. I decided **to include** webtoon creation in my journey.
2. I found new ways **to protect** crops from various diseases.
3. We are excited **to share** her story with our readers.
4. I had to learn a lot **to become** a professional webtoonist.

to 부정사

형태	to+동사 원형
의미	…하기, …할, …하려고
역할	명사, 형용사, 부사

1의 to 부정사는 동사의 목적어로 명사 역할을 하고, 2의 to 부정사는 ways를 꾸미는 형용사 역할을 해요.

3, 4에서 to 부정사는 각각 감정의 원인을 나타내거나 목적(…하려고)을 나타내는 부사 역할을 해요.

Quiz I need (prepare / (to prepare)) for the job interview.

POINT 2 동명사

밑줄 친 부분에 주의하여 문장을 읽어 봅시다.

1. As a webtoonist, **meeting** deadlines and **dealing** with negative comments were tough.
2. In elementary school, I loved **drawing** comics.
3. I dreamed of **living** in the country and **growing** crops myself.

동명사

형태	동사 원형+ing
의미	…하기, …하는 것
역할	명사

동명사는 문장에서 주어, 목적어, 보어로 쓸 수 있어요. 1에서는 문장의 주어로 쓰였고, 2, 3에서는 각각 동사와 전치사의 목적어로 쓰였어요.

to 부정사와 동명사를 목적어로 쓰는 동사
- **to 부정사**: want, plan, decide, hope 등
- **동명사**: enjoy, mind, keep, finish 등
- **둘 다**: like, love, begin, start 등

Quiz She enjoys (to paint / (painting)) beautiful mountains and lakes.

교과서 15쪽

---

1 to 부정사

1. 나는 내 여정에 웹툰 창작을 포함하기로 결정했다.
2. 나는 다양한 질병으로부터 작물을 보호하는 새로운 방법을 찾았다.
3. 우리는 그녀의 이야기를 독자들과 공유하게 되어 기쁘다.
4. 나는 전문적인 웹툰 작가가 되기 위해 많은 것을 배워야 했다.

Quiz. 나는 입사 면접을 준비해야 한다.

2 동명사

1. 웹툰 작가로서 마감일을 지키고 부정적인 댓글에 대처하는 것이 어려웠다.
2. 초등학교 때, 나는 만화를 그리는 것을 좋아했다.
3. 나는 시골에서 살면서 직접 작물을 키우는 것을 꿈꾸었다.

Quiz. 그녀는 아름다운 산과 호수를 그리는 것을 즐긴다.

해설 enjoy는 뒤에 to 부정사가 아닌 동명사를 목적어로 쓰는 동사이다.

POINT 1 to 부정사 예문 해설

1. to include는 동사 decided의 목적어로, '포함하기로 (결정했다)'라는 뜻이다. 동사의 목적어로 쓰였으므로 명사적 용법이다.

2. to protect는 바로 앞에 있는 new ways를 수식하며, '보호할 (새로운 방법)'으로 해석한다. 명사구를 수식하므로 형용사적 용법이다.

3. to share는 앞에 나오는 감정 excited의 원인을 설명하는 to 부정사로, '공유해서 (기쁘다)'라고 해석한다. 감정의 원인을 나타내는 to 부정사는 부사적 용법이다.

4. to become은 '~가 되기 위해 (많이 노력했다)'라는 뜻으로 목적을 나타낸다. 목적을 나타내는 to 부정사는 부사적 용법이다.

POINT 2 동명사 예문 해설

1. meeting과 dealing은 둘 다 동사에 ing가 붙은 형태의 동명사이고, 동사 were 앞에 쓰였으므로 이 문장에서 주어 역할을 한다. '(마감일을) 맞추는 것과 (부정적인 댓글에) 대처하는 것은'이라고 해석한다. 주어로 쓰인 동명사는 to meet, to deal과 같이 to 부정사로 바꿔 쓸 수 있다.

2. drawing은 이 문장의 동사 loved의 목적어로 쓰인 동명사이고, '그리는 것을 (좋아했다)'라고 해석한다. love는 to 부정사도 목적어로 쓸 수 있는 동사이므로 to draw로 써도 된다.

3. living과 growing은 전치사 of의 목적어이다. 전치사 뒤에 동사가 올 경우에는 항상 동명사 형태로 바꿔 써야 한다. 특히 and 뒤에 쓰인 growing도 의미상 of에 연결되는 말이므로 동명사로 쓰는 것에 주의한다. '~에 사는 것과 ~를 키우는 것을 (꿈꾸었다)'라고 해석한다. 전치사의 목적어로 쓰인 경우에는 to 부정사로 바꿔 쓸 수 없다.

어휘 include 동 포함하다   creation 명 창조, 창작   protect 동 보호하다   various 형 다양한   disease 명 질병
share 동 공유하다   professional 형 직업의   deadline 명 마감일   deal with 대처하다   negative 형 부정적인
comment 명 논평, 지적   tough 형 힘든, 어려운

Point 1

to 부정사

to부정사는 'to + 동사원형'의 형태로, 문장 안에서 명사, 형용사, 부사의 역할을 한다. to 부정사의 부정은 to 앞에 not/never를 쓴다.

1) **명사적 용법**: 주어, 목적어, 보어의 역할을 하며 '~하는 것, ~하기' 등으로 해석한다.
   - **To take** a walk with my dog is fun. 주어 (개와 산책을 하는 것은 즐겁다.)
   - I want **to take** a swimming class. 목적어 (수영 수업을 듣고 싶다.)
   - My goal is **to become** a baseball player. 보어 (나의 목표는 야구 선수가 되는 것이다.)

2) **형용사적 용법**: 형용사처럼 명사(구)나 부정 대명사를 그 뒤에서 꾸며주며, '~할'이라고 해석한다.
   - Would you like something **to drink**? 부정 대명사 something 수식
     (마실 무언가를 원하니?)

3) **부사적 용법**: 문장 안에서 부사처럼 쓰여서 동사, 형용사, 다른 부사, 문장 전체를 꾸미면서 그것을 더 자세히 설명하며, 목적, 원인, 근거, 결과, 조건 등의 의미를 나타낸다.
   - I was shocked **to hear** the bad news. 감정 shocked의 원인
     (나는 나쁜 소식을 듣고 충격받았다.)

Check Up

1 다음 밑줄 친 to 부정사가 명사, 형용사, 부사 중 어떤 용법으로 쓰였는지 쓰시오.

(1) To be a vet is my goal.

(2) Her job is to design shoes.

(3) His dream is to be a photographer in the future.

(4) Do you want to leave a message?

(5) It is time to go to school.

(6) I was so happy to see the bubble show today.

2 다음 밑줄 친 부분에 유의하여 문장을 해석하시오.

(1) He put on his glasses to read the message.

(2) I think this machine is convenient to use.

(3) I'm very glad to see my cousin.

(4) He grew up to be a police officer.

▶Answers p. 188

Point 2

동명사

동명사는 '동사 원형 + ing'의 형태로, 명사의 역할을 하여 문장에서 주어, 목적어, 보어로 쓰인다. 동명사의 의미상 주어는 소유격이나 목적격을 쓰고, 부정은 동명사 앞에 not/never를 붙인다.

1) **주어**: '~하는 것, ~하기'라는 뜻을 나타낸다. 주어로 쓰인 동명사는 단수 취급한다.
   - **Learning** history is very important. 주어 (역사 공부하는 것은 매우 중요하다.)

2) **목적어**: '~하기를, ~하는 것을'이라는 뜻으로, 동사나 전치사의 목적어로 쓰인다.
   - I don't mind **living** here. 동사의 목적어 (나는 여기서 살아도 괜찮아.)
   - Don't be afraid of **making** a mistake. 전치사의 목적어 (실수하는 것을 두려워하지 마.)

3) **보어**: '~이다' 앞에 오는 말이 보어이고, '~하는 것(이다)'라고 해석한다.
   - My hobby is **collecting** old coins. 보어 (나의 취미는 오래된 동전 수집이다.)

동명사와 to 부정사는 주어와 보어 역할을 할 때는 서로 바꿔 쓸 수 있지만, 목적어 역할을 할 때는 동사에 따라 동명사와 to 부정사를 구분하여 쓰기도 한다.

1) 동명사를 목적어로 쓰는 동사: enjoy, finish, mind, spend, give up, look forward to 등
2) to 부정사를 목적어로 쓰는 동사: want, hope, plan, decide, agree 등
3) 동명사 · to 부정사 둘 다 쓰는 동사: like, love, start, begin 등

Check Up

1 다음 괄호 안에서 어법상 알맞은 것을 고르시오.

(1) (Memorize / Memorizing) every sentence is impossible.

(2) He apologized for (break / breaking) my favorite vase.

(3) They started (practiced / practicing) for the concert.

(4) She went swimming before (to go / going) to the movies.

(5) We are worried about (to be / being) late for school.

(6) I enjoy (to swim / swimming) in the ocean during the summer.

2 다음 괄호 안에 주어진 낱말을 이용하여 빈칸을 완성하시오.

(1) I'm sorry for _____ late. (be)

(2) _____ water is good for your health. (drink)

(3) I don't mind _____ the window. (open)

(4) She finished _____ the SF movie last night. (watch)

▶ Answers p. 188

to 부정사

1 다음 주어진 상자에서 적절한 단어를 골라 빈칸에 알맞은 형태로 쓰시오.

finish	go	talk	meet

(1) Jane decided not _____ Mike again.

(2) We don't have enough time _____ the report.

(3) I'm glad we had a chance _____ about the topic.

(4) I want _____ to the beach now.

2 다음 밑줄 친 부분을 어법에 맞게 고쳐 쓰시오.

(1) He promised to not tell a lie.

(2) I have something give you.

(3) Kate grew up be a professional chef.

(4) We hope seeing the top stars in person.

3 다음 우리말과 일치하도록 주어진 단어를 배열하여 문장을 완성하시오.

(1) 그의 꿈은 유명한 기타리스트가 되는 것이다. (be, guitarist, to, a, famous)

→ His dream is _____.

(2) 나는 캐나다로 여행 갈 기회가 생겼으면 좋겠다.

(a, to, Canada, chance, travel, to)

→ I'd like to have _____.

(3) 우리는 그 기쁜 소식을 들어서 행복했다. (news, happy, the, to, good, hear)

→ We were _____.

4 다음 주어진 문장의 밑줄 친 부분과 쓰임이 같은 것을 고르시오.

Some people don't have any place to live.

① Do you have anything to ask me?

② Did you decide to buy a new dress?

③ It is hard to explain my feelings to you.

④ I bought some books to do my homework.

⑤ You must be smart to memorize all the new words.

동명사

1 다음 밑줄 친 부분을 바르게 고치시오.

(1) My younger brother is afraid of <u>to be</u> alone.

(2) He gave up <u>to talk</u> on the phone because it was too noisy.

(3) Being honest is more important than <u>have</u> good manners.

(4) Adam is worried about <u>getting not</u> good grades in the exam.

2 다음 우리말과 뜻이 같도록 주어진 말을 사용하여 문장을 완성하시오.

(1) 정기적으로 운동하는 것은 너의 건강에 중요하다. (exercise)

_____ regularly is important for your health.

(2) 에밀리는 그녀의 가족과 함께 숲속에서 걷는 것을 즐겼다. (walk)

Emily enjoyed _____ in the forest with her family.

(3) 오래 기다리게 해서 죄송합니다. (make)

I am sorry for _____ you wait so long.

(4) 약속을 지키지 못해 미안해. (not, keep)

I am sorry for _____ _____ my promises.

(5) 나는 뭔가 달콤한 것을 먹고 싶다. (have)

I feel like _____ something sweet.

(6) 그녀는 수업 중에 떠들지 않은 것에 대해 우리를 칭찬했다. (not, make)

She praised us for _____ _____ noise in class.

3 다음 우리말과 뜻이 같도록 주어진 말을 바르게 배열하여 문장을 쓰시오.

(1) 택시를 타는 게 어때? (taking, about, a taxi, what)

→ _____

(2) 내 취미는 만화를 그리는 것이다. (is, cartoons, drawing, my hobby)

→ _____

(3) 매일 공부하는 것은 좋은 습관이다. (every day, studying, is, a good habit)

→ _____

(4) 그녀는 숙제를 하느라 바쁘다. (she, her homework, busy, doing, is)

→ _____

Topic Preview

FOCUS ON TOPIC

1 여러분은 진로를 선택할 때 어떤 것을 중요하게 생각하나요? 순서대로 번호를 써 봅시다.

- ◯ interests and passion ◯ money ◯ strengths and talents
- ◯ work-life balance ◯ personality ◯ opportunities for growth
- ◯ **Sample** job security, welfare, work culture _____ Your own

2 다음 직업에 가장 필요한 역량은 무엇일까요? 왜 그렇게 생각하는지 친구들과 이야기해 봅시다.

• a food scientist • • a webtoonist • • a smart farmer •

- ☐ physical strength ☐ logical thinking ☐ curiosity
- ☐ social responsibility ☐ communication skills ☐ creativity
- ☐ **Sample** specialized knowledge, diligence _____ Your own

교과서 16쪽

1
interests and passion 관심사와 열정
money 돈(경제적 보상)
strengths and talents 강점과 재능
work-life balance 일과 삶의 균형
personality 성격
opportunities for growth 성장을 위한 기회

추가 예시
job security 직업 안정성(고용 보장)
welfare 복지 혜택
work culture 직장 문화

2
a food scientist 식품 과학자
a webtoonist 웹툰 작가
a smart farmer 스마트 농업을 하는 농부
physical strength 육체적인 힘
logical thinking 논리적 사고
curiosity 호기심
social responsibility 사회적 책임감
communication skills 소통 능력
creativity 창의성

추가 예시
specialized knowledge 전문 지식
diligence 근면함

배경지식 LEVEL UP 직업 소개 및 필요 역량

1. Food Scientist (식품 과학자)

식품 과학자는 식품의 안전성, 품질, 영양가 등을 연구하는 직업이다. 식품이 어떻게 보존되고, 처리되며, 소비자에게 전달되는지에 대해 연구하고, 새로운 식품 및 식품 가공 방법 등을 개발하여 식품 산업에 기여한다.

① 과학적 지식: 화학, 생물학, 미생물학, 영양학 등 식품 관련 과학 지식이 필수적이다.
② 분석 능력: 실험 데이터를 분석하고 연구 결과를 도출할 수 있는 능력이 요구된다.
③ 문제 해결 능력: 식품의 안전성과 품질 문제를 해결하기 위해 창의적이고 논리적으로 접근해야 한다.
④ 의사소통 능력: 연구 결과를 동료나 대중에게 명확히 전달할 수 있어야 한다.

2. Webtoonist (웹툰 작가)

웹툰 작가는 디지털 플랫폼을 통해 만화를 창작하고 게재하는 직업이다. 스토리 구상, 캐릭터 디자인, 그림 작업 등을 진행한다.

① 창의성: 흥미로운 이야기와 독창적인 캐릭터를 창조하는 능력이 중요하다.

② 이야기 구성 능력: 기승전결을 갖추고 흥미를 돋우는 확실한 스토리텔링 능력이 요구된다.
③ 그림 실력: 만화를 그리는 기술은 물론, 디지털 툴을 사용하는 능력이 필요하다.
④ 시간 관리 능력: 연재 일정에 맞춰 작품을 지속적으로 제작해야 하므로 체계적인 시간 관리가 필수적이다.

3. Smart Farmer (스마트 농업인)

스마트 농업인은 정보통신기술을 활용하여 생산성을 극대화하고, 효율적인 농업 관리 시스템을 구축하는 직업이다. 드론을 활용한 농작물 모니터링, 자동화된 관개 시스템, 데이터 기반의 수확 예측 등을 통해 환경과 비용을 절약하고 양질의 농산물을 생산한다.

① 기술 활용 능력: ICT 기술을 이해하고, 이를 농업에 효과적으로 적용할 수 있는 능력이 필수이다.
② 데이터 분석: 농업 데이터를 분석하여 작물의 성장 상태와 기후 변화에 맞는 최적의 대응 전략을 수립할 수 있어야 한다.
③ 문제 해결 능력: 기계나 기술적 문제를 해결하거나, 환경 변화에 빠르게 대처할 수 있어야 한다.
④ 환경 이해: 농작물과 토양, 기후에 대한 지식이 있어야 한다.

NEW WORDS

본문의 주요 어휘와 표현을 익혀 보세요.

affect	영향을 끼치다		journey	여행, 여정
career	직업, 경력		local	현지의, 지역의
challenge	도전		manage	운영하다, 처리하다
come up with	~을 생각해내다		matter	중요하다; 일
deal with	~을 다루다		monitor	추적 관찰(감시)하다
desperately	절실히		negative	부정적인
develop	개발하다		production	생산, 생산량
disease	병, 질병		productive	결실 있는, 생산적인
diverse	다양한		pursue	추구하다
experiment	실험		recently	최근에
feed	먹여 살리다		remarkable	주목할 만한
gain	얻다		remotely	원격으로
generation	세대		shortage	부족
improve	향상시키다		technology	기술
inspire	영감을 주다		thanks to	~ 덕분에

WORDS Practice ❶ 다음 어휘나 표현의 우리말 뜻을 찾아 그 번호를 쓰시오.

▶ Answers p. 189

01 technology	16 productive
02 remotely	17 develop
03 gain	18 diverse
04 generation	19 remarkable
05 manage	20 journey
06 deal with	21 disease
07 affect	22 production
08 come up with	23 shortage
09 local	24 career
10 pursue	25 inspire
11 desperately	26 matter
12 feed	27 challenge
13 negative	28 thanks to
14 improve	29 monitor
15 experiment	30 recently

① ~ 덕분에
② ~을 다루다
③ ~을 생각해내다
④ 개발하다
⑤ 결실 있는, 생산적인
⑥ 기술
⑦ 다양한
⑧ 도전
⑨ 먹여 살리다
⑩ 병, 질병
⑪ 부정적인
⑫ 부족
⑬ 생산, 생산량
⑭ 세대
⑮ 실험
⑯ 얻다
⑰ 여행, 여정
⑱ 영감을 주다
⑲ 영향을 끼치다
⑳ 운영하다, 처리하다
㉑ 원격으로
㉒ 절실히
㉓ 주목할 만한
㉔ 중요하다; 일
㉕ 직업, 경력
㉖ 최근에
㉗ 추구하다
㉘ 추적 관찰(감시)하다
㉙ 향상시키다
㉚ 현지의, 지역의

WORDS Practice ❷

다음 우리말에 해당하는 어휘나 표현을 찾아 그 번호를 쓰시오.

▶ Answers p. 189

01 영향을 끼치다	16 여행, 여정
02 영감을 주다	17 중요하다; 일
03 도전	18 주목할 만한
04 직업, 경력	19 ~을 생각해내다
05 ~ 덕분에	20 다양한
06 부족	21 현지의, 지역의
07 추적 관찰하다	22 개발하다
08 생산, 생산량	23 기술
09 원격으로	24 결실 있는, 생산적인
10 병, 질병	25 최근에
11 절실히	26 실험
12 추구하다	27 얻다
13 세대	28 향상시키다
14 ~을 다루다	29 먹여 살리다
15 운영하다, 처리하다	30 부정적인

① affect
② career
③ challenge
④ come up with
⑤ deal with
⑥ desperately
⑦ develop
⑧ disease
⑨ diverse
⑩ experiment
⑪ feed
⑫ gain
⑬ generation
⑭ improve
⑮ inspire
⑯ journey
⑰ local
⑱ manage
⑲ matter
⑳ monitor
㉑ negative
㉒ production
㉓ productive
㉔ pursue
㉕ recently
㉖ remarkable
㉗ remotely
㉘ shortage
㉙ technology
㉚ thanks to

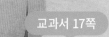

My Life's Journey

❶ Get ready to be inspired <u>as</u> we introduce Lee Jian,
접속사(= when, while)

a remarkable person with an <u>amazing life's journey</u>.

❷ <u>She</u> <u>began</u> her career <u>as</u> a food scientist, but
주어 1　동사 1　　　　　　　　　　　　　전치사(~로서)

<u>her interests</u> soon <u>took</u> her on a different path.
주어 2　　　　　　　　동사 2

❸ She <u>became</u> a webtoonist and then <u>followed</u> her
동사 1　　　　　　　　　　　　　　　　　동사 2

passion for farming. ❹ With such diverse experiences,

Jian <u>has created</u> her own unique journey. ❺ We are
현재 완료

<u>excited to share</u> her story with our readers.
부사적 용법(감정의 원인)

1 Which of the following activities is NOT related to Jian's career?
(다음 활동 중 어떤 것이 지안 씨의 경력으로 언급되지 않았는가?)
ⓐ drawing comics (만화 그리기)
ⓑ growing crops (곡물 재배하기)
ⓒ taking tourists abroad (해외 관광객 유치하기)

어휘 **journey** 몡 여정, 여행　　**get ready to** ~할 준비를 하다　　**inspire** 동 영감을 주다　　**remarkable** 혭 놀라운, 주목할 만한
career 몡 직업, 경력　　**path** 몡 길, 방향　　**passion** 몡 열정　　**diverse** 혭 다양한　　**unique** 혭 독특한, 고유의, 특유의
share 동 공유하다　　**crop** 몡 작물, 곡물

나의 인생 여정

❶ 놀라운 인생 여정을 가진 주목할 만한 인물인 이지안 씨를 소개하니 영감을 받을 준비를 하세요. ❷ 그녀는 식품 과학자로 일을 시작했지만, 곧 그녀의 관심사가 그녀를 다른 길로 이끌었습니다. ❸ 그녀는 웹툰 작가가 되었고, 그 후에는 농업에 대한 열정을 쫓았습니다. ❹ 이처럼 다양한 경험을 통해 지안 씨는 자신만의 독특한 여정을 만들어 왔습니다. ❺ 우리는 그녀의 이야기를 독자 여러분과 공유하게 되어 기쁩니다.

구문 해설

❶ Get ready to **be inspired as** we introduce **Lee Jian**, **a remarkable person** with an **amazing** life's journey.
- inspire는 '영감을 주다'라는 뜻이고, '영감을 (주는 것이 아니라) 받다'라고 표현하기 위해 수동태(be + p.p.)인 be inspired로 썼다. 수동태는 주어가 '~가 되다, 받다, 당하다'의 의미이다.
- as는 '~할 때'라는 의미로 시간을 나타내는 접속사이며, when, while과 바꿔 쓸 수 있다.
- 콤마로 연결된 Lee Jian과 a remarkable person은 동격으로 같은 사람을 나타낸다. 동격을 나타낼 때는 이와 같이 콤마를 쓸 수 있다.
- amazing(놀라운)은 '~한 감정을 일으키는'이라는 능동의 뜻을 내포하는 현재 분사 형태의 형용사이다.

❷ She began her career **as** a food scientist, but her interests soon took her on a different path.
- as는 '~로서'의 의미로 자격을 나타내는 전치사이다.

❸ She **became** a webtoonist and then **followed** her passion for farming.
- 이 문장의 동사 became, followed는 과거 시제로 병렬 구조를 이루고 있다.

❹ With such diverse experiences, Jian **has created** her own unique journey.
- has created는 현재 완료(have + p.p.)로, 과거의 일이 현재와 연관성을 갖거나 현재까지 영향을 미칠 때 쓴다.

❺ We are **excited to share** her story with our readers.
- excited(흥분되는)는 '(~에 의해) ~한 감정을 느끼게 되는'이라는 수동의 뜻을 내포하는 과거 분사 형태의 형용사이다.
- to share는 바로 앞에 나오는 excited라는 감정의 원인을 나타내는 부사적 용법의 to 부정사이다.

문법 톡톡

to 부정사의 부사적 용법

to 부정사가 부사처럼 쓰여 동사, 형용사, 다른 부사, 문장 전체 등을 수식한다.
- 목적: 동사를 수식하여 행동의 목적이나 이유를 나타내며 '~하기 위해서'라고 해석한다.
  I got up early **to catch** the first train. (나는 첫 기차를 타기 위해 일찍 일어났다.)
- 원인: 형용사를 수식하여 감정의 원인을 설명하며 '~해서, ~하다니'라고 해석한다.
  I'm happy **to help** you. (너를 돕게 되어 기쁘다.)
- 결과: '~해서 결국 …하다'라고 해석한다.
  He grew up **to be** a writer. (그는 자라서 작가가 되었다.)
- 형용사 수식: '~하기에 …한'이라고 해석한다.
  The hill is hard **to climb**. (그 언덕은 오르기 힘들다.)
- 문장 수식: 문장 앞에 위치하여 문장 전체를 수식한다.
  To be honest, I didn't like the movie. (솔직히 말하면 나는 그 영화를 좋아하지 않았다.)

Check Up

▶ Answers
  p. 189

■ **다음 우리말과 일치하도록 괄호 안에 주어진 말을 빈칸에 바르게 배열하시오.**

1 그 소년은 자라서 위대한 피아니스트가 되었다.

  The boy grew up _____. (a great pianist, be, to)

2 그 가방은 열기 쉽다.

  The bag _____. (to, easy, open, is)

❶ What were your interests during your school days?

❷ In elementary school, I loved drawing comics, and I felt joy when my friends enjoyed
　　　　　　　　　　　　　　　　　　　동명사(= to draw)　　　　　　　접속사

my work. ❸ Thus, I dreamed of creating exciting webtoons. ❹ In high school, I became
　　　　　　　　　　　　　　　동명사　　현재 분사

interested in global food shortages after reading a webtoon about a hungry boy in Africa.
　　　　　　　　　　　　　　　　　　　　동명사

❺ I hoped to develop hybrid plants that would be safe for the environment and our health,
　　　　　　　　　선행사　　　　　= which　　관계 대명사절

while increasing food production. ❻ I mean, plants like "pomatoes" that would grow
　　　　　　　　　　　　　　　　　　　　　　　　선행사　　　　= which　　관계 대명사절

potatoes in the ground and tomatoes above. ❼ In college, I loved learning all about food,
　　　　　　　　　　　　　　　　　　　　　　　　　　　　　　　동명사(= to learn)

but I was still into drawing cartoons as well. ❽ So, I continued creating comics in a cartoon
　　　　　　　　동명사　　　　　　　　　　　　　　　　동명사(= to create)

club.

해석

❶ 학창 시절 동안 당신의 관심사는 무엇이었나요?

❷ 초등학교 때, 저는 만화를 그리는 것을 좋아했고, 제 친구들이 제 작품을 즐길 때 기쁨을 느꼈습니다. ❸ 그래서 흥미진진한 웹툰을 만드는 것을 꿈꾸었습니다. ❹ 고등학교 때는 아프리카의 굶주린 소년에 관한 웹툰을 읽고 세계 식량 부족에 관심을 갖게 되었어요. ❺ 저는 식량 생산량을 늘리면서 환경과 건강에 안전한 하이브리드(혼종) 식물을 개발하고 싶었습니다. ❻ 땅속에서는 감자를, 위에서는 토마토를 재배할 수 있는 '포마토' 같은 식물 말입니다. ❼ 대학 시절에는 음식에 관한 모든 것을 배우는 것도 좋았지만 만화 그리는 것도 여전히 좋아했죠. ❽ 그래서 만화 동아리에서 만화를 계속 만들었습니다.

---

2 In college, Jian probably studied a field that was related to (art / food).
(대학에서 지안 씨는 아마 식품에 관련된 분야를 공부했을 것이다.)

어휘 **global** 휑 세계적인　**shortage** 몡 부족　**develop** 동 발전시키다　**hybrid** 몡 혼종, 잡종　**environment** 몡 환경
increase 동 증가시키다　**production** 몡 생산

❶ What were your interests **during** your school days?
- during은 '~동안'이라는 의미로, 특정한 시간이나 사건의 전체 기간 동안 발생하는 일을 나타낸다. 주로 명사나 명사구와 함께 사용된다. 참고로 for는 어떤 일이 특정 기간 동안 지속되었음을 나타내며, 사건의 길이나 지속 기간을 나타내는 구체적인 시간 표현과 함께 사용된다.
  I'm going to be here **for** a week. (난 일주일 동안 여기 있을 것이다.)

❷ In elementary school, I **loved drawing** comics, and I felt joy **when** my friends enjoyed my work.
- drawing은 동명사로 loved의 목적어로 쓰였다. love는 동명사와 to 부정사 모두 목적어로 쓸 수 있는 동사라서 drawing 대신 to draw로 바꿔 쓸 수 있다.
- when은 '~할 때'라는 의미로, 시간(때)을 나타내는 종속 접속사이다.

❸ **Thus**, I dreamed **of creating exciting** webtoons.
- Thus('그래서')는 결과를 나타내는 부사이다. So, Therefore 등으로 바꿔 쓸 수 있다.
- creating은 동명사로, 전치사 of의 목적어로 쓰였다.
- exciting은 바로 뒤 webtoons를 수식하는 현재 분사이다.

❹ In high school, I **became interested in** global food shortages **after reading** a webtoon about a hungry boy in Africa.
- became interested in ~에 관심을 갖게 되었다
- reading은 동명사로, 전치사 after의 목적어로 쓰였다.

❺ I hoped **to develop** hybrid plants **that** would be safe for the environment and our health, **while** increasing food production.
- to develop은 to 부정사의 명사적 용법으로, 동사 hoped의 목적어로 쓰였다.
- that은 hybrid plants를 선행사로 하는 주격 관계 대명사이며 which로 바꿔 쓸 수 있다.
- while은 '~하는 동안, ~하면서 동시에'라는 의미의 접속사로, 시간적 의미를 나타낸다.

❻ I mean, plants **like** "pomatoes" **that** would grow **potatoes in the ground** and **tomatoes above**.
- like '~와 같은'이라는 뜻의 전치사이며 such as와 바꿔 쓸 수 있다.
- that은 pomatoes를 선행사로 하는 주격 관계 대명사이며 which로 바꿔 쓸 수 있다.
- potatoes in the ground (땅 속에는 감자)와 tomatoes above (위에는 토마토)는 '명사 + 전치사(구)' 형태의 병렬 구조로 쓰였다.

❼ In college, I **loved learning** all about food, but I **was** still **into drawing** cartoons **as well**.
- learning은 동명사로, loved의 목적어로 쓰였고 to learn으로도 쓸 수 있다.
- was into는 '~에 관심이 많았다'라는 의미이고 was interested in과 바꿔 쓸 수 있다.
- drawing은 동명사로, 전치사 into의 목적어로 쓰였다.
- as well은 '~ 또한, 역시'라는 의미이다.

❽ So, I **continued creating** comics in a cartoon club.
- continue는 동명사와 to 부정사 모두 목적어로 쓸 수 있는 동사이다. 그러므로 동명사 creating 대신 to create로도 쓸 수 있다.

Check Up

▶ Answers
  p. 189

■ 괄호 안에서 알맞은 것을 고르시오.

1 Sally went out after (to finish / finishing) her homework.

2 My dad is really into (swimming / to swim) on weekends.

3 The movie has an (exciting / excited) opening.

❶ **Could you describe your career path after college?**

❷ After graduation, I got a job as a food scientist. ❸ My main task was to develop
전치사(~로서)　　　　　　　　　　　　　　　　　　　　　　　명사적 용법(보어)

stronger and more productive crops using genetic engineering techniques. ❹ I found <u>new</u>

<u>ways</u> to protect crops from various diseases. ❺ I had wonderful co-workers and worked in
　└─형용사적 용법

a great environment. ❻ <u>Since</u> I spent so much time <u>experimenting</u> with crops, however, I
　　　　　　= Because, As　　　　　　　　　　　동명사

had to work even on weekends, and I had <u>little</u> "me" time. ❼ I felt I was missing something.
　　　　　　　　　　　　　　　　　거의 없는　　　　　　　(that)

❽ So I started <u>drawing</u> comics again and <u>posting</u> them online. ❾ As more readers showed
　　　　　　동명사(= to draw)　　　　　동명사(= to post)　　　　접속사(~해서)

interest in my work, I became more passionate about <u>pursuing</u> it as a career. ❿ After much
　　　　　　　　　　　　　　　　　　　　동명사

thought, I decided <u>to include</u> webtoon creation in my journey.
　　　　　명사적 용법(목적어)

해석

❶ 대학 졸업 후 진로를 설명해 주시겠어요?
❷ 졸업 후 식품 과학자로 취직했습니다. ❸ 제 주된 업무는 유전 공학 기술을 이용해 더 강하고 더 생산성이 높은 작물을 개발하는 것이었습니다. ❹ 저는 다양한 질병으로부터 작물을 보호할 수 있는 새로운 방법을 찾았습니다. ❺ 훌륭한 동료들이 있었고 좋은 환경에서 일했습니다. ❻ 하지만 농작물 실험에 너무 많은 시간을 할애하다 보니 주말에도 일해야 했고, '나'를 위한 시간은 거의 없었습니다. ❼ 뭔가를 놓치고 있다고 느꼈습니다. ❽ 그래서 다시 만화를 그리고 그것을 온라인에 올리기 시작했습니다. ❾ 더 많은 독자들이 제 작품에 관심을 보이자, 저는 그것을 직업으로 삼는 데 더 열정적으로 되었습니다. ❿ 오랜 생각 끝에, 저는 제 여정에 웹툰 창작을 포함하기로 결정했습니다.

3 As a food scientist, Jian had a lot of free time to pursue her hobbies. (T /Ⓕ)
(식품 과학자로서, 지안 씨는 취미를 추구할 수 있는 자유 시간이 많았다.)

───────
어휘 **task** 몡 과제, 일　**productive** 혱 생산적인　**genetic engineering** 유전 공학　**technique** 몡 기술　**disease** 몡 질병
experiment 몡 실험　**passionate** 혱 열정적인　**pursue** 동 추구하다

❷ After graduation, I got a job **as** a food scientist.
- as a food scientist는 '식품 과학자로서'의 의미이고, 여기서 as는 자격을 나타낸다.

❸ My main task was **to develop** stronger and more productive crops using genetic engineering techniques.
- to develop은 to 부정사의 명사적 용법으로, was(be동사)의 보어 역할을 한다.

❹ I found new ways **to protect** crops from various diseases.
- to protect는 to 부정사의 형용사적 용법으로, 앞에 나온 명사구 new ways를 수식한다.

❻ **Since** I **spent so much time experimenting** with crops, however, I had to work even on weekends, and I had **little** "me" time.
- Since(~ 때문에)는 이유를 나타내는 접속사로 쓰였고, Because, As로 바꿔 쓸 수 있다.
- spend + 시간 + ~ing(동명사): 시간을 ~하는 데 사용하다
- little은 '거의 없는'이라고 해석하고, 셀 수 없는 명사를 꾸미는 수량 형용사이다.

❼ I felt I **was missing** something.
- was missing은 과거 진행형(be동사의 과거형 + ~ing)으로 '놓치고 있었다'라고 해석한다.

❽ So I **started drawing** comics again and **posting them** online.
- drawing과 posting은 동사 started의 목적어로 쓰인 동명사로, 병렬 구조를 이루고 있다. 각각 to draw, to post로 바꿔 쓸 수 있다.
- them은 앞에 언급된 comics를 지칭한다.

❾ **As** more readers showed interest in my work, I became more passionate **about pursuing it as** a career.
- 맨 앞의 As는 '~하면서, ~해서'라는 의미의 접속사이다. as a career의 as는 '~로서'의 의미로 자격을 나타낸다.
- pursuing은 전치사 about의 목적어 역할을 하는 동명사이다.
- it은 앞에 언급된 drawing comics and posting them online을 지칭한다.

❿ After much thought, I **decided to include** webtoon creation in my journey.
- to include는 동사 decided의 목적어로 명사적 용법의 to 부정사이다.

수량 형용사

수와 양을 나타내는 형용사를 수량 형용사라고 하는데 many, few는 셀 수 있는 명사 앞에 쓰고, much, little은 셀 수 없는 명사 앞에 쓴다. a lot of, lots of는 셀 수 있거나 없거나 상관없이 쓸 수 있다.

	수	양
매우 많은	a great/large/good number of	a great/large amount of
꽤 많은	quite a few, not a few	not a little, no little
많은	many	much
몇몇의	a few, a small number of	a little, a small amount of
매우 적은	very few, only a few	very little
거의 없는	few	little

Check Up

▶ Answers
p. 189

■ 괄호 안에서 알맞은 것을 고르시오.

1 I'm (a little, a few) tired now.

2 There is (few, little) water in the bottle.

3 (A few, A little) members agreed with me.

❶ **Was there anything that was hard for you in your new job?**
선행사 ⌐ 관계 대명사절

❷ After quitting my job, I was a little afraid for some time because I was not certain about
동명사

my future. ❸ I also had to learn a lot to become a professional webtoonist. ❹ I needed to

improve not just my drawing skills, but also my abilities to tell stories. ❺ As a webtoonist,
(A뿐만 아니라)   A   (B도 역시)   B   전치사(~로서)

meeting deadlines and dealing with negative comments were tough. ❻ I learned to manage
동명사   동명사   주어   동사   명사적 용법(목적어)

my time well to finish my work on time. ❼ Negative comments often made me feel bad, but
부사적 용법(목적: ~하기 위해)   사역 동사 목적어 동사 원형

I did not let them affect me too much. ❽ I always try to remember that I am doing what I
사역 동사 목적어 동사 원형   접속사   관계 대명사

love, and that is what matters most!
지시 대명사 관계 대명사

해석

❶ **새로운 일에서 힘들었던 점이 있었나요?**

❷ 일을 그만두고 나니 미래에 대한 확신이 없어서 한동안 조금 두려웠습니다. ❸ 또한 전문 웹툰 작가가 되기 위해 많은 것을 배워야 했습니다. ❹ 그림 실력뿐만 아니라 이야기를 전하는 능력도 키워야 했거든요. ❺ 웹툰 작가로서 마감 기한을 맞추고 부정적인 댓글에 대처하는 것은 힘든 일이었습니다. ❻ 제시간에 작업을 끝내기 위해 시간 관리를 잘하는 법을 배웠습니다. ❼ 부정적인 댓글은 종종 기분을 나쁘게 했지만 그것들이 저에게 너무 많이 영향을 미치게 하지는 않았어요. ❽ 나는 항상 내가 사랑하는 일을 하고 있다는 것을 기억하려고 노력하는데, 그것이 가장 중요합니다!

4 What are the TWO difficulties that Jian faced as a webtoonist?
(지안 씨가 웹툰 작가로서 직면했던 두 가지 문제는 무엇인가?)
They are meeting deadlines and dealing with negative comments.
(기한을 맞추는 것과 부정적인 댓글에 대처하는 것이다.)

어휘 quit 동 그만두다   professional 형 직업적인, 전문적인   improve 동 개선하다, 향상시키다   meet a deadline 마감에 맞추다
deal with 다루다, 처리하다   negative 형 부정적인, 비관적인   comment 명 논평, 의견   manage 동 관리하다, 다루다
on time 제시간에, 정시에   affect 동 영향을 미치다   matter 동 중요하다 명 문제, 일

❶ Was there anything **that** was hard for you in your new job?
- that은 선행사 anything을 가리키는 주격 관계 대명사이고, 뒤에 이어지는 절에서 주어 역할을 한다.

❷ **After quitting** my job, I was **a little** afraid for some time because I **was** not **certain about** my future.
- quitting은 전치사 after의 목적어로 쓰인 동명사이다.
- a little은 '약간, 조금'이라는 의미이다.
- was certain about은 '~에 대해 확신하다'라는 뜻이다.

❸ I also had to learn a lot **to become** a professional webtoonist.
- to become은 to 부정사의 부사적 용법으로 '~되기 위해서(목적)'라고 해석한다.

❹ I needed to improve **not just** my drawing skills, **but also** my abilities **to tell** stories.
- not just/only A , but also B A뿐만 아니라 B도 역시 (=B as well as A) A, B에 해당하는 my drawing skills 와 my abilities to tell stories는 둘 다 improve의 목적어이다.
- to tell은 앞에 나온 명사 my ability를 수식하는 형용사 역할을 한다.

❺ **As** a webtoonist, **meeting** deadlines and **dealing** with negative comments were tough.
- As는 '~로서'의 의미로 자격을 나타낸다.
- meeting과 dealing은 동명사로 병렬 구조를 이루며, 둘 다 문장에서 주어 역할을 한다. 각각 to meet과 to deal 로 바꿔 쓸 수 있다.

❻ I **learned to manage** my time well **to finish** my work on time.
- to manage는 동사 learn의 목적어 역할을 하는 to 부정사의 명사적 용법으로 쓰였다.
- to finish는 '끝내기 위해서'라고 해석하며, to 부정사의 부사적 용법(목적)으로 쓰였다.

❼ Negative comments often **made me feel** bad, but I did not let **them** affect me too much.
- made me feel과 let them affect는 'make, let(사역동사) + 목적어 + 동사 원형'의 형태로, '목적어가 ~하게 하 다'의 의미이다.
- them은 앞에 언급된 negative comments를 지칭한다.

❽ I always **try to remember** that I am doing what I love, and that is what matters most!
- try to는 '~하려고 노력하다, ~하는 것을 시도하다'의 의미이다.
  (cf. try ~ing 시험삼아 ~해보다)
- to remember는 동사 try의 목적어로 to 부정사의 명사적 용법으로 쓰였다.
- and that is what matters most의 that은 앞 문장 전체를 가리키는 지시 대명사이고, what은 선행사를 포함 한 주격 관계 대명사이다. (what matters most: 가장 중요한 것)

사역 동사

사역 동사는 주어가 목적어에게 어떤 동작을 시키는 동사(~로 하여금 ...하게 하다)를 말하고, '사역 동사(let, have, make) + 목적어 + 목적격 보어(동사 원형)' 형태로 쓴다.

The heavy rain **made** the river **flood**. (폭우가 강을 넘치게 했다.)

The school **let** the children **go** home early. (학교는 아이들을 일찍 귀가시켰다.)

My sister **had** me **wash** the dishes. (우리 언니는 내게 설거지를 시켰다.)

※ 단, 목적어와 목적격 보어의 관계가 수동일 때는 목적격 보어로 과거 분사(v-ed)를 쓴다.

Lisa **had** her camera **fixed**. (리사는 카메라를 수리 받았다.)

Check Up

▶ Answers
p. 189

■ 밑줄 친 부분을 어법에 맞게 고치시오.

1 My parents never let me <u>watching</u> TV late at night.

2 He made me <u>to study</u> for the test.

❶ As a successful webtoonist, how did you come up with the idea of challenging
　　　전치사(~로서)　　　　　　　　　　　　　　　　　　　　　　　　　　　　　　　　　동명사

yourself as a farmer?
　　　　전치사(~로서)

❷ While working as a food scientist, I dreamed of living in the country and growing crops
　　　　　(I was)　　　전치사(~로서)　　　　　　　　　　　　동명사 1　　　　　　　　　동명사 2

myself. ❸ Also, I thought the country would offer a better environment for my family.

❹ After a long talk, my family and I decided to move to the countryside. ❺ With the help
　　　　　　　　　　　　　　　　　　　　　명사적 용법

of skilled local farmers, we started growing vegetables on a small plot of land. ❻ At a
　　과거 분사　　　　　　　　　　　　　　동명사(= to grow)

training session for new farmers, I learned about smart farms and soon built one. ❼ Thanks
　　　　　　　　　　　　　　　　　동사 1　　　　　　　　　　　　　　　　동사 2　a smart farm

to smart farming technology, we now produce about thirty times more vegetables than
　　　　　　　　　　　　　　　　　　　　　　　　'약 30배'

before. ❽ Since I am always able to monitor the farm with my cell phone and easily control
　　　　　접속사(~ 때문에)　　　　　　　　　　　　　　　　　　　　　　　　　　(I am)　(able to)

everything remotely, I can also work on drawing webtoons. ❾ Fortunately, many readers
　　　　　　　　　　　　　　　　　　　　　　동명사

enjoy the webtoons about my farming adventure.

해석

❶ 성공한 웹툰 작가로서, 스스로 농부로의 도전은 어떻게 생각하게 되었나요?

❷ 식품 과학자로 일하면서 저는 시골에 살면서 직접 농작물을 재배하고 싶다는 꿈을 꾸었습니다. ❸ 또한 시골이 가족에게 더 나은 환경을 제공할 것이라고 생각했습니다. ❹ 오랜 대화 끝에 가족과 저는 시골로 이사하기로 결정했습니다. ❺ 숙련된 현지 농부들의 도움을 받아 우리는 작은 농지에서 채소를 재배하기 시작했습니다. ❻ 신규 농부들을 위한 연수 과정에서 스마트 농장에 대해 배웠고 곧 그것을 만들었습니다. ❼ 스마트 농업 기술 덕분에 지금은 이전보다 약 30배 더 많은 채소를 생산하고 있습니다. ❽ 휴대폰으로 항상 농장을 모니터링하고 원격으로 모든 것을 쉽게 제어할 수 있기 때문에 웹툰을 그리는 일도 병행할 수 있습니다. ❾ 다행히도 많은 독자들이 제 농사 모험을 다룬 웹툰을 즐겨 봅니다.

5 How does Jian produce more vegetables?　　She uses smart farming technology to produce more vegetables.
　(지안 씨는 어떻게 더 많은 채소를 생산하는가?)　　(그녀는 더 많은 채소를 생산하려고 스마트 농업 기술을 사용한다.)

Over to you 1 What would you want to grow in a smart farm?　Sample I would want to grow watermelons.
　(여러분이 스마트 팜에서 재배하고 싶은 것은 무엇인가?)　　(나는 수박을 재배하고 싶다.)

어휘 successful 형 성공적인　　come up with 생각해내다, 찾아내다　　challenge 동 도전하다 명 도전, 난제　　countryside 명 시골
skilled 형 숙련된　　local 형 지역의, 현지의　　a plot of land 토지 한 필지　　thanks to ~ 덕분에　　technology 명 기술
monitor 동 관찰하다　　remotely 부 원격으로　　fortunately 부 다행히

❶ **As a** successful webtoonist, how did you come up with the idea of **challenging** yourself as a farmer?
- As a successful webtoonist와 as a farmer의 as는 '~로서'의 의미로 자격을 나타낸다.
- challenging은 전치사 of의 목적어 역할을 하는 동명사이다.

❷ **While** working as a food scientist, I dreamed **of living** in the country and **growing** crops myself.
- While은 '~하는 동안'이라는 의미로 시간(때)을 나타내는 접속사이다. 뒤에는 I was가 생략되었다.
- living과 growing은 전치사 of의 목적어 역할을 하는 동명사로 병렬 구조를 이룬다.

❸ Also, I **thought** the country would offer a better environment for my family.
- thought 뒤에는 목적어 역할을 하는 명사절 the country ... my family를 이끄는 접속사 that이 생략되었다.

❹ After a long talk, my family and I **decided to move** to the countryside.
- to move는 동사 decided의 목적어로, to 부정사의 명사적 용법으로 쓰였다.

❺ With the help of **skilled** local farmers, we **started growing** vegetables on a small plot of land.
- skilled는 과거 분사 형태로 형용사 역할을 하여, 뒤에 나오는 명사구 local farmers를 수식한다.
- growing은 동사 start의 목적어로 쓰인 동명사로 to grow와 바꿔 쓸 수 있다.

❻ At a training session for new farmers, I learned about smart farms and soon built **one**.
- 문장 끝에 쓰인 one은 부정 대명사로, 앞에 언급된 smart farms를 지칭하며 a smart farm으로 바꿔 쓸 수 있다.

❼ **Thanks to** smart farming technology, we now produce about thirty times more vegetables than before.
- Thanks to는 '~ 덕분에'라는 의미로 Because of, Owing to로 바꿔 쓸 수 있다.

❽ **Since** I am always able to monitor the farm with my cell phone and easily control everything remotely, I can also work on drawing webtoons.
- Since는 '때문에'라는 의미로 이유를 나타내며 Because, As로 바꿔 쓸 수 있다.

부정 대명사

부정 대명사는 정해지지 않은 막연한 사람이나 사물을 가리키는 대명사이다.
one은 앞에 나온 명사와 같은 종류의 사람이나 사물을 가리킬 때 쓰며, 복수형은 ones이다.
I'm looking for a bookstore. Is there **one** near here? (one = a bookstore)
(저는 서점을 찾고 있어요. 이 근처에 있나요?)
I don't like these pens. Are there any different **ones**? (ones = pens)
(저는 이 펜들이 싫어요. 다른 것 있나요?)
※ 앞에서 언급한 바로 그것을 가리킬 때는 대명사 it을 쓴다.
　Your watch looks good. Where did you buy **it**? (it = your watch)
　(네 시계는 좋아 보인다. 어디서 샀니?)

▶ Answers
p. 189

■ 다음 빈칸에 one, ones, it 중에서 알맞은 말을 쓰시오.

1 **A** Have you seen my key?
　B No, I haven't seen _____.

2 I forgot to bring my brush. Can you lend me _____?

3 **A** I want to buy new chopsticks.
　B OK, How about the _____ over there?

❶ **Do you have any final thoughts?**

❷ Recently, I have started to create videos of myself working on the farm and post them
= creating   (to)

on social media. ❸ I have gained many young followers who leave positive comments and
선행사   = that   관계 대명사절

even come to visit the village. ❹ I am thinking of starting a farm-stay program for people of
동명사

all ages. ❺ I hope to see more young people in farming fields. ❻ We desperately need a new

generation of farmers to take care of the land and help feed the world.
(to)

해석

❶ **마지막으로 하고 싶은 말이 있나요?**

❷ 최근에는 제가 농장에서 일하는 모습을 동영상으로 찍어 소셜 미디어에 올리기 시작했습니다. ❸ 긍정적인 댓글을 남기고 심지어 마을을 방문하기도 하는 젊은 팔로워들이 많이 생겼어요. ❹ 저는 모든 연령대의 사람들을 위한 농장 체류 프로그램을 시작하려고 생각하고 있습니다. ❺ 저는 농업 분야에서 더 많은 젊은이들을 보고 싶습니다. ❻ 땅을 돌보고 세계를 먹여 살릴 새로운 세대의 농부들이 절실히 필요합니다.

6 What are Jian's videos about?
(지안 씨의 비디 오는 무엇에 관한 것인가?)
They are about working on the farm.
(그것들은 농장에서 일하는 것에 관한 것이다.)

Over to you 2 Which job do you like the most, and why?
(여러분은 어떤 직업을 가장 좋아하는가? 왜?)
Sample I like the webtoonist the most because doing creative things excites me.
(창의적인 일을 하는 것이 나를 흥분시키기 때문에 나는 웹툰 작가가 가장 좋다.)

어휘 recently 🖣 최근에   gain 🖣 얻다   positive 🖣 긍정적인   desperately 🖣 절박하게   generation 🖣 세대
take care of 돌보다   feed 🖣 먹이를 주다

❶ **Do you have any final thoughts?**
- "마지막으로 하고 싶은 말이 있나요?"라는 의미의 표현이다.
- any는 의문문에 쓰이는 부정 형용사이다.

❷ Recently, I **have started to create** videos of myself **working** on the farm and post **them** on social media.
- have started는 현재 완료(have + p.p)로, 과거의 일이 현재와 연관성을 갖거나 현재까지 영향을 미칠 때 쓴다.
- to create와 (to) post는 동사 start의 목적어로 나란히 creating, posting으로도 쓸 수 있다.
- working은 myself를 수식하는 현재 분사로, '농장에서 일하는 나 자신'의 뜻이다.
- them은 앞에 언급된 videos of myself working on the farm을 지칭한다.

❸ I **have gained** many young followers **who leave** positive comments and even **come** to visit the village.
- have gained는 현재 완료(have + p.p)로, 과거의 일이 현재와 연관성을 갖거나 현재까지 영향을 미칠 때 쓴다.
- who는 선행사 many young followers를 가리키는 주격 관계 대명사로 that으로 바꿔 쓸 수 있다.
- 선행사가 복수 명사라서 who 뒤에 오는 동사는 leaves, comes가 아닌 leave, come을 쓴다.
- leave와 come은 주격 관계 대명사 who에 연결되는 동사로, 병렬 구조를 이룬다.

❹ I am thinking **of starting** a farm-stay program for people **of all ages**.
- starting은 전치사 of의 목적어 역할을 하는 동명사이다.
- of all ages 모든 연령대의

❺ I **hope to see** more young people in farming fields.
- to see는 동사 hope의 목적어로 to 부정사의 명사적 용법으로 쓰였다.

❻ We desperately need a new generation of farmers **to take** care of the land and **help feed** the world.
- to take와 (to) help는 병렬 구조를 이루어 앞에 나온 명사 farmers를 수식하는 형용사 역할을 하는 to 부정사로, a new generation of farmers가 할 역할을 구체적으로 설명하고 있다.
- help는 목적어로 원형 부정사와 to 부정사를 모두 쓸 수 있는 동사이다.
  (help feed = help to feed)

some / any

'조금(의)', '약간(의)'의 의미로, some은 주로 긍정문이나 권유문, any는 주로 부정문이나 의문문에 쓴다.

I posted **some** pictures on my blog. (나는 블로그에 사진을 몇 장 올렸다.)

Would you like to have **some** snacks? (간식 좀 드시겠어요?)

I don't have **any** money. (나는 돈이 조금도 없다.)

Do you have **any** plans this Saturday? (이번 주 토요일에 계획 있니?)

※ '어떤 ~라도'의 양보적 의미인 경우 긍정문에 any를 쓴다.

　　Anyone can speak here. (= Everyone) (누구든지 여기서 말할 수 있다.)

Check Up

▶ Answers
p. 189

■ 다음 빈칸에 **some, any** 중 알맞은 말을 쓰시오.

1 Would you like _____ chocolate cookies?

2 Can you play _____ musical instruments?

3 Don't buy _____ more shirts.

4 I went to the bakery to buy _____ sandwiches.

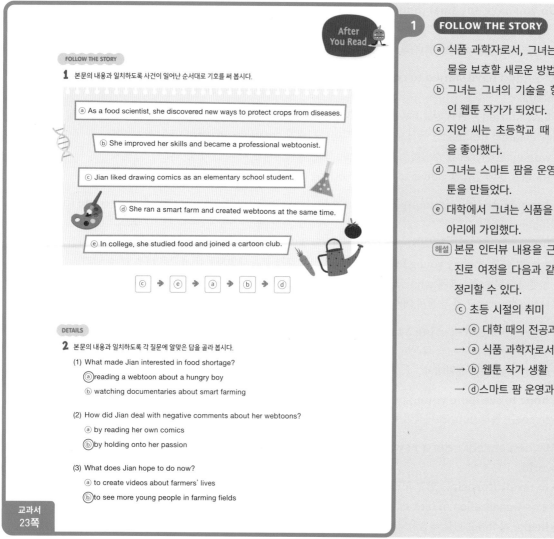

FOLLOW THE STORY

1 본문의 내용과 일치하도록 사건이 일어난 순서대로 기호를 써 봅시다.

ⓐ As a food scientist, she discovered new ways to protect crops from diseases.

ⓑ She improved her skills and became a professional webtoonist.

ⓒ Jian liked drawing comics as an elementary school student.

ⓓ She ran a smart farm and created webtoons at the same time.

ⓔ In college, she studied food and joined a cartoon club.

ⓒ ➡ ⓔ ➡ ⓐ ➡ ⓑ ➡ ⓓ

DETAILS

2 본문의 내용과 일치하도록 각 질문에 알맞은 답을 골라 봅시다.

(1) What made Jian interested in food shortage?
   ⓐ reading a webtoon about a hungry boy
   ⓑ watching documentaries about smart farming

(2) How did Jian deal with negative comments about her webtoons?
   ⓐ by reading her own comics
   ⓑ by holding onto her passion

(3) What does Jian hope to do now?
   ⓐ to create videos about farmers' lives
   ⓑ to see more young people in farming fields

교과서 23쪽

---

1 **FOLLOW THE STORY**

ⓐ 식품 과학자로서, 그녀는 질병으로부터 작물을 보호할 새로운 방법을 발견했다.

ⓑ 그녀는 그녀의 기술을 향상시키고 전문적인 웹툰 작가가 되었다.

ⓒ 지안 씨는 초등학교 때 만화를 그리는 것을 좋아했다.

ⓓ 그녀는 스마트 팜을 운영하면서 동시에 웹툰을 만들었다.

ⓔ 대학에서 그녀는 식품을 공부하고 만화 동아리에 가입했다.

[해설] 본문 인터뷰 내용을 근거로 이지안 씨의 진로 여정을 다음과 같이 시간 순서대로 정리할 수 있다.

ⓒ 초등 시절의 취미
→ ⓔ 대학 때의 전공과 취미
→ ⓐ 식품 과학자로서의 첫 직장 생활
→ ⓑ 웹툰 작가 생활
→ ⓓ 스마트 팜 운영과 웹툰 개발 병행

---

2 **DETAILS**

(1) 지안 씨가 식량 부족에 흥미를 갖게 한 것은 무엇인가요?
   ⓐ 굶주린 소년에 대한 웹툰을 읽은 것
   ⓑ 스마트 팜에 대한 다큐멘터리를 본 것
   [해설] 교과서 19쪽에서 고등학교 때 아프리카의 굶주린 소년에 관한 웹툰을 읽고 세계 식량난에 관심을 갖게 되었다고 말하고 있다.

(2) 지안 씨는 자신의 웹툰에 대한 부정적인 댓글에 어떻게 대처했나요?
   ⓐ 자신의 만화를 읽으면서
   ⓑ 자신의 열정을 지키면서

(3) 지안 씨는 이제 무엇을 희망하나요?
   ⓐ 농부의 삶에 대한 동영상 만들기
   ⓑ 농업 분야에서 더 많은 젊은이들 보기
   [해설] 교과서 22쪽에서 농장 체류 프로그램 운영과 함께, 농업 분야에서 젊은이들을 더 많이 보고 싶다고 말하고 있다.

Check Up   ▶ Answers p.189

■ 다음 각 문장이 본문의 내용과 일치하면 T, 일치하지 않으면 F에 동그라미 하시오.

1. Lee Jian started her career as a food scientist. T / F

2. Lee Jian became a webtoonist after pursuing her passion for farming. T / F

3. Becoming a professional webtoonist only required improving drawing skills. T / F

4. Her family moved to the countryside for a better living environment. T / F

5. Smart farming technology allows her to monitor and control the farm remotely. T / F

6. She has started creating videos of the farmers working on the farm and posting them on social media. T / F

▶ Answers p. 189

01 Get ready to (inspire / be inspired) as we introduce Lee Jian, a remarkable person with an amazing life's journey.

02 She began her career (like / as) a food scientist, but her interests soon took her on a different path.

03 She became a webtoonist and then (follows / followed) her passion for farming.

04 (With / For) such diverse experiences, Jian has created her own unique journey.

05 We are excited (share / to share) her story with our readers.

06 What were your interests (during / for) your school days?

07 In elementary school, I loved drawing comics, and I felt joy (that / when) my friends enjoyed my work.

08 Thus, I dreamed of (to create / creating) exciting webtoons.

09 In high school, I became interested in global food shortages after (reading / reads) a webtoon about a hungry boy in Africa.

10 I hoped to develop hybrid plants that would be safe for the environment and our health, (while / which) increasing food production.

11 I mean, plants like "pomatoes" (what / that) would grow potatoes in the ground and tomatoes above.

12 In college, I loved learning all about food, but I was still into (to draw / drawing) cartoons as well.

13 So, I continued (creating / creates) comics in a cartoon club.

14 Could you describe your career path (after / with) college?

15 After graduation, I got a job (as / despite) a food scientist.

16 My main task was to develop stronger and (more / less) productive crops using genetic engineering techniques.

17 I found new ways (to protect / protect) crops from various diseases.

18 I had wonderful co-workers and (work / worked) in a great environment.

19 (Since / After) I spent so much time experimenting with crops, however, I had to work even on weekends, and I had little "me" time.

20 I felt I was (missing / missed) something.

21 So I started drawing comics again and (posting / to post) them online.

22 As more readers showed interest in my work, I became more passionate about (pursuit / pursuing) it as a career.

23 After much thought, I decided (including / to include) webtoon creation in my journey.

24 Was there anything (that / what) was hard for you in your new job?

25 After quitting my job, I was (a little / little) afraid for some time because I was not certain about my future.

26 I also had to learn a lot (to become / became) a professional webtoonist.

27 I needed to improve not just my drawing skills, (and / but) also my abilities to tell stories.

28 As a webtoonist, meeting deadlines and (dealing / to deal) with negative comments were tough.

29 I learned to manage my time well (to finish / finished) my work on time.

30 Negative comments often made me (feel / to feel) bad, but I did not let them affect me too much.

31 I always try to remember that I am doing (that / what) I love, and that is what matters most!

32 As a successful webtoonist, how did you come up with the idea of challenging yourself (as / with) a farmer?

33 While working as a food scientist, I dreamed of living in the country and (growing / to grow) crops myself.

34 Also, I thought the country would offer a (better / worse) environment for my family.

35 After a long talk, my family and I decided (moving / to move) to the countryside.

36 (With / Without) the help of skilled local farmers, we started growing vegetables on a small plot of land.

37 At a training session for new farmers, I learned about smart farms and soon built (it / one).

38 Thanks (to / for) smart farming technology, we now produce about thirty times more vegetables than before.

39 Since I am always (able / unable) to monitor the farm with my cell phone and easily control everything remotely, I can also work on drawing webtoons.

40 (Fortunately / Unfortunately), many readers enjoy the webtoons about my farming adventure.

41 Do you have (some / any) final thoughts?

42 Recently, I have started to create videos of myself working on the farm and post (it / them) on social media.

43 I have gained many young followers (who / which) leave positive comments and even come to visit the village.

44 I am thinking of (starting / to start) a farm-stay program for people of all ages.

45 I hope (seeing / to see) more young people in farming fields.

46 We desperately need a new generation of farmers to take care of the land and help (feed / fed) the world.

▶ Answers p. 190

01 Get _____ to be inspired as we introduce Lee Jian, a remarkable person with an amazing life's journey.

02 We are excited _____ _____ her story with our readers.

03 In elementary school, I loved drawing comics, and I felt joy _____ my friends enjoyed my work.

04 In high school, I became interested in global food _____ after reading a webtoon about a hungry boy in Africa.

05 I mean, plants like "pomatoes" that would grow potatoes in the ground and tomatoes _____.

06 In college, I loved learning all about food, but I was still _____ drawing cartoons as well.

07 My main task was to develop stronger and more _____ crops using genetic engineering techniques.

08 I found new ways to protect crops from various _____.

09 Since I spent so much _____ experimenting with crops, however, I had to work even on weekends, and I had little "me" time.

10 So I started drawing comics again and _____ them online.

11 As more readers showed interest in my work, I became more _____ about pursuing it as a career.

12 After quitting my job, I was a little afraid for some time _____ I was not certain about my future.

13 As a webtoonist, _____ deadlines and dealing with negative comments were tough.

14 Negative comments often made me feel bad, but I did not _____ them affect me too much.

15 I always try to remember that I am doing _____ I love, and that is what matters most.

16 _____ working as a food scientist, I dreamed of living in the country and growing crops myself.

17 _____ I am always able to monitor the farm with my cell phone and easily control everything remotely, I can also work on drawing webtoons.

18 Do you have any _____ thoughts?

19 I have gained many young followers _____ leave positive comments and even come to visit the village.

20 I hope to see more _____ people in farming fields.

Write & Present

From Your Future Self

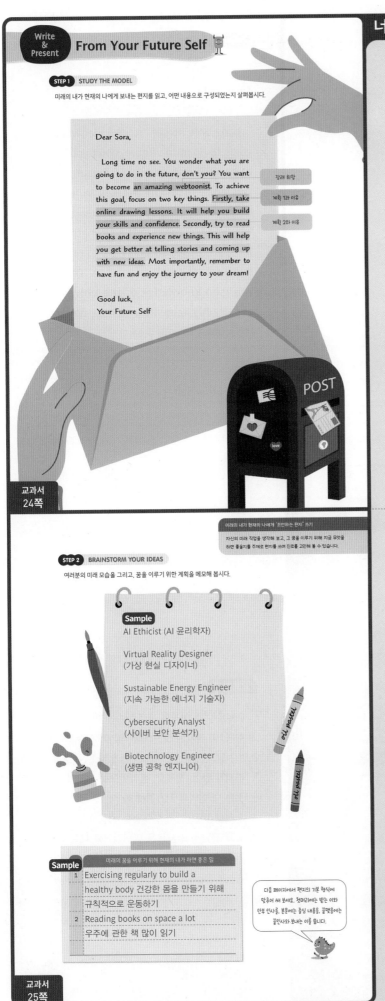

STEP 1 STUDY THE MODEL

미래의 내가 현재의 나에게 보내는 편지를 읽고, 어떤 내용으로 구성되었는지 살펴봅시다.

Dear Sora,

Long time no see. You wonder what you are going to do in the future, don't you? You want to become an amazing webtoonist. To achieve this goal, focus on two key things. Firstly, take online drawing lessons. It will help you build your skills and confidence. Secondly, try to read books and experience new things. This will help you get better at telling stories and coming up with new ideas. Most importantly, remember to have fun and enjoy the journey to your dream!

Good luck,
Your Future Self

장래 희망

계획 1과 이유

계획 2과 이유

POST

교과서 24쪽

Step 1 모델 살펴보기

소라에게,

오랜만이야. 너는 미래에 무엇을 할지 고민 중이지? 넌 멋진 웹툰 작가가 되고 싶어하는구나. 이 목표를 이루기 위해 두 가지에 초점을 맞춰 봐. 첫째로 온라인으로 그리기 수업을 들어. 그것은 네 실력과 자신감을 키우는 데 도움이 될 거야. 둘째로 책을 읽고 새로운 것을 경험하도록 노력해 봐. 이렇게 하면 이야기를 더 잘 전달하고 새로운 아이디어를 내는 데 도움이 될 거야. 가장 중요한 것은 꿈을 향한 여정을 재미있게 즐기는 것이라는 걸 잊지 마.

행운을 빌어,

네 미래의 자신이

미래의 내가 현재의 나에게 '조언하는 편지' 쓰기

자신의 미래 직업을 생각해 보고, 그 꿈을 이루기 위해 지금 무엇을 하면 좋을지를 주제로 편지를 써보며 진로를 고민해 볼 수 있습니다.

STEP 2 BRAINSTORM YOUR IDEAS

여러분의 미래 모습을 그리고, 꿈을 이루기 위한 계획을 메모해 봅시다.

Sample
AI Ethicist (AI 윤리학자)

Virtual Reality Designer
(가상 현실 디자이너)

Sustainable Energy Engineer
(지속 가능한 에너지 기술자)

Cybersecurity Analyst
(사이버 보안 분석가)

Biotechnology Engineer
(생명 공학 엔지니어)

Sample | 미래의 꿈을 이루기 위해 현재의 내가 하면 좋은 일

1 Exercising regularly to build a healthy body 건강한 몸을 만들기 위해 규칙적으로 운동하기

2 Reading books on space a lot 우주에 관한 책 많이 읽기

다음 페이지에서 편지의 기본 형식에 맞춰서 써 보세요. 첫머리에는 받는 이와 안부 인사를, 본문에는 중심 내용을, 끝맺음에는 끝인사와 보내는 이를 씁니다.

교과서 25쪽

Step 2 아이디어 브레인스토밍하기

장래희망
자신이 성인이 되면 어떤 일을 하고 싶은지, 일상을 어떻게 보내고 싶은지 상상하고 메모하며 생각을 정리한다.

계획과 이유
그 꿈을 이루기 위해 무엇을 하면 도움이 될지 계획과 이유를 적는다.

검색어 예시

- future jobs
- preparing for the jobs of 2040
- careers of the future
- top 8 future professions
- work competencies
- professional competencies

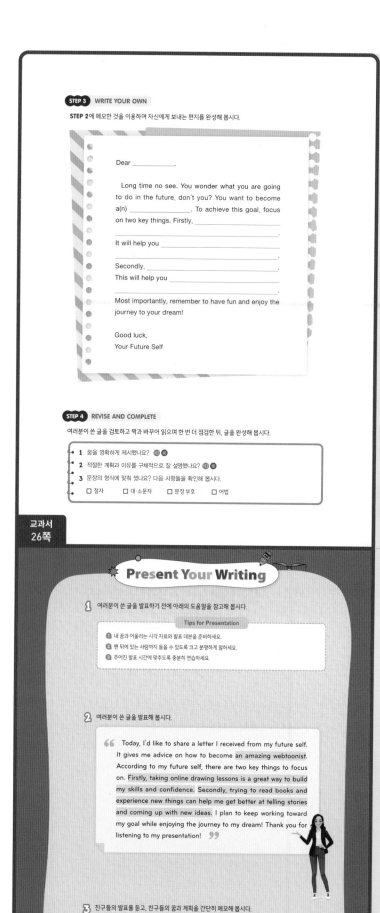

STEP 2에 메모한 것을 이용하여 자신에게 보내는 편지를 완성해 봅시다.

Dear _____,

  Long time no see. You wonder what you are going to do in the future, don't you? You want to become a(n) _____. To achieve this goal, focus on two key things. Firstly, _____.

It will help you _____.

Secondly, _____.
This will help you _____.

Most importantly, remember to have fun and enjoy the journey to your dream!

Good luck,
Your Future Self

STEP 4　REVISE AND COMPLETE

여러분이 쓴 글을 검토하고 짝과 바꾸어 읽으며 한 번 더 점검한 뒤, 글을 완성해 봅시다.

1　꿈을 명확하게 제시했나요?
2　적절한 계획과 이유를 구체적으로 잘 설명했나요?
3　문장의 형식에 맞춰 썼나요? 다음 사항들을 확인해 봅시다.
  □ 철자　□ 대·소문자　□ 문장 부호　□ 어법

교과서
26쪽

Present Your Writing

1　여러분이 쓴 글을 발표하기 전에 아래의 도움말을 참고해 봅시다.

Tips for Presentation
① 내 꿈과 어울리는 시각 자료와 발표 대본을 준비하세요.
② 맨 뒤에 있는 사람까지 들을 수 있도록 크고 분명하게 말하세요.
③ 주어진 발표 시간에 맞추도록 충분히 연습하세요.

2　여러분이 쓴 글을 발표해 봅시다.

　Today, I'd like to share a letter I received from my future self. It gives me advice on how to become an amazing webtoonist. According to my future self, there are two key things to focus on. Firstly, taking online drawing lessons is a great way to build my skills and confidence. Secondly, trying to read books and experience new things can help me get better at telling stories and coming up with new ideas. I plan to keep working toward my goal while enjoying the journey to my dream! Thank you for listening to my presentation!

3　친구들의 발표를 듣고, 친구들의 꿈과 계획을 간단히 메모해 봅시다.

Name : _____　Name : _____　Name : _____

교과서
27쪽

Step 3　글쓰기

예시

Dear Jimin

　Long time no see. You wonder what you are going to do in the future, don't you? You want to become a wonderful astronaut. To achieve this goal, focus on two key things. Firstly, exercise regularly to build a healthy body. It will help you develop the strength necessary for space travel. Secondly, try to read as many books about space as you can. This will help you gain knowledge of the universe. Most importantly, remember to have fun and enjoy the journey to your dream!

Good luck,
Your Future Self

발표하기

　오늘은 나의 미래의 자아로부터 받은 편지를 공유하고 싶어. 이 편지는 멋진 웹툰 작가가 되는 방법에 대한 조언을 담고 있어. 내 미래 자아에 따르면, 초점을 맞출 두 가지가 있어. 첫째로, 온라인으로 그리기 수업을 듣는 것은 내 실력과 자신감을 키우는 좋은 방법이야. 둘째로 책을 읽으며 새로운 것을 경험하는 시도는 이야기를 잘 전달하고 새로운 아이디어를 내는 데 도움이 돼. 나는 꿈을 향한 여정을 즐기면서 목표를 향해 계속 노력할 계획이야! 나의 발표를 들어줘서 고마워!

Teen Vibes

Fun Time **Hire Me**

아래 곤충이나 동물에게는 어떤 직업이 어울리나요? 즐겁게 상상해 봅시다.

ⓐ a delivery worker
ⓑ a web designer
ⓒ a track and field coach

1 I'm applying for a position of ⓑ ____

2 You can hire me as ⓒ ____

3 I was born to be ⓐ ____

나에게 어울리는 직업을 추천해 봐!

나를 고용하세요

ⓐ a delivery worker 배송 기사
ⓑ a web designer 웹 디자이너
ⓒ a track and field coach 육상 코치

거미: 나는 웹 디자이너 자리를 지원하고 있어.

치타: 당신은 나를 육상 코치로 고용할 수 있어.

독수리: 나는 배송 기사가 되기 위해 태어났어.

[예시]
공작: I can be the best fashion model.
(나는 최고의 패션 모델이 될 수 있어.)

Project Time **The Career Dice Challenge**

모둠별로 진로 주사위를 이용하여 놀이해 봅시다.

Sample **How to play**

① 129쪽에 있는 전개도를 오려 붙여 주사위를 완성합니다.
② 모둠을 구성하고, 모둠 내에서 주사위를 던질 순서를 정합니다.
③ 자신의 주사위를 던져 윗면에 적힌 질문에 완전한 문장으로 답하면 미로에서 다음 말(馬)이 있는 곳까지 이동합니다.
*이미 답한 질문이 나오면 다음 사람에게 기회가 넘어갑니다.

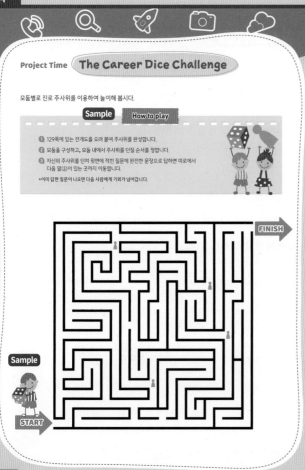

FINISH

Sample

START

진로 주사위 게임

129쪽 주사위 전개도 질문 해석
- **What is your good or bad habit?**
  (당신의 좋은/좋지 못한 습관은 무엇인가?)
- **What is your dream job, and why?**
  (당신이 원하는 직업은 무엇이고, 왜 원하는가?)
- **Move to the next point.**
  (다음 지점으로 이동하라.)
- **Go back to START!**
  (Start로 이동하라.)

[예시] 빈칸에 넣을 질문
- **What are you good at?**
  (당신이 잘하는 것은 무엇인가?)
- **What are your interests?**
  (당신의 관심사는 무엇인가?)
- **What are the values of your life?**
  (당신의 삶의 가치는 무엇인가?)

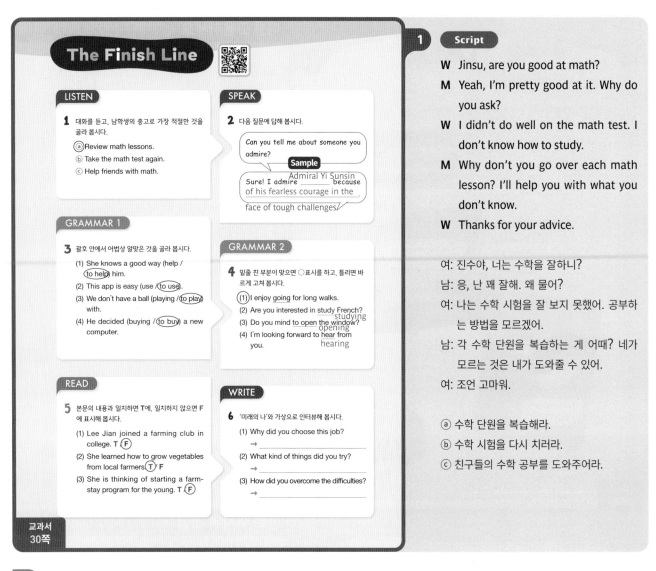

The Finish Line

교과서 30쪽

LISTEN

1 대화를 듣고, 남학생의 충고로 가장 적절한 것을 골라 봅시다.

ⓐ Review math lessons.
ⓑ Take the math test again.
ⓒ Help friends with math.

SPEAK

2 다음 질문에 답해 봅시다.

Can you tell me about someone you admire?

Sample

Sure! I admire _Admiral Yi Sunsin_ because of his fearless courage in the face of tough challenges.

GRAMMAR 1

3 괄호 안에서 어법상 알맞은 것을 골라 봅시다.

(1) She knows a good way (help / (to help)) him.
(2) This app is easy (use / (to use)).
(3) We don't have a ball (playing / (to play)) with.
(4) He decided (buying / (to buy)) a new computer.

GRAMMAR 2

4 밑줄 친 부분이 맞으면 ○표시를 하고, 틀리면 바르게 고쳐 봅시다.

(1) I enjoy going for long walks. ○
(2) Are you interested in study French? → studying
(3) Do you mind to open the window? → opening
(4) I'm looking forward to hear from you. → hearing

READ

5 본문의 내용과 일치하면 T에, 일치하지 않으면 F에 표시해 봅시다.

(1) Lee Jian joined a farming club in college. T (F)
(2) She learned how to grow vegetables from local farmers. (T) F
(3) She is thinking of starting a farm-stay program for the young. T (F)

WRITE

6 '미래의 나'와 가상으로 인터뷰해 봅시다.

(1) Why did you choose this job?
→ _____

(2) What kind of things did you try?
→ _____

(3) How did you overcome the difficulties?
→ _____

2 네가 존경하는 사람에 대해 말해 줄래?
- 그래. 나는 어려운 문제에 직면했을 때 보여준 두려움 없는 용기 때문에 이순신 장군을 존경해.

3
(1) 그녀는 그를 도울 좋은 방법을 알고 있다. (a good way를 수식하는 형용사적 용법의 to 부정사)
(2) 이 앱은 사용하기 쉽다. (형용사 easy를 수식하는 부사적 용법의 to 부정사)
(3) 우리는 가지고 놀 공이 없다. (a ball을 수식하는 형용사적 용법의 to 부정사)
(4) 그는 새 컴퓨터를 사기로 결정했다. (목적어 역할을 하는 명사적 용법의 to 부정사)

4
(1) 나는 긴 산책을 즐긴다. (enjoy는 동명사를 목적어로 쓴다.)
(2) 너는 불어 공부에 관심 있니? (전치사 뒤에는 동사가 올 수 없고 동명사로 써야 한다.)
(3) 창문을 열어도 될까? (mind는 동명사를 목적어로 취한다.)
(4) 나는 너의 소식을 기대하고 있다. (look forward to의 뒤에는 명사 또는 동명사가 와야 한다.)

5
(1) 이지안 씨는 대학 시절에 농업 동아리에 가입했다. (F)
(2) 그녀는 지역 농부들로부터 채소를 재배하는 방법을 배웠다. (T)
(3) 그녀는 젊은이들을 위한 농촌 체류 프로그램을 시작하려고 생각하고 있다. (F → 모든 연령대를 위한 것임)

6
(1) 왜 이 직업을 선택했나요?
예시 I wanted to make wonderful cars using AI robots. (AI 로봇을 이용해 멋진 차를 만들고 싶었다.)
(2) 어떤 종류의 일을 시도했나요?
예시 I practiced making various model cars. (다양한 모형 차를 만드는 것을 연습했다.)
(3) 어떻게 어려움을 극복했나요?
예시 "Practice makes perfect." was a great help to me. ("연습하면 잘하게 된다."는 말이 도움이 됐다.)

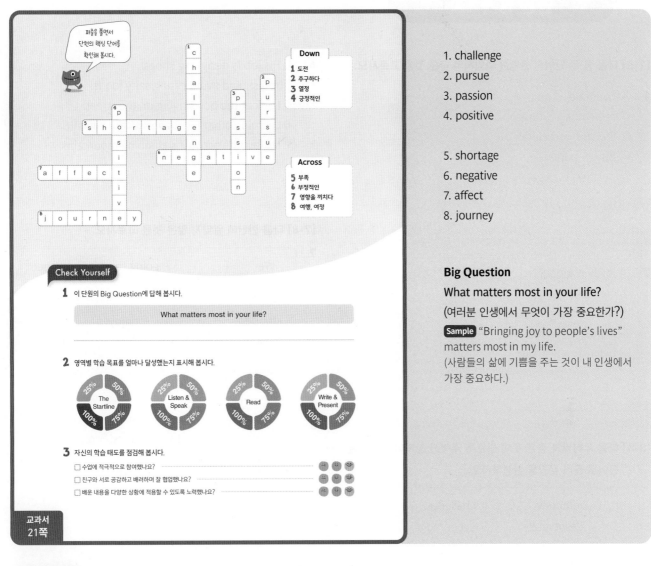

▶ Answers p. 190

Check Up

■ **다음 빈칸에 알맞은 단어를 쓰시오.**

1. Your health can _____ your ability to work and achieve your goals.
   (건강은 일을 하고 목표를 이루는 능력에 영향을 줄 수 있다.)

2. A new job can be a big _____, but it's also a great opportunity to learn.
   (새로운 직업은 큰 도전이 될 수 있지만, 배우는 좋은 기회이기도 하다.)

3. The _____ to success in your career is full of learning and growth.
   (진로에서 성공으로 가는 여정은 배움과 성장으로 가득 차 있다.)

4. A _____ mindset can affect your progress in your career.
   (부정적인 사고방식은 진로에서의 발전에 영향을 줄 수 있다.)

5. It's important to follow your _____ when choosing a career.
   (진로를 선택할 때는 자신의 열정을 따르는 것이 중요하다.)

6. Having a _____ attitude can help you overcome many challenges in your career.
   (긍정적인 태도를 가지면 진로에서 많은 도전을 극복하는 데 도움이 될 수 있다.)

7. She decided to _____ a career in medicine because she loves helping people.
   (그녀는 사람들을 돕는 것이 좋아서 의학 분야에서 진로를 추구하기로 결심했다.)

8. There is a _____ of skilled workers in the technology industry.
   (기술 산업에서는 숙련된 인력이 부족하다.)

[1-2] 다음 중 두 단어의 관계가 나머지와 다른 것을 고르시오.

1 ① continue — quit
② remember — forget
③ include — exclude
④ buy — purchase
⑤ positive — negative

2 ① local — global
② create — destroy
③ safe — dangerous
④ increase — decrease
⑤ begin — start

[3-4] 다음 우리말과 같은 뜻이 되도록 주어진 상자에서 알맞은 단어를 골라 문장을 완성하시오.

remotely	challenge
desperately	experiment

3 He faced a significant _____ when trying to climb the mountain.
(그는 산을 오르려 할 때 상당한 도전에 직면했다.)

4 She was _____ trying to find her lost dog in the neighborhood.
(그녀는 동네에서 잃어버린 개를 필사적으로 찾고 있었다.)

[5-6] 다음 중 밑줄 친 부분의 쓰임이 다른 하나를 고르시오.

5 ① Jiho grew up to be a singer.
② My plan is to read one book a week.
③ I'm happy to take a picture together.
④ She went to the market to buy eggs.
⑤ The pool isn't deep enough to dive into.

6 ① His job is designing shoes.
② You should avoid eating salty foods.
③ Look at the boy singing on the street.
④ Learning other languages is very difficult.
⑤ My favorite activity is climbing mountains.

[7-8] 다음 빈칸에 알맞지 않은 것을 고르시오.

7

| We _____ going camping together. |

① began   ② decided
③ stopped   ④ enjoyed
⑤ avoided

8

| I _____ to call my sister on weekends. |

① liked   ② kept
③ hoped   ④ started
⑤ forgot

9 다음 대화의 우리말에 알맞게 주어진 단어를 활용하여 문장을 완성하시오.

M: Sujin, you look excited. Do you have any good news?
W: I won first prize in the National Short Film Contest.
M: That's great! What was your film about?
W: It was about teenagers' dreams. I interviewed many high school kids. They all had different dreams.
M: Sounds interesting! What's your own dream?
W: I believe I'm 영화 만드는 것을 잘해. (good, make, at, movies) I want to create documentaries about wildlife.
M: I'm sure you can make your dream come true.

→ I'm _____.

10 다음이 자연스러운 대화가 되도록 (A)-(C)를 바르게 배열한 것은?

> M: What do you want to do in the future?
> W: I'm good at drawing. So, I want to create fantasy webtoons.
> M: Sounds awesome! I'm sure you can do it.
>
> (A) I hope you realize your dream.
> (B) I'm good at cooking. I want to run my own restaurant someday.
> (C) What about you? What are you good at?

① (A) — (C) — (B)
② (B) — (A) — (C)
③ (B) — (C) — (A)
④ (C) — (A) — (B)
⑤ (C) — (B) — (A)

[11-12] 다음 대화를 읽고, 물음에 답하시오.

> W: Brian, who's your role model? (①)
> M: I really admire Stephen Hawking. He kept his passion for science even after losing his ability to move. He overcame his hardships. Who's your role model? (②)
> W: Malala Yousafzai. She's my role model.
> M: I've never heard of her. (③)
> W: She won the Nobel Peace Prize at the age of 17. She fought for children's rights to education. (④)
> M: Wow, she's amazing! I'm really interested in knowing more about her. (⑤)
> W: Well, the school library has a book about her. Why don't you borrow it?
> M: Good idea! I'll go to the library right now.

11 위 대화의 ①~⑤ 중 다음 질문이 들어가기에 가장 알맞은 곳은?

> Can you tell me about her?

①   ②   ③   ④   ⑤

12 Malala Yousafzai에 관한 위 대화의 내용과 일치하지 <u>않는</u> 것은?

① 17세에 노벨 평화상을 수상했다.
② 어린이들의 교육권을 위해 싸웠다.
③ 열정이 있었고, 신체적 역경을 극복했다.
④ 브라이언은 그녀에 대해 더 알고 싶어한다.
⑤ 그녀에 대한 책이 학교 도서관에 있다.

[13-14] 다음 글을 읽고, 물음에 답하시오.

> Get ready to ⓐ <u>inspire</u> as we introduce Lee Jian, a remarkable person with an ⓑ <u>amazing</u> life's journey. She began her career as a food scientist, but her interests soon ⓒ <u>took</u> her on a different path. She became a webtoonist and then ⓓ <u>followed</u> her passion for farming. With such diverse experiences, Jian ⓔ <u>has created</u> her own unique journey. We are _____.

13 윗글의 밑줄 친 ⓐ~ⓔ 중 어법상 어색한 것은?

① ⓐ   ② ⓑ   ③ ⓒ
④ ⓓ   ⑤ ⓔ

14 다음 괄호 안의 표현들을 바르게 배열하여 윗글의 마지막 문장을 완성하시오.

> _____
>
> _____
>
> (our readers / share / her story / with / to / excited)

[15-17] 다음 글을 읽고, 물음에 답하시오.

What were your interests during your school days?

In elementary school, I loved ⓐ drawing comics, and I felt joy when my friends enjoyed my work. Thus, I dreamed of ⓑ creating exciting webtoons. In high school, I became 세계 식량난에 관심을 갖다 after reading a webtoon about a hungry boy in Africa. I hoped ⓒ developing hybrid plants that would be safe for the environment and our health, while increasing food production. I mean, plants like "pomatoes" that would grow potatoes in the ground and tomatoes above. In college, I loved ⓓ learning all about food, but I was still into drawing cartoons as well. So, I continued ⓔ creating comics in a cartoon club.

15 윗글의 밑줄 친 ⓐ~ⓔ 중 어법상 어색한 것을 찾아 바르게 고쳐 쓰시오.

_____ → _____

16 윗글의 밑줄 친 우리말과 같은 뜻이 되도록 괄호 안의 표현들을 바르게 배열하시오.

_____

(shortages / in / food / interested / global)

17 윗글의 주제로 가장 적절한 것은?

① the impact of social media on students' academic performance
② the role of family background in choosing jobs
③ the importance of various activities in skill development
④ the evolution of personal interests and career goals over time
⑤ the challenges faced by young adults in choosing a profession

[18-19] 다음 글을 읽고, 물음에 답하시오.

Could you describe your career path after college?

(A) I had wonderful co-workers and worked in a great environment. Since I spent so much time experimenting with crops, however, I had to work even on weekends, and I had little "me" time. I felt I was missing something.

(B) After graduation, I got a job as a food scientist. My main task was to develop stronger and more productive crops using genetic engineering techniques. I found new ways to protect crops from various diseases.

(C) So I started drawing comics again and posting them online. As more readers showed interest in my work, I became more passionate about pursuing it as a career. After much thought, I decided to include webtoon creation in my j_____.

18 윗글의 주어진 질문에 이어질 응답의 순서를 알맞게 배열한 것은?

① (A) — (C) — (B)
② (B) — (A) — (C)
③ (B) — (C) — (A)
④ (C) — (A) — (B)
⑤ (C) — (B) — (A)

19 다음 영영 풀이를 참고하여 윗글의 빈칸에 주어진 철자로 시작하는 알맞은 단어를 쓰시오.

a long trip from one place to another

j_____

[20-22] 다음 글을 읽고, 물음에 답하시오.

> **As a successful webtoonist, how did you come up with the idea of challenging yourself as a farmer?**
>
> While working as a food scientist, I dreamed of living in the country and growing crops myself. Also, I thought the country would offer a better environment for my family. After a long talk, my family and I decided ⓐ move to the countryside. With the help of skilled local farmers, we started growing vegetables on a small plot of land. At a training session for new farmers, I learned about smart farms and soon built one. Thanks to smart farming technology, we now produce about thirty times more vegetables than before. Since I am always able to monitor the farm with my cell phone and easily control everything remotely, I can also work on ⓑ draw webtoons. Fortunately, many readers enjoy the webtoons about my farming adventure.

20 윗글의 밑줄 친 ⓐ와 ⓑ를 각각 어법에 맞게 고쳐 쓰시오.

ⓐ move → _____

ⓑ draw → _____

21 윗글의 내용을 한 문장으로 요약할 때, 빈칸 (A), (B)에 들어갈 말로 가장 적절한 것은?

> A successful webtoonist transitioned to ___(A)___ farming, which allowed her to produce more vegetables while ___(B)___ her webtoon career.

	(A)		(B)
①	smart	……	continuing
②	traditional	……	abandoning
③	organic	……	expanding
④	industrial	……	neglecting
⑤	conventional	……	pausing

22 주인공에 관한 윗글의 내용과 일치하지 않는 것은?

① 식품 과학자로 일하면서도 시골에 살며 농작물을 직접 기르는 꿈을 꾸었다.
② 가족과 오랜 대화 끝에 시골로 이주하기로 결정했다.
③ 스마트 팜 기술 덕분에 이전보다 약 50배 더 많은 채소를 생산하게 되었다.
④ 휴대폰으로 농장을 모니터링하고 원격으로 제어할 수 있게 되었다.
⑤ 많은 독자들이 자신의 농사 경험을 바탕으로 한 웹툰을 즐기고 있다.

[23-25] 다음 글을 읽고, 물음에 답하시오.

> (①) **Do you have any final thoughts?**
> (②) Recently, I have started to create videos of myself working on the farm and post them on social media. (③) I have gained many young followers _____ leave positive comments and even come to visit the village. I am thinking of starting a farm-stay program for people of all ages. (④) We desperately need a new generation of farmers to take care of the land and help feed the world. (⑤)

23 윗글의 ①~⑤ 중 다음 주어진 문장이 들어가기에 가장 알맞은 곳은?

> I hope to see more young people in farming fields.

① ② ③ ④ ⑤

24 윗글의 밑줄 친 them이 지칭하는 한 단어를 본문에서 찾아 쓰시오.

→ _____

25 윗글의 빈칸에 알맞은 말을 모두 고르시오.

① where ② when
③ that ④ which
⑤ who

[1-2] 다음 중 두 단어의 관계가 나머지와 다른 것을 고르시오.

1
① abundant — scarce
② negative — positive
③ amateur — professional
④ fragile — strong
⑤ rapid — swift

2
① triumph — defeat
② expand — shrink
③ friend — enemy
④ global — local
⑤ assist — help

[3-4] 다음 우리말과 같은 뜻이 되도록 주어진 상자에서 알맞은 단어를 골라 문장을 완성하시오.

generation	disease
production	shortage

3 The water _____ in the city led to strict conservation measures.
(도시의 물 부족으로 인해 엄격한 절약 조치가 시행되었다.)

4 This rare _____ affects only a small percentage of the population.
(이 희귀 질병은 인구의 작은 비율에만 영향을 미친다.)

[5-6] 다음 중 밑줄 친 부분의 쓰임이 다른 하나를 고르시오.

5
① She has many friends to talk to.
② The problem is too complex to solve easily.
③ I need something to eat.
④ I don't have enough time to answer your questions.
⑤ The best way to defeat your enemy is to know yourself first.

6
① Reading books is my favorite pastime.
② He suggested going to the beach.
③ I'm thinking of buying a new car.
④ The singing bird woke me up.
⑤ We discussed moving to a new city.

[7-8] 다음 빈칸에 알맞지 않은 것을 고르시오.

7

We _____ going to the beach every summer.

① enjoy   ② avoid   ③ consider
④ suggest   ⑤ expect

8

They _____ to arrive on time for the meeting.

① promised   ② agreed   ③ finished
④ failed   ⑤ managed

9 다음이 자연스러운 대화가 되도록 (A)-(C)를 바르게 배열한 것은?

W: Jinsu, are you good at math?
M: Yeah, I'm pretty good at it. Why do you ask?

(A) Why don't you go over each math lesson? I'll help you with what you don't know.
(B) I didn't do well on the math test. I don't know how to study.
(C) Thanks for your advice.

① (A) — (B) — (C)
② (A) — (C) — (B)
③ (B) — (A) — (C)
④ (C) — (A) — (B)
⑤ (C) — (B) — (A)

10 다음 담화문의 밑줄 친 **this**가 지칭하는 것으로 알맞은 것은?

> Good morning. Good morning, Rashan. Alright, class. Settle down. Settle down. Today's assignment is a little bit different to what we usually do. Today, I've got a question that I want you to answer. And the question is: What do you want to be when you grow up? Now, I want you to think about <u>this</u> very carefully. Answer it honestly. Don't worry about what people are going to think because nobody else is going to see this. I do want you to think about why. Take your time and answer this honestly. Alright, guys. That's all we have time for today. Can I please have your sheets as you're leaving? Thank you. Very nice. Thank you. Well done today. Good job. Have a nice day. Thank you, Boomie. Thank you, John. Bye, Chan.

① 고민 상담 방법
② 자신의 장래 희망
③ 사람들의 가치관
④ 미래의 직업 변화
⑤ 숙제를 해야 하는 이유

[11-12] 다음 대화를 읽고, 물음에 답하시오.

> W: Do you have a role model?
> M: Yeah. Lee Tae-seock is my role model.
> W: Lee Tae-seock? I've never heard of him. Can you tell me about him?
> M: Sure! He dedicated his life to serving the needy people of South Sudan.
> W: Wow! That's really _____!

11 위 대화의 빈칸에 들어갈 말로 가장 적절한 것은?

① inspire ② inspires
③ inspiring ④ inspired
⑤ inspiration

12 Lee Tae-seock에 관한 위 대화의 내용과 일치하지 않는 것은?

① 남자의 롤 모델로 언급되었다.
② 여자는 그의 이름을 처음 들었다고 했다.
③ 어려운 사람들을 도운 인물이다.
④ 아프리카 여러 국가의 빈민층을 위해 봉사했다.
⑤ 남수단에서 봉사 활동을 했다.

[13-14] 다음 글을 읽고, 물음에 답하시오.

> Get ready to be inspired as we introduce Lee Jian, a remarkable person with an amazing life's journey. She began her career as a food scientist, but her interests soon took her on a different path. She became a webtoonist and then followed her passion for farming. With such diverse experiences, Jian has created her own unique journey. We are excited <u>to share</u> her story with our readers.

13 윗글의 밑줄 친 부분과 쓰임이 같은 것은?

① I have something important <u>to tell</u> you.
② He is anxious <u>to hear</u> the results.
③ <u>To be</u> honest, I don't like seafood.
④ His goal is <u>to be</u> a writer.
⑤ She came to the party <u>to meet</u> new people.

14 윗글의 목적으로 가장 적절한 것은?

① 새로운 과학자의 연구 성과를 홍보하려고
② 음식 과학자의 농사 기술을 설명하려고
③ 웹툰 작가의 작품 활동을 소개하려고
④ 농업 전문가의 취업 현황을 분석하려고
⑤ 한 인물의 다양한 삶의 이력을 소개하려고

[15-17] 다음 글을 읽고, 물음에 답하시오.

What were your interests during your school days?

In elementary school, I loved drawing comics, and I felt joy when my friends ⓐ <u>enjoyed</u> my work. Thus, I dreamed of creating ⓑ <u>exciting</u> webtoons. In high school, I became interested in global food shortages after reading a webtoon about a hungry boy in Africa. I hoped to develop hybrid plants ⓒ <u>that</u> would be safe for the environment and our health, while increasing food production. I mean, plants like "_____" that would grow potatoes in the ground and tomatoes above. In college, I loved learning all about food, but I was still into ⓓ <u>draw</u> cartoons as well. So, I continued ⓔ <u>creating</u> comics in a cartoon club.

15 윗글의 밑줄 친 ⓐ~ⓔ 중 어법상 어색한 것을 찾아 바르게 고쳐 쓰시오.

_____ → _____

16 윗글의 빈칸에 들어갈 말로 가장 적절한 것은?

① cropatoes
② vegtatoes
③ tomatoots
④ rootmatoes
⑤ pomatoes

17 필자에 관한 다음 설명 중 윗글의 내용과 일치하지 <u>않는</u> 것은?

① 초등학교 시절 만화를 그리는 것을 좋아했다.
② 고등학교 때 아프리카 소년을 다룬 웹툰을 읽었다.
③ 환경과 건강에 안전한 혼종 식물 개발을 희망했다.
④ 감자와 토마토가 동시에 자라는 식물을 개발하고자 했다.
⑤ 대학에서 만화 동아리 활동을 그만두고 식물 연구에만 전념했다.

[18-19] 다음 글을 읽고, 물음에 답하시오.

Could you describe your career path after college?

After graduation, I got a job as a food scientist. My main task was ⓐ <u>develop</u> stronger and more productive crops using genetic engineering techniques. I found new ways to protect crops from various diseases. I had wonderful co-workers and worked in a great environment. Since I spent so much time ⓑ <u>experiment</u> with crops, however, I had to work even on weekends, and I had little "me" time. I felt I was missing something. So I started drawing comics again and posting them online. As more readers showed interest in my work, I became more passionate about pursuing it as a career. After much thought, I decided to include webtoon creation in my journey.

18 윗글의 밑줄 친 ⓐ와 ⓑ를 각각 어법에 맞게 고쳐 쓰시오.

ⓐ develop → _____

ⓑ experiment → _____

19 윗글의 제목으로 가장 적절한 것은?

① Scientific Passion: Leading to a Perfect Career Path
② Weekend Work: A Challenge in Food Science
③ From Laboratory to Art: A Sudden Career Change
④ Finding a New Direction While Keeping the Old One
⑤ Online Comics: An Escape from Scientific Research

[20-22] 다음 글을 읽고, 물음에 답하시오.

> **Was there anything that was hard for you in your new job?**
>
> After quitting my job, I was a little ⓐ afraid for some time because I was not certain about my future. (①) I also had to learn a lot to become a ⓑ professional webtoonist. (②) I needed to improve not just my drawing skills, but also my ⓒ disabilities to tell stories. (③) As a webtoonist, meeting ⓓ deadlines and dealing with negative comments were tough. (④) Negative comments often made me feel bad, but I did not let them affect me too much. (⑤) I always try to remember that I am doing what I love, and that is what ⓔ matters most!

20 윗글의 밑줄 친 ⓐ~ⓔ 중 문맥상 낱말의 쓰임이 적절하지 않은 것은?

① ⓐ   ② ⓑ   ③ ⓒ   ④ ⓓ   ⑤ ⓔ

21 윗글의 ①~⑤ 중 다음 주어진 문장이 들어가기에 가장 알맞은 곳은?

> I learned to manage my time well to finish my work on time.

①   ②   ③   ④   ⑤

22 웹툰 작가에 관한 다음 설명 중 윗글의 내용과 일치하지 않는 것은?

① 새로운 직업에 대한 불확실한 미래로 두려움을 느꼈다.
② 스토리 구성력과 그림 실력을 향상시켜야 했다.
③ 작업 기한을 맞추기 위해 시간 관리를 배웠다.
④ 부정적인 댓글 때문에 작품 활동을 중단했다.
⑤ 자신이 좋아하는 일을 한다는 것을 늘 기억하려 한다.

[23-25] 다음 대화를 읽고, 물음에 답하시오.

> **As a successful webtoonist, how did you come up with the idea of challenging yourself as a farmer?**
>
> (A) Since I am always able to monitor the farm with my cell phone and easily control everything remotely, I can also work on drawing webtoons. Fortunately, many readers enjoy the webtoons about my farming a_____.
>
> (B) With the help of skilled local farmers, we started growing vegetables on a small plot of land. At a training session for new farmers, I learned about smart farms and soon built one. Thanks to smart farming technology, we now produce about thirty times more vegetables than before.
>
> (C) While working as a food scientist, I dreamed of living in the country and growing crops myself. Also, I thought the country would offer a better environment for my family. After a long talk, my family and I decided to move to the countryside.

23 윗글의 주어진 질문 뒤에 이어질 응답의 순서를 알맞게 배열하시오.

24 윗글의 내용을 한 문장으로 요약할 때, 다음 빈칸 ⓐ, ⓑ에 들어갈 말로 가장 적절한 것은?

> A webtoonist successfully ____ⓐ____ farming and content ⓑcreation through smart farming ____ⓑ____.

	ⓐ		ⓑ
①	avoided	⋯⋯	methods
②	managed	⋯⋯	debate
③	combined	⋯⋯	technology
④	challenged	⋯⋯	skills
⑤	studied	⋯⋯	story

25 다음 영영 풀이를 참고하여 윗글의 빈칸에 주어진 철자로 시작하는 알맞은 단어를 쓰시오.

> an exciting or dangerous experience

a_____

Lesson 2

Eat Well, Feel Good

잘 먹고 기분 좋아지세요

Big Question

How can food promote respect for different cultures?

음식이 어떻게 다른 문화에 대한 존중을 증진시킬 수 있을까?

The Startline

Things That Surprise Us

우리를 놀라게 하는 것들

Listen & Speak

- Food Preferences

  Ⓕ 선호 표현하기

  음식 선호도

- Birthday Food

  Ⓕ 음식 권하기

  생일 음식

Read

Eggs, You're So Egg-cellent 계란, 넌 무척 훌륭해

Ⓥ 요리와 관련한 단어

Ⓖ 수동태 / 동사 + 목적어 + (to) 동사 원형

Write & Present

Be a Poet!
시인이 되어 보자!

Teen Vibes

- Food Idioms Fun Time
  음식 관용 표현
- Explore Korean Foods Project Time
  한국 음식 탐험

The
Startline   Things that Surprise Us 🐰

GET READY

음식과 관련한 정보를 읽고, 가장 흥미로운 것과 그 이유를 말해 봅시다.

Potatoes were the first food crop planted in space.

Carrots were originally purple and yellow, not orange.

Margherita pizza is named after a queen.

Cotton candy was created by a dentist.

Ketchup was once used as a medicine.

교과서 34쪽

우리를 놀라게 하는 것들

(준비 활동)

감자는 우주에 심은 최초의 식량 작물이었다.

해설 1995년에 NASA와 위스콘신대학교-매디슨 연구진은 감자를 우주에서 성공적으로 재배했다. 이 실험은 NASA의 우주 식량 연구 프로그램의 일환으로, 우주에서 자급자족할 수 있는 식량 생산 가능성을 시험하는 중요한 단계였다. 감자는 영양가가 높고 재배하기 쉬운 작물이어서 우주에서의 식량 재배 연구에 적합한 대상이었다.

당근은 원래 주황색이 아니라 보라색과 노란색이었다.

해설 당근의 원래 색은 보라색, 노란색, 흰색이었으며, 지금의 주황색 당근은 17세기 네덜란드에서 개발된 품종이다. 당시 네덜란드 농부들은 주황색을 좋아했기 때문에, 다양한 색깔의 당근 중에서 주황색 변종을 선택적으로 교배해 현재 우리가 알고 있는 주황색 당근을 만들어냈다.

마르게리타 피자는 여왕의 이름을 따서 지어졌다.

해설 1889년 이탈리아 왕비였던 마르게리타 디 사보이아가 나폴리를 방문했을 때, 현지의 유명한 피자 장인 라파엘레 에스포지토가 왕비를 위해 특별한 피자를 만들었다. 이 피자는 이탈리아 국기를 상징하는 세 가지 색상을 갖춘 피자로, 토마토(빨강), 모짜렐라 치즈(흰색), 바질(초록색)을 사용했다. 마르게리타 여왕은 이 피자를 매우 좋아했고, 이를 기념하기 위해 피자의 이름을 '마르게리따'라고 지었다. 이로 인해 마르게리따 피자는 오늘날까지도 전 세계에서 널리 사랑받는 피자 중 하나로 남아 있다.

케첩은 한때 약으로 사용되었다.

해설 1830년대 미국에서 의사 존 쿡 베넷이 토마토를 활용한 케첩을 다양한 질병의 치료제로 홍보했다. 그는 토마토가 소화 불량, 설사, 황달 등의 질병을 치료하는 효능이 있다고 주장했으며, 케첩을 농축해 알약 형태로 만들기도 했다. 이 시기에는 케첩이 건강에 좋다는 믿음이 널리 퍼졌으나, 시간이 지나면서 이러한 주장들이 과장된 것으로 드러났고, 케첩은 결국 소스로서의 본래 역할에 정착하게 되었다.

솜사탕은 치과의사에 의해 만들어졌다.

해설 솜사탕은 1897년에 미국의 치과의사 윌리엄 모리슨과 제과업자인 존 워튼에 의해 발명되었다. 이들은 설탕을 녹여서 매우 가느다란 실처럼 뽑아내는 기계를 발명했고, 이를 통해 오늘날 우리가 알고 있는 솜사탕을 처음으로 만들었다. 이 솜사탕은 1904년 세인트루이스에서 열린 세계 박람회에서 "페어리 플로스"라는 이름으로 처음 대중에게 소개되었고, 큰 인기를 끌었다. 이후 솜사탕은 전 세계적으로 사랑받는 간식이 되었지만, 그 기원이 치과의사와 관련이 있다는 점은 아이러니한 일로 여겨지곤 한다.

어휘 originally (부) 원래, 본래　　　purple (형) 자주색의, 보라의　　　cotton candy 솜사탕　　　dentist (명) 치과 의사　　　medicine (명) 약

1 영상을 보고, 아래의 설명에 해당하는 나라를 주어진 상자에서 골라 써 봅시다.

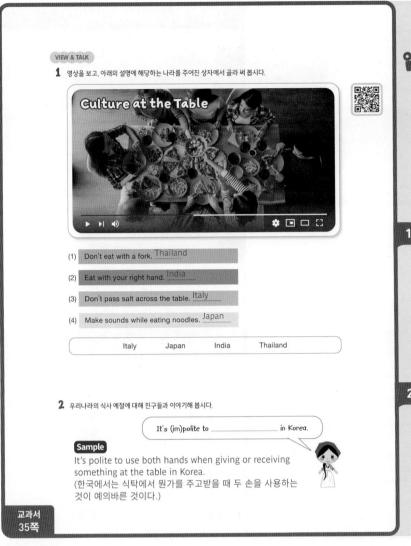

Culture at the Table

(1) Don't eat with a fork. Thailand

(2) Eat with your right hand. India

(3) Don't pass salt across the table. Italy

(4) Make sounds while eating noodles. Japan

| Italy | Japan | India | Thailand |

2 우리나라의 식사 예절에 대해 친구들과 이야기해 봅시다.

It's (im)polite to _____ in Korea.

Sample
It's polite to use both hands when giving or receiving something at the table in Korea.
(한국에서는 식탁에서 뭔가를 주고받을 때 두 손을 사용하는 것이 예의바른 것이다.)

교과서 35쪽

영상 소개

세계 여러 나라(태국, 인도, 이탈리아, 일본)의 독특한 식사 예절을 소개하는 영상이다. 시청 후 다른 나라 사람에게 소개하고 싶은 우리의 식사 예절을 간단히 말해 본다.

1
(1) 포크로 먹지 말아라. (태국)
(2) 오른손으로 먹어라. (인도)
(3) 식탁을 가로질러 소금을 건네지 말아라. (이탈리아)
(4) 국수를 먹는 동안에 소리를 내라. (일본)

2
(추가 예시) It's polite to wait older people to start eating in Korea. (한국에서는 연장자가 음식을 먹기 시작하기를 기다리는 것이 예의 바른 것이다.)
It's impolite to speak with your mouth full in Korea. (한국에서는 입에 음식을 문 채 말하는 것이 무례한 것이다.)

Video Script

Culture at the Table

Table manners differ from country to country. In Thailand, for example, it's not polite to eat with a fork. They use a fork to put food onto a spoon. If you go to India, be careful with your hands. People in India eat using their right hand. They use their left hand for cleaning purposes. Interestingly, in Italy, it's considered bad luck to pass salt across the table. Lastly, in Japan, making sounds while eating noodles is a positive sign, showing enjoyment of the food.

해석

식사 예절

식사 예절은 나라마다 다르다. 예를 들어, 태국에서는 포크로 먹는 것은 예의가 아니다. 그들은 음식을 숟가락에 얹기 위해 포크를 사용한다. 만약 인도에 간다면, 너의 손을 조심해라. 인도 사람들은 오른손을 사용해서 먹는다. 그들은 왼손을 세정 목적으로 사용한다. 흥미롭게도, 이탈리아에서는 식탁을 가로질러 소금을 건네주는 것은 불운으로 여겨진다. 마지막으로, 일본에서는 국수를 먹으면서 소리를 내는 것은 음식을 즐기고 있다는 것을 보여주는 긍정적인 신호이다.

어휘 **manners** 몡 (복수형) 예의, 관습　　**differ** 동 다르다　　**from country to country** 나라마다　　**polite** 형 예의 바른
purpose 몡 목적　　**bad luck** 불운　　**positive** 형 긍정적인　　**enjoyment** 몡 즐거움　　**impolite** 형 무례한

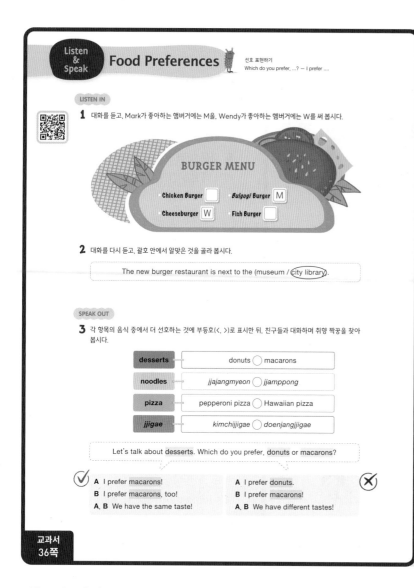

다양한 방식으로 창의적이기

1
치킨 버거
불고기 버거
치즈 버거
생선 버거

2 새로운 버거 식당은 시립 도서관 옆에 있다.

3
- 디저트: 도넛 / 마카롱
- 면: 짜장면 / 짬뽕
- 피자: 페퍼로니 피자 / 하와이안 피자
- 찌개: 김치찌개 / 된장찌개

디저트에 대해 말해 보자. 너는 도넛과 마카롱 중에 어느 것을 더 좋아하니?

A 나는 마카롱을 더 좋아해!
B 나도 마카롱을 더 좋아해!
A, B 우리는 같은 취향을 가졌어!

A 나는 도넛을 더 좋아해.
B 나는 마카롱을 더 좋아해!
A, B 우리는 다른 취향을 가졌어!

Listening Script

M Wendy, have you heard about the new burger restaurant?

W No. Where is it, Mark?

M It's next to the city library. They have a wide variety of burgers. Look at this flier.

W Wow, it's making me feel hungry.

M Exactly. Which one do you prefer, a cheeseburger or a *bulgogi* burger?

W I prefer cheeseburgers. What about you, Mark?

M I like *bulgogi* burgers more. Let's try both when we go there.

W Sure! Sounds good to me. I can't wait to taste the burgers.

해석

남: 웬디, 새로운 햄버거 식당에 대해 들어본 적 있니?

여: 아니. 그게 어디에 있어, 마크?

남: 시립 도서관 옆에 있어. 거기엔 다양한 버거가 있어. 이 전단지를 좀 봐.

여: 와, 이건 날 배고프게 해.

남: 맞아. 너는 치즈 버거와 불고기 버거 중에 어느 것을 선호하니?

여: 나는 치즈 버거가 더 좋아. 마크, 너는?

남: 나는 불고기 버거를 더 좋아해. 우리 거기 가면 둘 다 먹어 보자.

여: 물론이야! 좋아. 버거를 빨리 맛보고 싶어.

어휘 preference (명) 선호, 선호도 next to ~의 옆에 a wide variety of 매우 다양한 flier (명) 광고지 prefer (동) 더 좋아하다
can't wait to ~하고 싶다, ~가 기대된다, ~를 하기 위해 기다릴 수 없다 taste (동) 맛보다

Birthday Food

음식 권하기
Would you like to try ...? / Please try ....

LISTEN IN

1 대화를 듣고, 대화에서 언급되지 않은 것을 골라 봅시다.

ⓐ　ⓑ　ⓒ

2 대화를 다시 듣고, 괄호 안에서 각각 알맞은 것을 골라 봅시다.

Countries have (the same / different) birthday (gift / food) traditions.

SPEAK OUT

3 세계 음식 축제의 다양한 음식 중 먹고 싶은 것을 고른 뒤, 친구들과 음식을 권하는 대화를 나눠 봅시다.

FooD FESTIVAL

French Food	Thai Food
Ratatouille 라타투이	Tom Yum Goong 똠얌꿍

Spanish Food	Indian Food	Vietnamese Food
Paella 파에야	Tandoori Chicken 탄두리 치킨	Banh Mi 반미

A Welcome to the French Food booth. Would you like to try some ratatouille?
B Yes, thank you. That looks delicious.
A Here's a plate for you. I hope you like it.

교과서 **37쪽**

독특한 선물 아이디어

2 나라들은 서로 다른 생일 음식 전통이 있다.

해설 생일에 우리나라는 미역국, 호주는 보통 요정 빵을 먹는다고 대화하고 있다.

3
• 프랑스 음식: 라따뚜이
 (여러 채소를 큼직하게 썰어 넣어 익힌 가정 요리)
• 태국 음식: 똠얌꿍
 (새우를 주재료로 해 다양한 야채와 향신료를 넣고 끓인 국물 요리)
• 스페인 음식: 파에야
 (육류, 해물, 야채 등의 재료와 쌀, 육수 등을 넣고 끓인 음식)
• 인도 음식: 탄두리 치킨
 (향신료와 발효유에 재운 닭고기를 쇠꼬챙이에 꽂아 구운 요리)
• 베트남 음식: 반미
 (바게뜨로 만든 샌드위치)

A 프랑스 음식 부스에 오신 것을 환영합니다. 라따뚜이를 좀 드셔 보시겠어요?
B 네, 감사합니다. 맛있어 보이네요.
A 여기 당신을 위한 요리입니다. 마음에 드시길 바라요.

Listening Script

W Happy birthday, Alex! Help yourself.
M Wow! Jiwon, did you cook all of these?
W Yes. Try some seaweed soup first. Koreans celebrate birthdays with this soup.
M Seaweed soup? Why?
W I heard it's a way to say "thank you" to mom.
M That's interesting. In Australia, we usually have fairy bread on children's birthdays.
W Fairy bread?
M It's white bread with butter and colored sugar on top.
W That sounds fun! Birthday food can be different between cultures.

해석

여: 생일 축하해, 알렉스! 많이 먹어.
남: 우와! 지원아, 이거 다 네가 요리했어?
여: 응. 미역국 먼저 먹어봐. 한국인들은 이 국으로 생일을 축하해.
남: 미역국? 왜?
여: 이것은 엄마에게 "고마워요"라고 말하는 방법이라고 들었어.
남: 그거 흥미롭다. 호주에서 우리는 보통 아이들의 생일에 요정 빵을 먹어.
여: 요정 빵?
남: 버터랑 색 설탕이 위에 올려진 하얀 빵이야.
여: 재밌다. 생일 음식은 문화마다 다를 수 있구나.

어휘 **Help yourself.** 마음껏 드세요.　**seaweed** 명 미역　**celebrate** 동 기념하다　**fairy** 명 요정　**booth** 명 칸막이를 한 작은 공간, 부스　**plate** 명 접시, 그릇, 한 접시 (분량의 음식)

1 선호 표현하기

A **Which one do you prefer**, cheeseburgers **or** *bulgogi* burgers?

(치즈 버거와 불고기 버거 중에 어느 것을 더 좋아하니?)

B **I prefer** cheeseburgers **to** *bulgogi* burgers.

(나는 불고기 버거 보다 치즈 버거를 더 좋아해.)

Which (one) do you prefer, A or B?는 둘 중 선호하는 것을 물을 때 사용하는 표현이고, 비슷한 표현으로는 Which do you prefer, A or B?, Which do you like more/better, A or B? 등이 있다.

선호하는 것을 말할 때는 I prefer A (to B), I like A more/better than B. 등으로 표현할 수 있다.

Check Up

▶ Answers p. 193

1 다음 대화의 빈칸에 공통으로 들어갈 말을 고르시오.

> A Ashley, aren't you hungry? Let's go have lunch.
>
> B OK. Which do you _____, sandwiches or hamburgers?
>
> A I _____ sandwiches.
>
> B OK. Let's have sandwiches.

① think   ② prefer   ③ go   ④ have   ⑤ take

2 다음 빈칸에 들어갈 말로 적절한 것을 고르시오.

> A Dinner time! How about trying something new this time?
>
> B Good idea! I heard there are some new international restaurants that opened recently.
>
> _____
>
> A I like Thai food better. Let's go to the Thai restaurant.

① Can you cook Thai food?

② What do you think of Thai food?

③ Have you ever tried Thai food before?

④ Why do you think Thai food is popular?

⑤ Which do you prefer, Thai food or French food?

3 다음 상황에서 할 수 있는 말을 쓰시오.

> You and your friend are at a cafe. They have donuts and macarons. Your friend asks which dessert you prefer. You want to try the macarons more. What would you say to your friend?

A Would you like to try some Paella?
(파에야를 좀 드셔 보시겠어요?)
B Yes, thank you. That looks delicious.
(네, 감사합니다. 맛있어 보이네요.)

Would you like ~?는 상대방에게 음식을 권하는 표현으로 Do you want to try ~?, Do you feel like having ~?, Would you have ~?, Please try ~. Help yourself to ~. Why don't' you try ~? 등과 함께 비슷한 의미로 사용할 수 있다.
이에 대한 응답은 Yes, please. / Sure. Thank you / That would be great. 또는 No, thanks. I'm full. / No, thank you. I'm not hungry. / I don't like ~. 등으로 상황에 알맞게 말할 수 있다.

Check Up

▶ Answers p. 193

1 다음 주어진 우리말과 같은 뜻이 되도록 괄호 안의 표현을 바르게 배열하시오.

A Mom, I'm very hungry.
B _____
샌드위치 좀 먹을래? (you / like / some / would / sandwiches)

2 다음 빈칸에 들어갈 말로 <u>어색한</u> 것을 고르시오.

A Help yourself to the cookies.
B _____

① Yes, please.
② Sure. Thank you.
③ That would be great.
④ No thanks. I don't need any help.
⑤ No, thank you. I don't like cookies.

3 다음이 자연스러운 대화가 되도록 순서대로 번호를 쓰시오.

_____ Here you go. Would you like some milk, too?
_____ Oh, that sounds great! Thank you!
_____ Would you like some bread? I just baked them.
_____ Yes, please! Bread and milk are great together.

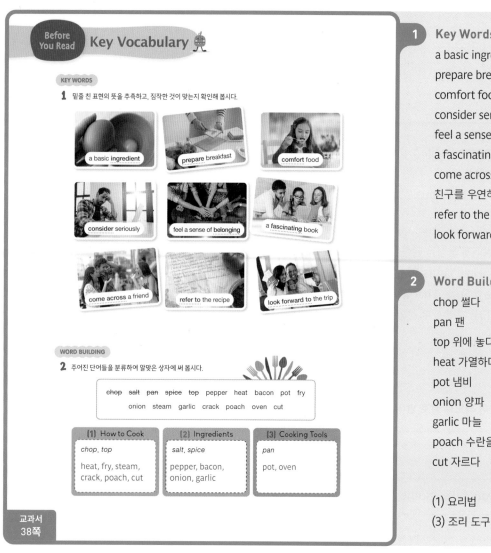

1 Key Words

a basic ingredient 기본 재료
prepare breakfast 아침 식사를 준비하다
comfort food 마음에 위안을 주는 음식
consider seriously 진지하게 고려하다
feel a sense of belonging 소속감을 느끼다
a fascinating book 대단히 흥미로운 책
come across a friend
친구를 우연히 마주치다
refer to the recipe 조리법을 참고하다
look forward to the trip 여행을 기대하다

2 Word Building: 요리 관련 어휘

chop 썰다	salt 소금
pan 팬	spice 양념, 향신료
top 위에 놓다	pepper 후추, 고추
heat 가열하다	bacon 베이컨
pot 냄비	fry 볶다
onion 양파	steam 찌다
garlic 마늘	crack 깨다
poach 수란을 만들다	oven 오븐
cut 자르다	

(1) 요리법   (2) 재료
(3) 조리 도구

Key Words 예문

- Eggs are **a basic ingredient** in many recipes.
  (달걀은 많은 요리의 기본 재료이다.)

- She likes to **prepare breakfast** for her family.
  (그녀는 가족을 위해 아침 식사를 준비하는 것을 좋아한다.)

- Soup is my **comfort food** on cold days.
  (추운 날에 수프는 나에게 위안을 주는 음식이다.)

- You should **consider** this offer **seriously**.
  (너는 이 제안을 진지하게 고려해야 한다.)

- He feels **a sense of belonging** in his new team.
  (그는 새 팀에서 소속감을 느낀다.)

- That novel is **a fascinating book**.
  (그 소설은 대단히 흥미로운 책이다.)

- I **came across a friend** at the mall today.
  (오늘 쇼핑몰에서 친구를 우연히 마주쳤다.)

- I always **refer to the recipe** when I bake a cake.
  (나는 케이크를 구울 때 항상 조리법을 참고한다.)

- We **look forward to the trip** next weekend.
  (우리는 다음 주말의 여행을 기대하고 있다.)

Word Building 추가 예시
달걀 요리 관련어
sunny-side up 한쪽만 익힌 달걀 프라이
over easy 한쪽은 익고 한쪽은 살짝만 익혀 프라이한 달걀
over hard 양쪽 면 모두 익혀 프라이한 달걀
soft boiled 반숙으로 삶은 달걀
hard boiled 완숙으로 삶은 달걀

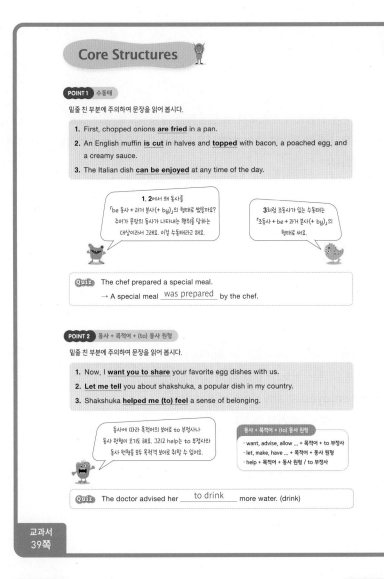

Core Structures

POINT 1 수동태

밑줄 친 부분에 주의하여 문장을 읽어 봅시다.

1. First, chopped onions **are fried** in a pan.
2. An English muffin **is cut** in halves and **topped** with bacon, a poached egg, and a creamy sauce.
3. The Italian dish **can be enjoyed** at any time of the day.

> 1, 2에서 왜 동사를 「be 동사 + 과거 분사(+ by)」의 형태로 썼을까요? 주어가 문장의 동사가 나타내는 행위를 당하는 대상이라서 그래요. 이걸 수동태라고 해요.

> 3처럼 조동사가 있는 수동태는 「조동사 + be + 과거 분사(+ by)」의 형태로 써요.

Quiz The chef prepared a special meal.
→ A special meal __was prepared__ by the chef.

POINT 2 동사 + 목적어 + (to) 동사 원형

밑줄 친 부분에 주의하여 문장을 읽어 봅시다.

1. Now, I **want you to share** your favorite egg dishes with us.
2. **Let me tell** you about shakshuka, a popular dish in my country.
3. Shakshuka **helped me (to) feel** a sense of belonging.

> 동사에 따라 목적어의 보어로 to 부정사나 동사 원형이 오기도 해요. 그리고 help는 to 부정사와 동사 원형을 모두 목적격 보어로 취할 수 있어요.

> 동사 + 목적어 + (to) 동사 원형
> · want, advise, allow ... + 목적어 + to 부정사
> · let, make, have ... + 목적어 + 동사 원형
> · help + 목적어 + 동사 원형 / to 부정사

Quiz The doctor advised her ___to drink___ more water. (drink)

교과서 39쪽

---

1 수동태

1. 먼저, 다져진 양파는 팬에 튀겨진다.
2. 잉글리시 머핀은 반으로 잘라지고, 베이컨, 수란, 그리고 크림 소스가 위에 얹어진다.
3. 이 이탈리아 요리는 하루 중 언제든지 즐겨질 수 있다.

Quiz. 요리사가 특별한 식사를 준비했다.
→ 특별한 식사가 요리사에 의해 준비되었다.

해설 주어가 단수이고, 동사의 시제가 과거인 것에 주의한다.

2 동사 + 목적어 + (to) 동사 원형

1. 이제, 여러분이 좋아하는 계란 요리를 우리에게 공유해 주기 바란다.
2. 우리나라에서 인기 있는 요리인 샥슈카에 대해 이야기하겠다.
3. 샥슈카는 내가 소속감을 느끼도록 도와주었다.

Quiz 의사는 그녀에게 물을 더 많이 마시라고 조언했다.

해설 advise는 to 부정사를 목적격 보어로 쓰는 동사이다.

POINT 1 수동태 예문 해설

1. 주어인 chopped onions가 팬에서 '튀기는' 것이 아니라 '튀겨지는' 것이므로 수동태로 써야 하는데, 주어가 복수형이므로 are fried와 같이 썼다.

2. 주어인 An English muffin은 단수이고, '자르는' 것이 아닌 '잘라지는' 것이므로 is cut과 같이 수동태로 쓴다. (cut의 과거 분사형은 cut이다.) and로 연결된 동사 topped 역시 앞에 is가 생략된 수동태이다.

3. The Italian dish는 사람들에 의해 '즐겨지는' 것이므로 수동태로 쓴다. 조동사와 함께 수동태로 쓸 때는 '조동사 + be + 과거 분사' 형태로 쓴다.

POINT 2 동사 + 목적어 + (to) 동사 원형 예문 해설

1. 동사 want는 목적격 보어로 to 부정사를 쓴다. 목적어 you와 목적격 보어 to share는 의미상 주어와 동사 같은 관계이다. (네가 공유하기를 바란다)

2. 동사 let은 목적격 보어로 동사 원형을 쓴다. 목적어 me와 목적격 보어 tell은 의미상 주어와 동사 같은 관계이다. (내가 말하게 하다)

3. 동사 help는 목적격 보어로 to 부정사과 동사 원형을 모두 쓸 수 있다. 역시 목적어 me와 목적격 보어 (to) feel은 주어와 동사 같은 관계이다. (내가 느끼도록 도왔다)

어휘 chop 동 다지다   onion 명 양파   fry 동 튀기다   in halves 반으로   poached egg 수란   top 동 위에 올리다
chef 명 요리사   meal 명 식사   popular 형 인기 있는

Point 1

수동태

능동태는 '~하다'라는 의미로 주어가 행위의 주체로서 어떤 동작을 능동적으로 하는 것을 나타내는 반면, 수동태는 '~당하다, ~되다'라는 의미로 주어가 행위를 당하는 대상으로서 수동적으로 어떤 동작의 영향을 받는 것을 나타낸다.

> [능동태] People around the world **eat** eggs.
>
> [수동태] Eggs **are eaten** by people around the world.

1) 능동태의 목적어를 수동태의 주어로 한다.
2) 능동태의 동사를 'be동사 + p.p.'로 고친다. (be동사는 주어의 인칭과 시제에 주의한다.)
3) 능동태의 주어를 'by + 목적격'으로 바꾼다.
4) by 이외의 전치사를 쓰는 수동태: be filled with, be known for, be interested in... 등
5) 조동사와 함께 쓰이는 수동태: '조동사 + be + p.p.'의 형태로 쓴다.
   The Italian dish **can be enjoyed** at any time of the day.
   (이 이탈리아 요리는 하루 중 언제든지 즐겨질 수 있다.)

Check Up

1 다음 괄호 안에서 알맞은 것을 고르시오.

(1) The book (wrote / was written) by a famous author.

(2) He (fixed / was fixed) the broken computer last night.

(3) The concert (was held / held) at the park last weekend.

2 다음 문장에서 밑줄 친 부분을 어법에 맞게 고쳐 쓰시오.

(1) The letter <u>sent</u> to him yesterday by his friend.

(2) A new shopping mall <u>will build</u> in our town next year.

3 다음 문장을 수동태로 바꿀 때, 빈칸에 알맞은 말을 쓰시오.

(1) The police officer caught the thief.
   → The thief _____ the police officer.

(2) The gardener waters the plants every morning.
   → The plants _____ the gardener every morning.

▶ Answers p. 193

Point 2

동사 + 목적어 + (to) 동사 원형

목적격 보어는 목적어의 상태나 성질을 보충 설명해 주는 말이다. 의미상 목적어와 목적격 보어는 주어와 서술어의 관계이기 때문에 '(목적어)가 (목적격 보어)하다'로 해석할 수 있고, 동사에 따라 목적격 보어의 형태가 다르다.

1) to 부정사를 목적격 보어로 쓰는 동사: want, advise, allow, ask, order, tell 등
  • Her parents **wanted** her **to become** a doctor.
  • The librarian **asked** them **to be** quiet in the library.

2) 동사 원형을 목적격 보어로 쓰는 동사: 사역 동사(make, have, let), 지각 동사(see, feel) 등
  • She **made** me **clean** the room.   Tony **heard** Julie **sing** a song.

3) to 부정사와 동사 원형 모두를 목적격 보어로 쓰는 동사: help
  • Sunscreen **helps** you **(to) protect** your skin.

※ 사역 동사와 지각 동사는 목적어와 목적격 보어의 관계가 능동일 때 동사 원형을 쓰지만, 목적어와 목적격 보어의 관계가 수동일 때는 과거 분사를 쓴다. 지각 동사의 경우, 상황이 진행 중임을 강조할 때 목적격 보어로 현재 분사를 사용하기도 한다.
  • I **had** my car **parked**.
  • I **heard** the dog **barking**.

Check Up

1 다음 괄호 안에서 어법상 알맞은 것을 고르시오.

(1) I want him (to join / join) the club with us.

(2) The doctor advised me (to rest / rest) for a few days.

(3) The teacher made the students (to finish / finish) their homework before leaving.

2 다음 괄호 안의 단어를 활용하여 문장을 어법에 맞게 완성하시오.

(1) I heard my name _____ in the crowd. (call)

(2) He let the kids _____ in the backyard. (play)

3 다음 우리말과 일치하도록 괄호 안에 주어진 말을 이용하여 문장을 완성하시오.

(1) 리사는 프레드에게 조용히 해달라고 부탁했다. (be quiet, Fred)
  Lisa asked _____ _____ _____ _____.

(2) 그는 그의 남동생이 새로운 직장을 찾도록 도와주었다. (his brother, find, help)
  He _____ _____ _____ _____ a new job.

▶ Answers p. 193

수동태

1 다음 괄호 안에서 알맞은 것을 골라 봅시다.

(1) The report (wrote / was written) by Sarah last night.

(2) The students (decorated / were decorated) the classroom for the party.

(3) The song (sang / was sung) by the choir beautifully.

(4) My brother (lost / was lost) his wallet at the park yesterday.

2 다음 밑줄 친 부분을 어법에 맞게 고쳐 봅시다.

(1) This picture was paint by a famous artist in 1920.

(2) The rotten apples need to be throw away right away.

(3) The homework should finish by tomorrow.

(4) The test results will be announce tomorrow.

3 다음 상자 안에서 알맞은 단어를 활용하여 과거형 문장을 완성해 봅시다. (단, 상자 안의 단어를 한 번씩만 사용할 것)

publish	damage	build	direct

(1) The museum _____ in 1925.

(2) The movie _____ by a famous filmmaker.

(3) The bridge _____ by the storm.

(4) Those books _____ into several languages.

4 다음 우리말과 일치하도록 괄호 안에 주어진 단어들을 배열하여 문장을 완성하시오.

(1) 그 여행은 기상악화로 미뤄졌다. (put off, bad weather, the trip, because of, was)

_____

(2) 이 규칙은 필요하다면 변경될 수 있다. (changed / if / can / be / this / necessary / rule)

_____

Memo

Memo

동사 + 목적어 + (to) 동사 원형

1 다음 괄호 안에서 알맞은 것을 골라 봅시다.

(1) The coach encouraged the players (to try / try) their best during the game.

(2) I saw the kids (play / played) in the park.

(3) He had his house (paint / painted) last month.

(4) The company allowed the employees (to work / work) from home.

2 다음 밑줄 친 부분을 어법에 맞게 고쳐 봅시다.

(1) The principal allowed the students leave school early.

(2) She watched her friends to perform on stage.

(3) He had his phone fix by a technician.

(4) The doctor advised him take a break for a few days.

3 다음 상자 안에서 알맞은 단어를 활용하여 문장을 완성해 봅시다. (단, 상자 안의 단어를 한 번씩만 사용할 것)

dye	chop	finish	vibrate

(1) The teacher made the students _____ their homework.

(2) I felt my phone _____ in my pocket.

(3) The chef had the vegetables _____ finely.

(4) I had my hair _____ at the salon yesterday.

4 다음 빈칸에 들어갈 수 있는 말을 골라 봅시다.

(1) The teacher asked the students _____ their hands before speaking.
ⓐ raise ⓑ to raise ⓒ raising ⓓ raised

(2) He ordered the workers _____ safety helmets at the construction site.
ⓐ wear ⓑ to wear ⓒ wearing ⓓ wore

(3) She let her friend _____ her notes for the test.
ⓐ borrow ⓑ to borrow ⓒ borrowing ⓓ borrowed

Topic Preview

FOCUS ON TOPIC

1 달걀의 장점을 살펴보고, 여러분이 알고 있는 달걀의 장점을 써 봅시다.

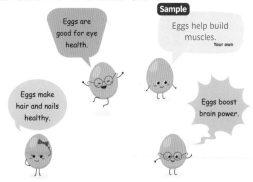

Eggs are good for eye health.

Sample
Eggs help build muscles.
Your own

Eggs make hair and nails healthy.

Eggs boost brain power.

1
- 달걀은 눈 건강에 좋다.
- 달걀은 머리카락과 손톱을 건강하게 만들어 준다.
- 달걀은 두뇌 능력을 향상시킨다.

(예시)
- 달걀은 근육 형성에 도움이 된다.

2 달걀로 만든 다음 음식을 검색한 뒤, 흥미로운 사실을 찾아 적어 봅시다. [Frittata ... 🔍]

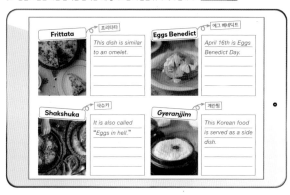

Frittata 프리타타
This dish is similar to an omelet.

Eggs Benedict 에그 베네딕트
April 16th is Eggs Benedict Day.

Shakshuka 샥슈카
It is also called "Eggs in hell."

Gyeranjjim 계란찜
This Korean food is served as a side dish.

2
Frittata 프리타타
이 요리는 오믈렛과 비슷하다.

Shakshuka 샥슈카
이것은 '지옥에 있는 달걀'이라고도 불린다.

Eggs Benedict 에그 베네딕트
4월 16일은 에그 베네딕트의 날이다.

Gyeranjjim 계란찜
이 한국 음식은 반찬으로 제공된다.

교과서 40쪽

배경지식 LEVEL UP · **세계의 달걀 요리**

1. Frittata 프리타타
이탈리아 전통 요리로, 달걀을 주재료로 채소, 고기, 치즈 등을 섞어 두툼한 오믈렛처럼 만든다. 주로 오븐에서 완성되며, 냉장고에 남은 재료를 활용하기 좋다. 아침 식사나 브런치로 인기가 많으며, 다양한 변형이 가능하다.

2. Shakshuka 샥슈카
북아프리카와 중동에서 유래한 요리로, 매콤한 토마토 소스에 달걀을 깨 넣어 익힌다. 주로 팬에서 조리되며, 양파, 마늘, 향신료가 더해져 풍부한 맛을 낸다. 빵과 함께 먹으며, 아침 또는 저녁 식사로 즐겨진다.

3. Eggs Benedict 에그 베네딕트
미국에서 유래한 브런치 요리로, 잉글리시 머핀 위에 수란, 베이컨이나 햄을 얹고, 부드러운 소스를 뿌린다. 부드럽고 고소한 맛이 특징이며, 카페에서 인기 있는 메뉴다.

(추가 예시)

1. Scotch Egg 스카치 에그
영국 요리로, 삶은 달걀을 다진 고기로 감싸고 빵가루를 입힌 후 튀겨낸다. 바삭한 외피와 고소한 달걀의 조화가 특징이며, 피크닉 음식으로도 인기가 많다. 차갑게 먹어도 맛있다.

2. Tortilla Española 토르티야 에스파뇰라
스페인에서 유래한 두툼한 오믈렛으로, 달걀과 감자를 주재료로 만든다. 감자를 튀기거나 볶은 후 달걀을 부어 팬에서 천천히 익히며, 양파나 햄 등을 추가할 수 있다. 스페인의 인기 있는 요리이자 대표적인 국민 음식 중 하나이다.

3. Tamagoyaki (타마고야키)
일본의 달걀말이로, 달걀에 설탕과 간장을 섞어 얇게 부친 후 여러 겹으로 말아 만든다. 달콤하고 부드러운 맛이 특징이며, 주로 초밥이나 도시락에 포함된다. 간편하게 즐길 수 있는 일본의 대표적인 달걀 요리이다.

어휘 **boost** (동) 북돋우다, 향상시키다 　　**similar** (형) 비슷한 　　**hell** (명) 지옥 　　**side dish** 반찬, 곁들임 요리

NEW WORDS

본문의 주요 어휘와 표현을 익혀 보세요.

beat	휘젓다, (휘저어) 섞다		ingredient	재료
belonging	소속		leftover	남은; 남은 음식
benefit	혜택, 이득		look forward to	~을 기대하다
chop	썰다, 다지다		mixture	혼합물
come across	우연히 마주치다, 발견하다		no longer	더 이상 ~ 아닌
come over	(누구의 집에) 들르다		passion	열정
comfort	위로, 위안		poach	수란을 만들다
common	흔한, 공통의		prepare	준비하다
commonly	흔히, 보통		reduce	줄이다
confident	자신감 있는		refer to	~을 나타내다
consider	…을 ~로 여기다		serve	(음식을) 제공하다
develop	발전시키다		steam	(음식을) 찌다
explore	탐구하다, 분석하다		to one's surprise	놀랍게도
fascinating	대단히 흥미로운, 매력적인		top	(다른 것) 위에 놓다; 맨 위
give ... a try	~을 시도하다, 해 보다		various	다양한

WORDS Practice ❶

다음 어휘나 표현의 우리말 뜻을 찾아 그 번호를 쓰시오.

▶ Answers p. 194

01 fascinating		16 develop		
02 common		17 various		
03 ingredient		18 comfort		
04 explore		19 commonly		
05 prepare		20 serve		
06 chop		21 consider		
07 mixture		22 belonging		
08 leftover		23 no longer		
09 reduce		24 steam		
10 come over		25 refer to		
11 give ... a try		26 confident		
12 top		27 passion		
13 poach		28 beat		
14 to one's surprise		29 benefit		
15 come across		30 look forward to		

① (누구의 집에) 들르다

② (다른 것) 위에 놓다; 맨 위

③ (음식을) 제공하다

④ (음식을) 찌다

⑤ …을 ~로 여기다

⑥ ~을 기대하다

⑦ ~을 나타내다

⑧ ~을 시도하다, 해 보다

⑨ 남은; 남은 음식

⑩ 놀랍게도

⑪ 다양한

⑫ 대단히 흥미로운, 매력적인

⑬ 더 이상 ~ 아닌

⑭ 발전시키다

⑮ 소속

⑯ 수란을 만들다

⑰ 썰다, 다지다

⑱ 열정

⑲ 우연히 마주치다, 발견하다

⑳ 위로, 위안

㉑ 자신감 있는

㉒ 재료

㉓ 준비하다

㉔ 줄이다

㉕ 탐구하다, 분석하다

㉖ 혜택, 이득

㉗ 혼합물

㉘ 휘젓다, (휘저어) 섞다

㉙ 흔한, 공통의

㉚ 흔히, 보통

01 위로, 위안 ○	16 다양한 ○
02 (음식을) 찌다 ○	17 …을 ~로 여기다 ○
03 휘젓다, (휘저어) 섞다 ○	18 혼합물 ○
04 준비하다 ○	19 더 이상 ~ 아닌 ○
05 탐구하다, 분석하다 ○	20 (다른 것) 위에 놓다; 맨 위 ○
06 소속 ○	21 열정 ○
07 발전시키다 ○	22 자신감 있는 ○
08 썰다, 다지다 ○	23 줄이다 ○
09 흔한, 공통의 ○	24 혜택, 이득 ○
10 흔히, 보통 ○	25 ~을 나타내다 ○
11 수란을 만들다 ○	26 놀랍게도 ○
12 대단히 흥미로운, 매력적인 ○	27 (누구의 집에) 들르다 ○
13 재료 ○	28 ~을 기대하다 ○
14 (음식을) 제공하다 ○	29 우연히 마주치다, 발견하다 ○
15 남은; 남은 음식 ○	30 ~을 시도하다, 해 보다 ○

① beat
② belonging
③ benefit
④ chop
⑤ come across
⑥ come over
⑦ comfort
⑧ common
⑨ commonly
⑩ confident
⑪ consider
⑫ develop
⑬ explore
⑭ fascinating
⑮ give ... a try
⑯ ingredient
⑰ leftover
⑱ look forward to
⑲ mixture
⑳ no longer
㉑ passion
㉒ poach
㉓ prepare
㉔ reduce
㉕ refer to
㉖ serve
㉗ steam
㉘ to one's surprise
㉙ top
㉚ various

READ

Eggs, You're So
Egg-cellent!

❶ Welcome to Ashley's blog. ❷ In this blog, teens can share stories of exciting food from around the world. (현재 분사) ❸ Every week we focus on one common ingredient and explore dishes that can be prepared using the ingredient. (선행사 / 관계 대명사절)

❹ This week's ingredient is eggs. ❺ I like to make frittata with the eggs from the fridge. ❻ The Italian dish can be enjoyed (조동사+수동태) at any time of the day, and it is simple to prepare (부사적 용법). ❼ First, chopped onions (과거 분사) are fried in a pan. ❽ Then, a mixture (주어(단수)) of eggs, salt, cheese, and meat is added (동사(수동태)). ❾ The mixture is cooked and heated (is) in an oven. ❿ Any leftover vegetables from my fridge can also be added. ⓫ It can reduce food waste at home. ⓬ When friends come over, I often make frittatas. ⓭ It is a great way to enjoy (형용사적 용법) good food and spend time together. ⓮ If you are looking for a dish that works wonders (선행사 / 관계 대명사절), give frittata a try. ⓯ Now, I want you to share (동사 / 목적어 / 목적격 보어) your favorite egg dishes with us.

1 What is this week's ingredient in Ashley's blog? (애슐리의 블로그에서 이번 주의 재료는 무엇인가?)
  This week's ingredient in Ashley's[the] blog is eggs. (애슐리 블로그의 이번 주 재료는 달걀이다.)

2 When can frittata be enjoyed? (프리타타는 언제 즐길 수 있나?)
  It can be enjoyed at any time of the day. (하루 중 어느 때라도 즐길 수 있다.)

Over to you 1 What is your favorite egg dish? (네가 가장 좋아하는 달걀 요리는 무엇인가?)
Sample My favorite egg dish is an omelet. (내가 가장 좋아하는 달걀 요리는 오믈렛이다.)

어휘 recipe 몡 조리법　　focus on ~에 초점을 맞추다, 집중하다　　common 톙 공통의; 흔한, 평범한　　ingredient 몡 재료
explore 몡 탐구하다　　prepare 동 준비하다　　fridge 몡 냉장고　　chop 동 썰다, 다지다　　mixture 몡 혼합물
leftover 톙 남은 몡 남은 음식　　reduce 동 줄이다　　come over (누구의 집에) 들르다　　look for 찾다　　give ... a try ~를 시도하다

해석

달걀, 너 참 훌륭해!

❶ 애슐리의 블로그에 오신 것을 환영합니다. ❷ 이 블로그에서는 10대들이 전 세계의 흥미진진한 음식 이야기를 공유할 수 있습니다. ❸ 우리는 매주 공통의 재료 하나에 초점을 맞추어, 그 재료를 써서 준비될 수 있는 요리를 탐구합니다. ❹ 이번 주의 재료는 달걀입니다. ❺ 저는 냉장고에 있는 달걀로 프리타타를 만드는 것을 좋아합니다. ❻ 이 이탈리아 요리는 하루 중 언제든지 즐길 수 있고, 준비하기에 간단합니다. ❼ 먼저, 다진 양파는 팬에 볶습니다. ❽ 그런 다음, 달걀, 소금, 치즈, 그리고 고기가 합쳐진 혼합물이 추가됩니다. ❾ 혼합물은 오븐에서 조리되고 가열됩니다. ❿ 냉장고에 남은 어떤 채소든 또한 추가될 수 있습니다. ⓫ 이것은 집에서 음식물 쓰레기를 줄일 수 있습니다. ⓬ 친구들이 놀러오면 저는 프리타타를 자주 만듭니다. ⓭ 이것은 좋은 음식을 즐기고 함께 시간을 보낼 수 있는 좋은 방법입니다. ⓮ 만약 여러분이 기적 같은 효과를 낳는 요리를 찾고 있다면, 프리타타를 시도해보세요. ⓯ 이제, 저는 여러분이 가장 좋아하는 달걀 요리를 우리와 공유해 주기를 바랍니다.

구문 해설

❸ Every week we focus on one common ingredient and explore **dishes that can be prepared** using the ingredient.
- that can be ... ingredient 절은 dishes를 수식하는 관계 대명사 절이다. 선행사는 dishes이고, that은 주격 관계 대명사이며 which로 바꾸어 쓸 수 있다. dishes(요리)는 '준비될 수 있는' 것이므로 '조동사+be+p.p.'의 형태의 수동태로 쓰였다.

❺ I **like to make** frittata with the eggs from the fridge.
- to make는 to 부정사의 명사적 용법으로 쓰여 '~하는 것'으로 해석되며 동사 like의 목적어로 쓰였다. like는 목적어로 to부정사와 동명사 모두를 쓸 수 있어 making으로 바꿔 쓸 수 있다.

❻ **The Italian dish can be enjoyed** at any time of the day, and **it is simple to prepare**.
- The Italian dish는 앞 문장에서 언급한 frittata를 의미한다. 프리타타는 사람들에 의해서 '즐겨지는' 것이므로 수동태로 쓰였으며 조동사 can이 있어 'can+be+p.p.' 형태로 쓰였다.
- it도 역시 frittata를 가리키며, to prepare는 형용사 simple을 수식해주는 부사적 용법으로 쓰였다.

❼ First, **chopped** onions **are fried** in a pan.
- chopped는 과거 분사로 onions를 수식하며, 양파는 사람에 의해 프라이팬에서 '볶아지는' 것이므로 수동태 are fried가 쓰였다.

❽ Then, **a mixture** of eggs, salt, cheese, and meat **is** added.
- a mixture of는 '~의 혼합물'이라는 뜻으로, 어떤 성분들로 이루어진 혼합물인지 설명하기 위해 뒤에 복수 명사들이 나열되었으나, 이 문장에서는 주어가 a mixture이므로 단수 동사 is가 쓰였다.

⓭ **It** is a great way **to enjoy** good food and **spend** time together.
- it은 앞 문장의 내용인 '친구들이 놀러왔을 때 frittata를 만드는' 것을 가리킨다.
- to enjoy ~와 (to) spend ~ 는 앞에 나온 명사인 a great way를 수식해주는 형용사적 용법으로 쓰였다.

⓮ If you are looking for **a dish that works** wonders, give frittata a try.
- that은 주격 관계 대명사이고 선행사 a dish가 사물이므로 which로 바꾸어 쓸 수 있다. 선행사 a dish가 3인칭 단수이므로 현재 시제 동사에 s가 붙어 works가 쓰였다.

⓯ Now, I **want you to share** your favorite egg dishes with us.
- 'want+목적어+목적격 보어'의 5형식 문장으로, want는 to 부정사를 목적격 보어로 쓰고 '목적어가 ~하기를 바라다'라고 해석된다.

Check Up

▶ Answers p. 194

■ **다음 빈칸에 be동사 be, am, is, are 중 알맞은 것을 쓰시오.**

1 Apples _____ added in a bowl.

2 A mixture of tomatoes and sugar _____ heated in an oven.

3 Kimbap can _____ enjoyed at any time of the day.

Lesson 2　**71**

❶ Healthy Eggs Benedict

❷ Hi, I am Olivia Benedict from New York. ❸ My favorite egg dish is eggs Benedict. ❹ I enjoy having this dish for breakfast or
'요리'　　　　　　　　　　　　　　동명사

brunch because it is healthy and simple to make. ❺ An English
　　　　　　　　　　　　　　↑──── 부사적 용법

muffin is cut in halves and topped with bacon, a poached egg, and a creamy sauce. ❻ When
　　수동태 1　　　　　수동태 2　　　　　과거 분사　　　　　　　　　　　　접속사

I was young, I disliked eggs. ❼ Then one Sunday morning, my family went to a restaurant in

the city center. ❽ To my surprise, I came across a dish with my family name: eggs Benedict.

❾ I tried it, and it tasted great. ❿ Thanks to eggs Benedict, I have developed an interest in
　　　　　　　　　　　　　　　　　　　　　　　　　　　　　현재 완료

various egg dishes.

해석

❶ 건강한 에그 베네딕트

❷ 안녕, 나는 뉴욕에 사는 올리비아 베네딕트야. ❸ 내가 가장 좋아하는 달걀 요리는 에그 베네딕트야. ❹ 나는 이것이 건강하고 만들기 간편하기 때문에 아침 식사 또는 브런치로 즐겨 먹어. ❺ 잉글리시 머핀은 반으로 갈라지고, 베이컨, 수란, 그리고 크림 소스가 위에 놓여져. ❻ 나는 어렸을 때 달걀을 싫어했었어. ❼ 그 뒤 어느 일요일 아침, 우리 가족은 도심에 있는 한 식당에 갔어. ❽ 놀랍게도, 나는 우리 가족의 성이 있는 음식인 에그 베네딕트를 우연히 발견했지. ❾ 한번 먹어 봤는데, 맛이 아주 좋았어. ❿ 에그 베네딕트 덕분에 나는 다양한 달걀 요리에 대해 관심이 커졌어.

3 Olivia likes to eat eggs Benedict for ___breakfast or brunch___ .
(올리비아는 에그 베네딕트를 아침 또는 브런치로 먹는 것을 좋아한다.)

어휘 top 동 (다른 것) 위에 놓다 명 맨 위　　poach 동 수란을 만들다　　dislike 동 싫어하다　　to one's surprise 놀랍게도
come across 우연히 마주치다, 발견하다　　taste 동 ~한 맛이 나다　　develop 동 발전시키다　　various 형 다양한

❹ I **enjoy having this dish** for breakfast or **brunch** because **it** is healthy and **simple to make**.
  • enjoy는 동명사를 목적어로 취하는 동사여서 동명사 having이 목적어로 쓰였다.
  • this dish와 it이 가리키는 것은 eggs Benedict이다.
  • brunch는 breakfast와 lunch의 합성어이고, 우리말로 '아점' 정도로 해석할 수 있다.
  • to make는 앞에 나온 형용사 simple을 수식해주는 역할을 하는 to 부정사의 부사적 용법으로 쓰여서 '만들기에 간편한'이라고 해석된다.

❺ An English muffin **is cut** in halves and **topped** with bacon, a **poached** egg, and a creamy sauce.
  • 잉글리시 머핀이 반으로 '잘라지고', 베이컨으로 토핑이 '올려지는' 것이므로 수동태의 'be+p.p.' 형태인 is cut과 (is) topped가 사용되었다.
  • poach는 '수란을 만들다'라는 의미의 동사로 과거 분사의 형태인 poached가 '수란이 된'이란 뜻이 되어 명사 egg를 바로 앞에서 수식해준다.

❽ **To my surprise**, I came across a **dish** with my family name: **eggs Benedict**.
  • 'to+소유격+감정 명사'는 감정의 이유나 느낌을 나타내는 표현이고, to one's surprise는 '놀랍게도'라는 의미이다.
  • dish는 문맥에 따라 '접시' 또는 '요리'라는 뜻으로 사용되는 다의어이다. 여기서는 문맥상 '요리'라는 뜻으로 해석할 수 있다.
  • 콜론(:)은 문장에서 추가 설명이나 예시를 제시할 때 사용되며, 여기서는 a dish with my family name이 구체적으로 eggs Benedict임을 나타낸다.

❾ I tried it, and it **tasted great**.
  • taste는 '~한 맛이 나다'라는 뜻의 감각 동사로, 뒤에는 형용사가 온다.

❿ Thanks to eggs Benedict, I **have developed** an interest in various egg dishes.
  • 에그 베네딕트를 접하게 된 과거 시점부터 현재까지도 다양한 달걀 요리에 대한 관심을 발전시켜왔기 때문에 'have+p.p.'의 현재 완료 시제가 쓰였다.

감각 동사 + 형용사
오감을 나타내는 동사 look, smell, taste, sound, feel 등의 감각 동사 뒤에는 형용사가 나온다. 단, 전치사 like가 올 경우에는 명사도 올 수 있다.
The pizza **smells deliciously**. (X)
The pizza **smells delicious**. (O) (피자는 맛있는 냄새가 난다.)
The dogs **look like tigers**. (O) (그 개는 호랑이처럼 보인다.)

Check Up

▶ Answers
  p. 194

1 다음 우리말과 같은 뜻이 되도록 괄호 안의 표현을 바르게 배열하시오.

  Eggs Benedict is _____.
  에그 베네딕트는 건강에 좋고 만들기에 간편하다.
  (make / and / to / simple / healthy)

2 괄호 안에서 알맞은 말을 고르시오.

  To my surprise, I came (across / along) a dish with my family name: eggs Benedict.

3 다음 빈칸에 공통으로 들어가는 단어를 쓰시오.
  • My favorite egg _____ is eggs Benedict.
  • The cat jumped on the table and broke a _____.

❶ **Hearty Shakshuka**

❷ Hello. I am Hamza Dridi from Tunisia. ❸ Let me tell you about
_{사역 동사   목적격 보어 (동사 원형)}
shakshuka, a popular dish in my country. ❹ It is my comfort
_{동격의 콤마}
food, and it is not difficult to prepare. ❺ First, chopped tomatoes,
_{부사적 용법} _{과거 분사}
onions, peppers, and garlic are cooked in an oiled pan. ❻ Next, you add spices and crack
_{수동태} _{과거 분사}
eggs into the pan. ❼ The dish is commonly served with bread. ❽ I consider shakshuka to be
_{목적어} _{목적격 보어}
a special dish because it helped me feel a sense of belonging.
_{= to feel}

❾ When I was having trouble in middle school, my father and I prepared shakshuka
_{접속사(~했을 때)}
for breakfast during a camping trip, and the whole family shared this hearty meal. ❿ As
_{접속사(~하면서)}
we cooked, ate, talked, and laughed, we grew closer to one another. ⓫ In fact, the name
_{'더 가까워지다'}
"shakshuka" means "a mixture," and the dish made me feel like I was part of a happy
_{사역 동사 목적어 목적격 보어}
mixture. ⓬ Thanks to this egg dish, I no longer have trouble at school.

해석

❶ 푸짐한 샥슈카

❷ 안녕. 나는 튀니지에 사는 함자 드리디야. ❸ 우리나라의 인기 있는 음식인 샥슈카에 대해 말해 줄게. ❹ 이것은 내 마음에 위안을 주는 음식이고, 준비하는 데 어렵지 않아. ❺ 먼저, 다진 토마토, 양파, 고추, 마늘을 기름을 두른 팬에 조리해. ❻ 다음으로, 양념을 추가하고 달걀을 팬에 깨뜨려. ❼ 이 요리는 흔히 빵과 함께 제공돼. ❽ 나는 샥슈카가 내게 소속감을 느낄 수 있도록 도와주었기 때문에 특별한 음식이라고 생각해.

❾ 내가 중학교에서 어려움을 겪었던 시절, 캠핑 여행 중에 아빠와 나는 아침 식사로 샥슈카를 준비했고, 온 가족이 푸짐한 식사를 함께 했어. ❿ 우리는 요리하고, 먹고, 이야기하고, 웃으면서 서로 더 가까워졌어. ⓫ 사실, 'shakshuka'라는 이름은 '혼합물'이라는 뜻이고, 이 요리는 내가 행복한 혼합물의 일부가 된 것처럼 느끼게 해주었어. ⓬ 이 달걀 요리 덕분에, 나는 더 이상 학교에서 어려움을 겪지 않아.

4 Chopped tomatoes, onions, peppers, and garlic are cooked after adding eggs. T /Ⓕ
(자른 토마토, 양파, 고추, 마늘은 달걀을 추가한 뒤에 요리된다.)

5 Hamza enjoyed shakshuka with his (friends /ⓕamily), and this helped him feel a sense of (duty /ⓑelonging).
(함자는 가족과 샥슈카를 즐겼고, 이것은 그가 소속감을 느끼는 데 도움이 되었다.)

Over to you 2 What is your comfort food? (너에게 위안이 되는 음식은 무엇인가?)
Sample My comfort food is *tteokbokki*. (내게 위안이 되는 음식은 떡볶이이다.)

어휘 **hearty** 형 다정한; 푸짐한   **comfort** 명 위로, 위안   **pepper** 명 고추, 후추   **spice** 명 양념, 향신료   **crack** 동 깨뜨리다   **commonly** 부 흔히, 보통   **serve** 동 음식을 제공하다, 차려주다   **consider** 동 고려하다   **belonging** 명 소속   **have trouble in** ~에 곤란을 겪다   **one another** 서로   **no longer** 더 이상 ~이 아닌

❸ **Let me tell** you about **shakshuka, a popular dish in my country.**
- Let me tell은 '사역 동사+목적어+목적격 보어' 구문이고 목적격 보어로 동사 원형을 쓴다.
- shakshuka와 a popular dish in my country 사이에 콤마(,)를 사용하여 두 개가 동격임을 나타낸다.

❹ It is my comfort food, and it is **not difficult to prepare.**
- to prepare는 앞에 나온 형용사 difficult를 수식해주는 역할을 하는 to 부정사의 부사적 용법으로 쓰였다. '준비하기에 어렵지 않은'이라고 해석한다.

❻ First, **chopped** tomatoes, onions, peppers, and garlic **are cooked** in an **oiled** pan.
- 현재 분사와 과거 분사는 명사를 수식하거나 보충 설명해주는 역할을 할 수 있는데, 수동과 완료의 의미를 가진 과거 분사 chopped가 명사구 tomatoes, onions, peppers, and garlic을 수식하여 '잘게 다져진'라고 해석된다.
- 잘게 다져진 채소들은 사람에 의해 팬에 '요리되는' 것이므로 수동태 are cooked가 쓰였다.
- 팬에 '기름이 둘러지는' 것이므로 과거 분사 oiled가 pan 앞에 위치하여 수식해주고 있다.

❼ **The dish is** commonly **served** with bread.
- the dish는 앞 문장에서 언급되고 있는 shakshuka를 의미하며, 샥슈카가 빵과 함께 '제공되기' 때문에 수동태 형태인 is served가 사용되었다.

❽ I **consider shakshuka to be** a special dish because it **helped me feel** a sense of belonging.
- consider는 'consider+목적어+목적격 보어(to부정사)'의 5형식으로 쓸 수 있는 동사로, 주어가 목적어를 어떤 상태로 여기거나 생각할 때 사용된다. 주인공 I가 shakshuka를 특별한 요리라고 여긴다는 의미로 해석된다.
- help는 'help+목적어+목적격 보어'의 5형식 문형으로 자주 사용되어 '목적어가 ~하도록 돕다'라고 해석한다. 이 때 목적격 보어로 동사 원형과 to 부정사를 모두 쓸 수 있다.

❿ **As** we cooked, ate, talked, and laughed, we grew closer to one another.
- As는 '~하면서'라는 뜻의 '동시 동작'을 나타내는 접속사로서 While로 바꿔 쓸 수 있다.

⓫ In fact, the name "shakshuka" means "a mixture," and the dish **made me feel** like I was part of a happy mixture.
- made me feel은 '사역 동사+목적어+목적격 보어' 구문으로, 목적어와 목적격 보어의 관계가 능동이라서 동사 원형 feel이 쓰였다.

as의 다양한 의미

1) ~할 때   **As** I entered the room, everyone stopped talking.
(내가 방으로 들어갔을 때, 모두가 말을 멈췄다.)

2) ~ 때문에   **As** I was tired, I went to bed early.
(나는 피곤했기 때문에, 일찍 잠자리에 들었다.)

3) ~하면서   The children sang **as** they played in the park.
(아이들이 공원에서 놀면서 노래를 불렀다.)

4) ~로서   He was chosen **as** the team leader.
(그는 팀 리더로서 선정되었다.)

5) ~처럼   The kids dressed up **as** superheroes for the school event.
(아이들은 학교 행사를 위해 슈퍼히어로로처럼 차려입었다.)

6) ~함에 따라   **As** the weather got colder, the leaves started to fall.
(날씨가 추워짐에 따라, 나뭇잎이 떨어지기 시작했다.)

Check Up

▶ Answers p. 194

■ 다음 밑줄 친 부분에 유의하여 문장을 해석하시오.

1 Jenny works <u>as</u> a chef in the cafeteria.

2 <u>As</u> you didn't answer the phone, I left a message.

❶ **The Magic of *Gyeranjjim***

❷ Hi. I am Jinho Kim from Korea. ❸ I want to share my story about *Gyeranjjim*, a Korean steamed egg dish. ❹ The word *gyeran* means "egg," and *jjim* refers to steamed food. 과거 분사 ❺ This Korean dish is served 수동태 as a side dish for a meal. ❻ It is very special to me. ❼ When I was 접속사(시간) in 6th grade, I cooked delicious steamed eggs 과거 분사 for my mother's birthday with a little help from my grandmother. ❽ I became confident about cooking, 동명사 and I even developed a passion for it. ❾ In fact, I now dream of becoming 동명사 a chef. ❿ Oh, I almost forgot to tell you '~할 것을 잊다' how to make *Gyeranjjim*! ⓫ It is very easy to make it. 가주어 진주어 ⓬ Just beat 동사1 eggs in a pot, add 동사2 water, salt, and chopped green onions, and then steam 동사3 the mixture. ⓭ Anyone can make this "egg-cellent" dish.
egg + excellent

egg + exciting
⓮ How "egg-citing"! ⓯ I did not know such tiny eggs can bring huge benefits to teens in different parts of the world. ⓰ I am looking forward to discovering 동명사 more fascinating 현재 분사 stories about a new ingredient next week.

6 Who helped Jinho make *gyeranjjim*? (진호가 계란찜 만드는 것을 도운 것은 누구인가?)
Jinho's grandmother helped Jinho. (진호의 할머니가 진호를 도왔다.)

7 Ashley is looking forward to discovering more stories about eggs next week. T /Ⓕ
(애슐리는 다음 주에 달걀에 관한 더 많은 이야기를 발견하기를 기대한다.)

Over to you 3 Have you ever prepared egg dishes for someone? If so, describe your experience.
(누군가를 위해 달걀 요리를 준비해 본 적이 있는가? 있다면 경험을 기술해라.)
Sample Yes, I have made scrambled eggs for my brother many times. I am glad he likes it so much.
(있다. 오빠에게 여러 번 에그 스크램블을 만들어 줬다. 오빠가 좋아해서 기뻤다.)

어휘 **steam** ⑧ 찌다　　**refer to** ~을 나타내다, 뜻하다　　**side dish** 반찬　　**confident** ⑧ 자신감 있는　　**passion** ⑨ 열정
beat ⑧ 휘저어 섞다　　**tiny** ⑧ 아주 작은　　**benefit** ⑨ 혜택　　**look forward to** ~을 기대하다　　**discover** ⑧ 발견하다
fascinating ⑧ 대단히 흥미로운, 매혹적인

❶ 계란찜의 마법

❷ 안녕. 한국에 사는 김진호야. ❸ 나는 한국의 찐 달걀 요리인 계란찜에 대한 내 이야기를 공유하고 싶어. ❹ '계란'이란 단어는 '달걀'을 뜻하고, '찜'은 찐 음식을 나타내. ❺ 이 한국 요리는 식사 때 위한 반찬으로 제공돼. ❻ 이 요리는 나에게 정말 특별해. ❼ 6학년 때, 나는 엄마의 생신을 위해 할머니께 약간의 도움을 받아 맛있는 계란찜을 해드렸어. ❽ 나는 요리에 자신감을 갖게 되었고, 심지어 요리에 대한 열정까지 키웠어. ❾ 사실, 나는 이제 요리사가 되는 것을 꿈꾸고 있어. ❿ 아, 계란찜 만드는 법을 알려주는 것을 잊을 뻔했네. ⓫ 이것을 만드는 것은 아주 쉬워. ⓬ 냄비에 달걀을 풀고, 물, 소금, 다진 파를 넣은 다음 그 혼합물을 찌기만 하면 돼. ⓭ 누구나 이 '훌륭한' 요리를 만들 수 있어.

⓮ 얼마나 흥미진진한가요! ⓯ 저는 이렇게 작은 달걀이 세계 다양한 지역의 십대들에게 큰 혜택을 가져다 줄 수 있다는 것을 몰랐습니다. ⓰ 다음 주에 새로운 재료에 대해 더 흥미로운 이야기를 발견할 수 있기를 기대합니다.

❸ I want to share my story about *Gyeranjjim*, **a Korean steamed egg dish**.
- *Gyeranjjim*과 a Korean steamed egg dish 사이에 콤마(,)를 사용하여 두 개가 동격임을 나타낸다.

❹ The word *gyeran* means "egg," and *jjim* refers to **steamed** food.
- 동사 steam은 '찌다'란 뜻이고, 과거 분사형 steamed가 food를 수식하여 '찐 음식'이란 의미가 된다.

❺ **This Korean dish is served** as a side dish for a meal.
- This Korean dish는 '계란찜'을 의미하며 계란찜이 식사를 위한 반찬으로 '제공되기' 때문에 수동태 'be+p.p.'의 형태인 is served로 썼다.

❽ I became confident about **cooking**, and I even developed a passion for **it**.
- 전치사 뒤에 오는 동사는 동명사 형태여야 하므로 about 뒤에 동사 cook의 동명사 형태인 cooking을 썼다.
- it은 앞에서 언급된 cooking을 가리킨다.

❿ Oh, I almost **forgot to tell** you **how to make** *Gyeranjjim*!
- forget은 뒤에 to 부정사가 오면 '~할 것을 잊다', 동명사가 오면 '~했던 것을 잊다'라는 의미이다. 이 문장에서는 '말해야 할 것을 잊었다'라는 의미이므로 to 부정사 형태인 to tell이 왔다.
- 'how+to 부정사'는 '~하는 방법' 이란 의미이고, how to make *gyeranjjim*은 '계란찜 만드는 법'이라고 해석한다.

⓫ It is very easy **to make it**.
- 주어가 길어지는 것을 피하기 위해 진주어인 to 부정사구를 뒤로 보내고 가주어 it을 문장 맨 앞에 주어로 쓴 구문이다. 문장 끝의 it은 계란찜을 가리킨다.

⓬ Just **beat** eggs in a pot, **add** water, salt, and **chopped** green onions, and then **steam** the mixture.
- 동사 beat, add, steam이 등위 접속사 and로 연결되어 병렬 구조를 이루고 있다.
- 과거 분사 chopped는 명사 green onions를 수식하여 '잘게 다져진 (파)'라고 해석된다.

⓭ Anyone can make this **"egg-cellent"** dish.
- egg-cellent는 egg와 excellent를 합성하여 재치있게 표현한 말로, excellent의 의미인 '훌륭한'이라고 해석하면 된다.

⓮ How **"egg-citing"**!
- egg-citing은 egg와 exciting을 합성하여 재치있게 표현한 말로, exciting의 의미인 '흥미진진한'이라고 해석하면 된다.

⓯ I did not know **such tiny eggs** can bring **huge benefits** to teens in different parts of the world.
- 반의어인 tiny와 huge가 대조를 이루어 '작은' 크기의 달걀이 세계 여러 지역의 청소년들에게 '큰' 혜택을 줄 수 있다는 점에서 반전의 의미를 강조하고 있다.
- such는 'such+(형용사)+명사'의 구조로 사용되어 주로 명사 또는 명사구를 강조하며 '이렇게, 매우'의 의미를 가진다. 반면, so는 형용사나 부사를 강조하여 수식할 때 사용한다. 여기서는 tiny eggs라는 "형용사+명사"구를 강조하기 때문에 such를 쓴다.
  He is **so** talented. (형용사 talented를 강조)
  He is **such** a talented singer. (명사구 talented singer를 강조)

⓰ I am **looking forward to discovering** more fascinating stories about a new ingredient next week.
- look forward to는 '~하기를 기대하다' 라는 뜻이고, to가 전치사이므로 뒤에는 명사나 동명사가 온다. 여기서는 discover의 동명사의 형태인 discovering이 사용되었다.

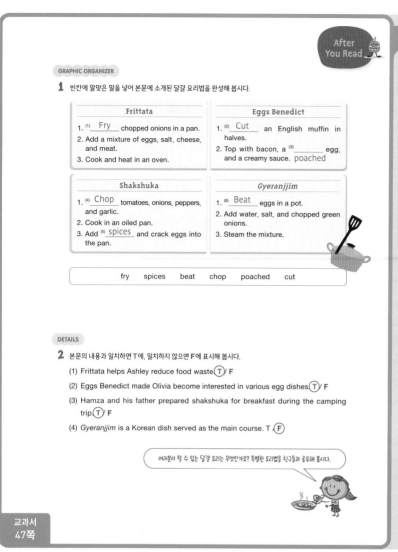

GRAPHIC ORGANIZER

1 빈칸에 알맞은 말을 넣어 본문에 소개된 달걀 요리법을 완성해 봅시다.

Frittata
1. (1) __Fry__ chopped onions in a pan.
2. Add a mixture of eggs, salt, cheese, and meat.
3. Cook and heat in an oven.

Eggs Benedict
1. (2) __Cut__ an English muffin in halves.
2. Top with bacon, a (3) __poached__ egg, and a creamy sauce.

Shakshuka
1. (4) __Chop__ tomatoes, onions, peppers, and garlic.
2. Cook in an oiled pan.
3. Add (5) __spices__ and crack eggs into the pan.

Gyeranjjim
1. (6) __Beat__ eggs in a pot.
2. Add water, salt, and chopped green onions.
3. Steam the mixture.

> fry   spices   beat   chop   poached   cut

DETAILS

2 본문의 내용과 일치하면 T에, 일치하지 않으면 F에 표시해 봅시다.

(1) Frittata helps Ashley reduce food waste (T)/ F

(2) Eggs Benedict made Olivia become interested in various egg dishes (T)/ F

(3) Hamza and his father prepared shakshuka for breakfast during the camping trip (T)/ F

(4) *Gyeranjjim* is a Korean dish served as the main course. T /(F)

여러분이 할 수 있는 달걀 요리는 무엇인가요? 특별한 요리법을 친구들과 공유해 봅시다.

교과서 47쪽

1 GRAPHIC ORGANIZER

프리타타
1. 팬에 다진 양파를 볶는다.
2. 달걀, 소금, 치즈, 고기의 혼합물을 추가한다.
3. 오븐에서 요리하고 가열한다.

에그 베네딕트
1. 잉글리시 머핀을 반으로 자른다.
2. 베이컨, 수란, 크림 소스를 위에 얹는다.

샥슈카
1. 토마토, 양파, 고추, 마늘을 다진다.
2. 기름을 두른 팬에서 조리한다.
3. 양념을 추가하고, 달걀을 팬에 깨뜨린다.

계란찜
1. 냄비에 달걀을 풀어 준다.
2. 물, 소금, 다진 파를 추가한다.
3. 혼합물을 찐다.

2 DETAILS

(1) 프리타타는 애슐리가 음식물 쓰레기를 줄일 수 있도록 돕는다. (T)

[해설] 교과서 42쪽에서 냉장고에 남은 어떤 채소든 넣어도 된다고 했으므로, 프리타타는 음식물 쓰레기를 줄이는 데 도움이 된다.

(2) 에그 베네딕트는 올리비아가 다양한 달걀 요리에 관심을 갖게 만들었다. (T)

(3) 함자와 그의 아버지는 캠핑 여행 동안 아침 식사로 샥슈카를 준비했다. (T)

(4) 계란찜은 메인 코스로 제공되는 한국 요리이다. (F)

[해설] 계란찜은 반찬 또는 곁들임 요리로 제공되는 한국 요리이다.

Check Up

▶ Answers p. 194

■ 다음 괄호 안에서 본문의 내용과 일치하는 것을 고르시오.

1. Ashley's blog focuses on a different ingredient every (week / month).

2. The meaning of the name "shakshuka" is a (mixture / memory).

3. *Gyeranjjim* is a Korean dish made with (fried / steamed) eggs.

■ 다음 각 문장이 본문의 내용과 일치하면 T, 일치하지 않으면 F에 동그라미 하시오.

4. Frittata is an Italian dish that can be enjoyed at any time of the day. **T / F**

5. Shakshuka is commonly served with rice. **T / F**

6. Jinho's dream is to become a cook. **T / F**

01 Welcome (to / in) Ashley's blog.

02 In this blog, teens can share stories of (exciting / excited) food from around the world.

03 Every week we focus on one common ingredient and explore dishes (what / that) can be prepared using the ingredient.

04 This week's ingredient (is / are) eggs.

05 I like to make frittata (with / without) the eggs from the fridge.

06 The Italian dish can (enjoy / be enjoyed) at any time of the day, and it is simple to prepare.

07 First, chopped onions (fry / are fried) in a pan.

08 Then, a mixture of eggs, salt, cheese, and meat (is / are) added.

09 The mixture is cooked and (heat / heated) in an oven.

10 Any leftover vegetables from my fridge can also (add / be added).

11 It can (increase / reduce) food waste at home.

12 (Where / When) friends come over, I often make frittatas.

13 It is a great way (to enjoy / to be enjoyed) good food and spend time together.

14 If you are looking for a dish (that / what) works wonders, give frittata a try.

15 Now, I want you (share / to share) your favorite egg dishes with us.

16 Hi, I am Olivia Benedict (from / with) New York.

17 My favorite egg (dish / dishes) is eggs Benedict.

18 I enjoy (to have / having) this dish for breakfast or brunch because it is healthy and simple to make.

19 An English muffin is cut in halves and (top / topped) with bacon, a poached egg, and a creamy sauce.

20 When I was young, I (dislike / disliked) eggs.

21 Then one Sunday morning, my family (went / are gone) to a restaurant in the city center.

22 To my (surprise / surprised), I came across a dish with my family name: eggs Benedict.

23 I tried it, and it (tasted / was tasted) great.

24 Thanks to eggs Benedict, I have developed an interest in various egg (dish / dishes).

25 Hello. I am Hamza Dridi (to / from) Tunisia.

26 Let me (tell / to tell) you about shakshuka, a popular dish in my country.

27 It is my comfort food, and it is not (easy / difficult) to prepare.

28 First, (chopped / chopping) tomatoes, onions, peppers, and garlic are cooked in an oiled pan.

29 Next, you add spices and (crack / to crack) eggs into the pan.

30 The dish is commonly (serving / served) with bread.

31 I consider shakshuka (be / to be) a special dish because it helped me feel a sense of belonging.

32 When I was having trouble in middle school, my father and I prepared shakshuka for breakfast during a camping trip, (and / but) the whole family shared this hearty meal.

33 (As / Though) we cooked, ate, talked, and laughed, we grew closer to one another.

34 In fact, the name "shakshuka" means "a mixture," and the dish made me (feel / to feel) like I was part of a happy mixture.

35 Thanks to this egg dish, I no longer have (joy / trouble) at school.

36 Hi. I am Jinho Kim (to / from) Korea.

37 I want to share my story about Gyeranjjim, a Korean (steamed / steaming) egg dish.

38 The word *gyeran* means "egg," and *jjim* refers (to / on) steamed food.

39 This Korean dish is served (with / as) a side dish for a meal.

40 It is very (special / common) to me.

41 When I was in 6th grade, I cooked delicious steamed eggs for my mother's birthday (with / without) a little help from my grandmother.

42 I became confident about cooking, and I even (develop / developed) a passion for it.

43 In fact, I now dream of (becoming / to become) a chef.

44 Oh, I almost forgot to tell you (when / how) to make *Gyeranjjim*!

45 It is very easy (make / to make) it.

46 Just beat eggs in a pot, add water, salt, and chopped green onions, and then (steamed / steam) the mixture.

47 Anyone can (make / be made) this "egg-cellent" dish.

48 How ("egg-citing" / "egg-cited")!

49 I did not know such (tiny / many) eggs can bring huge benefits to teens in different parts of the world.

50 I am looking forward to (discover / discovering) more fascinating stories about a new ingredient next week.

▶ Answers p. 194

01 Every week we focus on one _____ ingredient and explore dishes that can be prepared using the ingredient.

02 The Italian dish can _____ enjoyed at any time of the day, and it is simple to prepare.

03 First, chopped onions _____ fried in a pan.

04 The mixture _____ cooked and heated in an oven.

05 It can reduce food _____ at home.

06 It is a great way _____ enjoy good food and spend time together.

07 Now, I want you _____ share your favorite egg dishes with us.

08 I enjoy having this dish for breakfast or brunch because it is healthy and simple _____ make.

09 An English muffin is cut _____ halves and topped with bacon, a poached egg, and a creamy sauce.

10 _____ to eggs Benedict, I have developed an interest in various egg dishes.

11 _____ me tell you about shakshuka, a popular dish in my country.

12 First, chopped tomatoes, onions, peppers, and garlic _____ cooked in an oiled pan.

13 I consider shakshuka _____ be a special dish because it helped me feel a sense of belonging.

14 _____ we cooked, ate, talked, and laughed, we grew closer to one another.

15 Thanks to this egg dish, I _____ longer have trouble at school.

16 This Korean dish is served _____ a side dish for a meal.

17 I became _____ about cooking, and I even developed a passion for it.

18 I almost forgot to tell you _____ to make *Gyeranjjim*!

19 Just beat eggs in a pot, add water, salt, and chopped green onions, and then steam the _____.

20 I am looking _____ to discovering more fascinating stories about a new ingredient next week.

Write & Present — Be a Poet!

STEP 1 STUDY THE MODEL

다섯 가지 감각과 음식 이미지를 이용한 모양 시를 읽고, 어떤 내용으로 구성되었는지 살펴봅시다.

음식 이름
Taco

촉감
모양
소리
맛
냄새

Looks like a half moon. Feels like a crunchy chip. Sounds like a crispy shell.
Smells like a cheeseburger. Tastes like a world tour in a bite.

> 모양 시는 시의 형태가 특정한 모양을 띠는 시를 말해요. 비유에 유의하며 시를 읽어보세요.

Cotton Candy

Looks like a colorful cloud in the sky. Feels like a pillow on my bed. Sounds like an angel's whisper. Smells like a sweet dream. Tastes like a happy moment.

교과서 48쪽

'음식 모양 시' 작성하기
음식 모양 시를 쓰는 활동으로 문학적 소양을 기를 수 있으며, 발표를 통해 문학이 주는 기쁨을 친구들과 나눌 수 있습니다.

STEP 2 BRAINSTORM YOUR IDEAS

좋아하는 음식을 묘사하는 모양 시에 넣을 내용을 메모해 봅시다.

The name of my favorite food 좋아하는 음식 이름

Sample *Kimbap*

Image 모양 시에 쓸 사진 또는 그림

Look 모양
Rice and seaweed roll in tight, neat lines.

Feel 촉감
Smooth to the hand, firm to the bite.

Sound 소리
A gentle crunch echoes with each chew.

Smell 냄새
Fresh sesame and pickled tang rise up.

Taste 맛
Sweet, salty, and crisp, all in one bite.

> 시에는 창의적이고 자유로운 표현을 쓸 수 있어요. 여러분이 좋아하는 음식을 떠올리며 창의력을 발휘해 보세요.

교과서 49쪽

Step 1 모델 살펴보기

Taco (타코)
반달처럼 보입니다.
바삭바삭한 칩처럼 느껴집니다.
바삭거리는 껍질같은 소리가 납니다.
치즈버거 같은 냄새가 납니다.
한입에 세계 여행의 맛이 납니다.

Cotton Candy (솜사탕)
하늘의 화려한 구름처럼 보입니다.
내 침대 위 베개처럼 느껴집니다.
천사의 속삭임 같은 소리가 납니다.
달콤한 꿈 같은 냄새가 납니다.
행복한 순간의 맛이 납니다.

Step 2 아이디어 브레인스토밍하기

예시

김밥
모양 밥과 김이 꽉 차고 깔끔하게 말려 있어.
촉감 손에 닿으면 부드럽고, 한 입 베어 물면 단단해.
소리 한 번 씹을 때마다 부드러운 아삭 소리가 울려.
냄새 신선한 참기름과 새콤한 단무지 향이 올라와.
맛   단맛, 짠맛, 바삭함이 한 입에 다 있어.

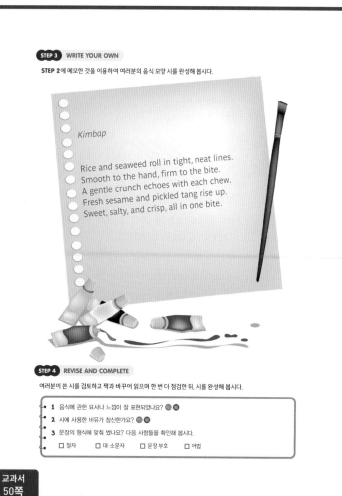

STEP 3 WRITE YOUR OWN

STEP 2에 메모한 것을 이용하여 여러분의 음식 모양 시를 완성해 봅시다.

Kimbap

Rice and seaweed roll in tight, neat lines.
Smooth to the hand, firm to the bite.
A gentle crunch echoes with each chew.
Fresh sesame and pickled tang rise up.
Sweet, salty, and crisp, all in one bite.

STEP 4 REVISE AND COMPLETE

여러분이 쓴 시를 검토하고 짝과 바꾸어 읽으며 한 번 더 점검한 뒤, 시를 완성해 봅시다.

1 음식에 관한 묘사나 느낌이 잘 표현되었나요?
2 시에 사용한 비유가 참신한가요?
3 문장의 형식에 맞춰 썼나요? 다음 사항들을 확인해 봅시다.
   □ 철자   □ 대·소문자   □ 문장 부호   □ 어법

교과서
50쪽

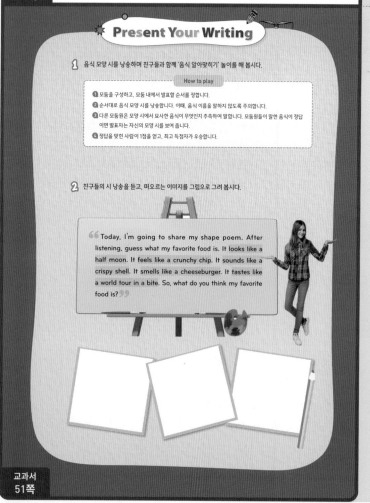

Present Your Writing

1 음식 모양 시를 낭송하며 친구들과 함께 '음식 알아맞히기' 놀이를 해 봅시다.

How to play

1 모둠을 구성하고, 모둠 내에서 발표할 순서를 정합니다.
2 순서대로 음식 모양 시를 낭송합니다. 이때, 음식 이름을 말하지 않도록 주의합니다.
3 다른 모둠원은 모양 시에서 묘사한 음식이 무엇인지 추측하여 말합니다. 모둠원들이 말한 음식이 정답이면 발표자는 자신의 모양 시를 보여 줍니다.
4 정답을 맞힌 사람이 1점을 얻고, 최고 득점자가 우승합니다.

2 친구들의 시 낭송을 듣고, 떠오르는 이미지를 그림으로 그려 봅시다.

“Today, I'm going to share my shape poem. After listening, guess what my favorite food is. It looks like a half moon. It feels like a crunchy chip. It sounds like a crispy shell. It smells like a cheeseburger. It tastes like a world tour in a bite. So, what do you think my favorite food is?”

교과서
51쪽

Step 3 글쓰기

참고
모양 시 쓰는 법

1. 주제에 따른 대상 정하기
   시의 주제를 표현할 대상을 정하고, 시에 쓸 모양을 미리 생각해 본다.

2. 모양 구상하기
   시를 쓸 모양을 구상한 후, 그 모양에 글을 어떻게 채울지 계획한다.

3. 시 쓰고 글자 배치하기
   운율을 고려하며 간결한 문장으로 시를 작성하고, 그 글을 주제의 모양대로 배치한다. 손으로 그리듯 글자를 배치하거나, 컴퓨터 프로그램을 이용해 글자의 위치를 조정할 수도 있다. 균형 있게 배치하면서도 모양이 뚜렷하게 나타나도록 신경쓴다.

4. 시각적인 요소 고려하기
   글자 크기, 글꼴, 색상 등 시각적인 요소를 활용하면 독특한 모양 시가 될 수 있다. 예를 들어, 나무 모양을 표현하고 싶다면, 줄기 부분은 짧고 굵게, 가지 부분은 길고 섬세하게 글자를 배치하면 시각적인 효과를 더할 수 있다.

발표하기

오늘, 저의 모양 시를 공유하려고 합니다. 듣고 난 뒤, 제가 가장 좋아하는 음식이 무엇인지 추측해 보세요. 이것은 반달처럼 보입니다. 이것은 바삭바삭한 칩처럼 느껴집니다. 이것은 바삭거리는 껍질같은 소리가 납니다. 이것은 치즈버거 같은 냄새가 납니다. 이것은 한입에 세계 여행의 맛이 납니다. 그래서, 내가 가장 좋아하는 음식이 무엇이라고 생각하나요?

Teen Vibes

Fun Time Food Idioms

음식을 이용하여 사람을 묘사하는 표현을 살펴보고, 여러분만의 창의적인 표현을 만들어 봅시다.

Breadwinner
a person who earns money to support a family

Big cheese
an important or influential person

Small fry
a minor or unimportant person

Bad apple
a troublemaker

Tough cookie
a strong and determined person

Your own

교과서 52쪽

음식 관용 표현

브레드위너
가족을 부양하기 위해 돈을 버는 사람, 집안의 가장

큰 치즈
중요하거나 영향력 있는 사람

작은 튀김
사소하거나 중요하지 않은 사람

나쁜 사과
말썽꾸러기

거친 과자
강하고 결단력 있는 사람

예시
- Apple of my eye (내 눈의 사과)
  특별히 소중하게 생각하는 누군가
- Cool as a cucumber (오이처럼 시원한)
  어떤 상황에서도 침착하고 냉정한 사람

Project Time Explore Korean Food

STEP 1 모둠별로 우리나라의 지역 네 곳을 고르고, 해당 지역의 특색 있는 음식을 조사해 봅시다.

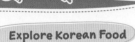

Region	Sample Food
강릉	순두부
나주	곰탕
안동	찜닭
천안	호두과자

* 우리말을 영문으로 쓸 때는 국립국어원의 '국어의 로마자 표기법' 누리집(kornorms.korean.go.kr)을 참고하세요.

STEP 2 위 내용을 바탕으로 우리나라의 지역 음식을 소개하는 글을 쓴 뒤, 모둠별로 발표해 봅시다.

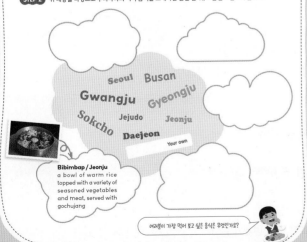

Seoul Busan
Gwangju Gyeongju
Sokcho Jejudo Jeonju
Daejeon
Your own

Bibimbap / Jeonju
a bowl of warm rice topped with a variety of seasoned vegetables and meat, served with gochujang

여러분이 가장 먹어 보고 싶은 음식은 무엇인가요?

교과서 53쪽

한국 음식 탐험하기

예시

Gangneung *Sundubu*
Gangneung *sundubu* is a soft tofu stew known for its smooth texture and rich, spicy broth.

Naju *Gomtang*
Naju *gomtang* is a clear beef soup made by simmering meat for hours, famous for its light and hearty flavor.

Andong *Jjimdak*
Andong *jjimdak* is a braised chicken dish with soy sauce, vegetables, and glass noodles, offering a sweet and savory taste.

Cheonan *Hodugwaja*
Cheonan *hodugwaja* is a walnut pastry filled with sweet red bean paste, beloved for its nutty flavor and soft texture.

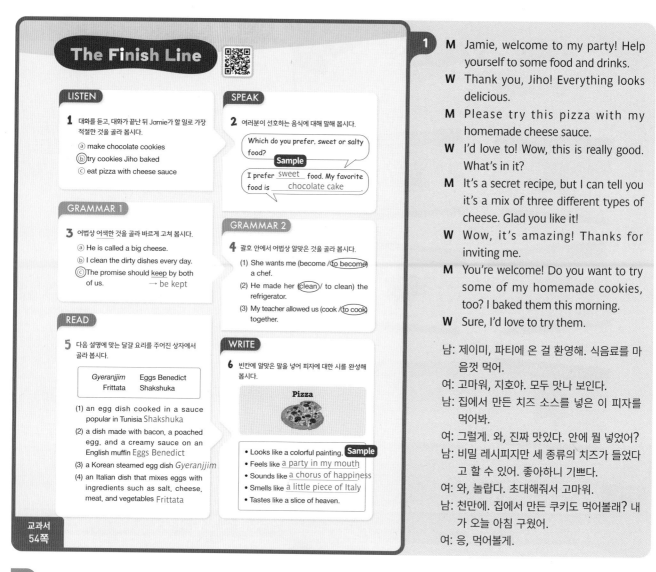

The Finish Line

LISTEN

1 대화를 듣고, 대화가 끝난 뒤 Jamie가 할 일로 가장 적절한 것을 골라 봅시다.

ⓐ make chocolate cookies
ⓑ try cookies Jiho baked
ⓒ eat pizza with cheese sauce

GRAMMAR 1

3 어법상 어색한 것을 골라 바르게 고쳐 봅시다.

ⓐ He is called a big cheese.
ⓑ I clean the dirty dishes every day.
ⓒ The promise should <u>keep</u> by both of us.　　→ be kept

READ

5 다음 설명에 맞는 달걀 요리를 주어진 상자에서 골라 봅시다.

| *Gyeranjjim* | Eggs Benedict |
| Frittata | Shakshuka |

(1) an egg dish cooked in a sauce popular in Tunisia Shakshuka
(2) a dish made with bacon, a poached egg, and a creamy sauce on an English muffin Eggs Benedict
(3) a Korean steamed egg dish *Gyeranjjim*
(4) an Italian dish that mixes eggs with ingredients such as salt, cheese, meat, and vegetables Frittata

SPEAK

2 여러분이 선호하는 음식에 대해 말해 봅시다.

> Which do you prefer, sweet or salty food? **Sample**
>
> I prefer ___sweet___ food. My favorite food is ___chocolate cake___.

GRAMMAR 2

4 괄호 안에서 어법상 알맞은 것을 골라 봅시다.

(1) She wants me (become /(to become)) a chef.
(2) He made her ((clean)/ to clean) the refrigerator.
(3) My teacher allowed us (cook /(to cook)) together.

WRITE

6 빈칸에 알맞은 말을 넣어 피자에 대한 시를 완성해 봅시다.

Pizza

- Looks like a colorful painting. **Sample**
- Feels like a party in my mouth
- Sounds like a chorus of happiness
- Smells like a little piece of Italy
- Tastes like a slice of heaven.

교과서 54쪽

1

M Jamie, welcome to my party! Help yourself to some food and drinks.
W Thank you, Jiho! Everything looks delicious.
M Please try this pizza with my homemade cheese sauce.
W I'd love to! Wow, this is really good. What's in it?
M It's a secret recipe, but I can tell you it's a mix of three different types of cheese. Glad you like it!
W Wow, it's amazing! Thanks for inviting me.
M You're welcome! Do you want to try some of my homemade cookies, too? I baked them this morning.
W Sure, I'd love to try them.

남: 제이미, 파티에 온 걸 환영해. 식음료를 마음껏 먹어.
여: 고마워, 지호야. 모두 맛나 보인다.
남: 집에서 만든 치즈 소스를 넣은 이 피자를 먹어봐.
여: 그럴게. 와, 진짜 맛있다. 안에 뭘 넣었어?
남: 비밀 레시피지만 세 종류의 치즈가 들었다고 할 수 있어. 좋아하니 기쁘다.
여: 와, 놀랍다. 초대해줘서 고마워.
남: 천만에. 집에서 만든 쿠키도 먹어볼래? 내가 오늘 아침 구웠어.
여: 응, 먹어볼게.

2 달콤한 음식이나 짠 음식 중 뭐가 더 좋아?
- 달콤한 음식이 좋아. 내가 가장 좋아하는 음식은 초코 케이크야.

3 ⓐ 그는 빅 치즈라 불린다.
ⓑ 나는 매일 더러운 그릇을 닦는다.
ⓒ 약속은 우리 둘 다에 의해 지켜져야 한다.

해설 주어인 'The promise(약속)'는 '지켜져야' 하므로 동사를 수동태로 쓰는 것이 자연스럽다. 앞에 조동사 should가 있으므로 be kept로 고쳐야 한다.

4 (1) 그녀는 내가 요리사가 되기를 바란다. (want + 목적어 + to 부정사)
(2) 그는 그녀가 냉장고를 깨끗하게 하기를 바란다. (make + 목적어 + 동사 원형)
(3) 우리 선생님은 우리가 함께 요리하는 것을 허락해 주셨다. (allow + 목적어 + to 부정사)

5 (1) 튀니지에서 인기 있는 소스에 요리한 달걀 요리: 샥슈카
(2) 베이컨, 수란, 크림 소스를 잉글리시 머핀에 올려 만든 요리: 에그 베네딕트
(3) 한국식 찐 달걀 요리: 계란찜
(4) 소금, 치즈, 고기, 야채 등과 달걀을 섞어 만든 이탈리아 요리: 프리타타

6 • 화려한 그림처럼 보인다.
• 행복의 코러스 같이 들린다.
• 천국의 한 조각 같은 맛이 난다.
• 입 안의 파티처럼 느껴진다.
• 이탈리아의 작은 조각 같은 냄새가 난다.

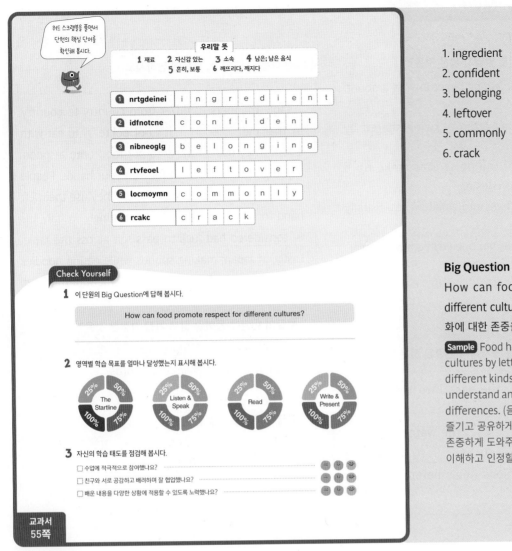

▶ Answers p. 195

Big Question

How can food promote respect for different cultures? (음식이 어떻게 다른 문화에 대한 존중을 증진시킬 수 있을까?)

Sample Food helps us respect different cultures by letting us enjoy and share different kinds of food, so we can understand and appreciate each other's differences. (음식은 다양한 종류의 음식을 즐기고 공유하게 해줌으로써 서로 다른 문화를 존중하게 도와주고, 그래서 서로의 다름을 이해하고 인정할 수 있다.)

Check Up

■ 다음 빈칸에 알맞은 단어를 위 퍼즐에서 찾아 쓰시오.

1. Cooking together gives a sense of _____ to the family.
   (함께 요리하는 것은 가족에게 소속감을 준다.)

2. Rice is _____ eaten in many Asian countries.
   (쌀은 많은 아시아 국가에서 흔히 먹는다.)

3. She felt _____ about her new cake recipe.
   (그녀는 자신의 새로운 케이크 레시피에 자신감을 느꼈다.)

4. Be careful not to _____ the eggs while cooking.
   (요리할 때 계란을 깨뜨리지 않도록 조심해.)

5. Salt is an important _____ in most recipes.
   (소금은 대부분의 요리에서 중요한 재료이다.)

6. We made fried rice with the _____ vegetables.
   (우리는 남은 채소로 볶음밥을 만들었다.)

1 다음 중 단어의 영영 풀이로 알맞지 <u>않은</u> 것은?

① reduce: to make something larger in size, amount, or degree

② common: happening often or being shared by many people

③ ingredient: one of the parts that make up a mixture, especially in cooking

④ chop: to cut something into small pieces, usually with a knife

⑤ leftover: food that has not been eaten after a meal

2 다음 빈칸에 들어갈 알맞은 동사끼리 연결된 것은?

ⓐ Please _____ the eggs into the bowl carefully.

ⓑ Make sure to _____ the water before adding the pasta.

ⓒ _____ the onions finely before adding them to the pan.

	ⓐ		ⓑ		ⓒ
①	crack	–	fry	–	cut
②	steam	–	boil	–	crack
③	crack	–	boil	–	cut
④	poach	–	boil	–	steam
⑤	poach	–	fry	–	cut

3 다음 대화의 밑줄 친 문장을 영어로 올바르게 표현한 것은?

A: Welcome to the Spanish Food booth. <u>파에야 좀 드셔 보시겠어요?</u>

B: Yes, thank you. That looks delicious.

A: Here's a plate for you. I hope you like it.

① Why do you like Paella?

② How about cooking some Paella?

③ Would you like to try some Paella?

④ Have you ever tried Paella before?

⑤ Do you want me to try some Paella?

[4-6] 다음 글을 읽고, 물음에 답하시오.

Table manners ① <u>differ</u> from country to country. In Thailand, _____, it's not polite ② <u>to eat</u> with a fork. They use a fork ③ <u>to put</u> food onto a spoon. If you go to India, be careful with your hands. People in India eat using their right hand. They use their left hand for cleaning purposes. Interestingly, in Italy, it's ④ <u>considered</u> bad luck to pass salt across the table. Lastly, in Japan, making sounds while eating noodles ⑤ <u>are</u> a positive sign, showing enjoyment of the food.

4 윗글의 빈칸에 들어갈 말로 가장 적절한 것은?

① however   ② therefore   ③ as a result

④ for example   ⑤ in other words

5 윗글의 주제로 알맞은 것은?

① 다양한 나라의 식사 예절

② 여러 나라의 전통 음식 소개

③ 식사 예절의 변화와 현대적 관습

④ 다른 나라의 축제와 그에 따른 음식

⑤ 전 세계 사람들이 선호하는 식사 방식

6 윗글의 밑줄 친 ①~⑤중 어법상 틀린 것은?

①   ②   ③   ④   ⑤

[7-8] 다음 대화를 읽고, 물음에 답하시오.

M: Wendy, have you heard about the new burger restaurant?

W: No. Where is it, Mark?

M: It's next to the city library. They have a wide variety of burgers. Look at this flier.

W: Wow, it's making me feel hungry.

M: Exactly. Which one do you prefer, a cheeseburger or a *bulgogi* burger?

W: I prefer cheeseburgers. What about you, Mark?

M: I like *bulgogi* burgers more. Let's try both when we go there.

W: Sure! Sounds good to me. (A) <u>I can't wait to taste its burgers.</u>

7 위 대화의 내용과 일치하는 것은?

① The new burger restaurant has a limited menu.

② Mark is on his way to the new burger restaurant.

③ Wendy prefers cheeseburgers to *bulgogi* burgers.

④ Wendy has heard about the new burger restaurant before.

⑤ The new burger restaurant is located inside the city library.

8 위 대화의 밑줄 친 (A)에서 화자가 느끼는 감정으로 가장 적절한 것은?

① 놀람　　　② 걱정　　　③ 감사

④ 기대　　　⑤ 실망

[9-10] 다음 대화를 읽고, 물음에 답하시오.

W: Happy birthday, Alex! ① Help yourself.

M: Wow! Jiwon, did you cook all of these?

W: Yes. ② Try some seaweed soup first. Koreans ③ celebrate birthdays with this soup.

M: Seaweed soup? Why?

W: I heard it's a way to say "thank you" to mom.

M: That's ④ interesting. In Australia, we usually have fairy bread on children's birthdays.

W: Fairy bread?

M: It's white bread with butter and colored sugar on top.

W: That sounds fun! Birthday food can be ⑤ similar between cultures.

9 위 대화의 내용과 일치하지 않는 것은?

① Jiwon prepared some food for Alex's birthday.

② Alex was surprised by the amount of food Jiwon prepared.

③ Seaweed soup is a way to say "thank you" to moms in Korea.

④ Americans celebrate with fairy bread on children's birthdays.

⑤ Fairy bread is made with white bread, butter, and colored sugar.

10 위 대화의 밑줄 친 ①~⑤중 문맥상 단어의 쓰임이 어색한 것은?

①　　　②　　　③　　　④　　　⑤

[11-12] 다음 대화를 읽고, 물음에 답하시오.

M: Jamie, welcome to my party! Help yourself to some food and drinks.

W: Thank you, Jiho! Everything ⓐ look delicious.

M: Please try this pizza with my homemade cheese sauce.

W: I'd love to! Wow, this is really good. What's in it?

M: It's a secret recipe, but I can tell you it's a mix of three different types of cheese. Glad you like it!

W: Wow, it's amazing! Thanks for ⓑ invite me.

M: You're welcome! Do you want to try some of my homemade cookies, too? I baked ⓒ them this morning.

W: Sure, I'd love to try them.

11 위 대화의 밑줄 친 단어 ⓐ, ⓑ의 알맞은 형태로 짝지어진 것은?

　　　　　ⓐ　　　　　ⓑ

① look　　 … 　invite

② look　　 … 　inviting

③ looks　　… 　invite

④ looks　　… 　to invite

⑤ looks　　… 　inviting

12 위 대화의 밑줄 친 ⓒ가 가리키는 것을 찾아 쓰시오. (한 단어로 쓸 것)

_____

13 다음 글의 밑줄 친 ⓐ와 ⓑ의 알맞은 형태로 짝지어진 것은?

> Welcome to Ashley's blog. In this blog, teens can ⓐ share stories of exciting food from around the world. Every week we focus on one common ingredient and explore dishes that can ⓑ prepare using the ingredient.

	ⓐ		ⓑ
①	share	…	prepares
②	share	…	prepared
③	share	…	be prepared
④	be shared	…	prepare
⑤	be shared	…	be prepared

[14-16] 다음 글을 읽고, 물음에 답하시오.

> This week's ① ingredient is eggs. I like to make frittata with the eggs from the fridge. The Italian dish can be enjoyed at any time of the day, and (A) it is simple to prepare. First, ② chopped onions are fried in a pan. Then, a ③ mixture of eggs, salt, cheese, and meat is added. The mixture is cooked and heated in an oven. Any ④ leftover vegetables from my fridge can also be added. It can reduce food waste at home. When friends ⑤ come over, I often make a frittata. It is a great way to enjoy good food and spend time together. If you are looking for a dish that works wonders, give frittata a try. Now, I want you to share your favorite egg dishes with us.

14 윗글의 밑줄 친 (A) it이 가리키는 것은?

① dish
② ingredient
③ cheese
④ frittata
⑤ food waste

15 윗글의 밑줄 친 ①~⑤ 중 우리말로 옮긴 표현이 틀린 것은?

① 재료
② 썰어진
③ 혼합물
④ 남은
⑤ 우연히 마주치다

16 프리타타에 관한 설명 중 윗글의 내용과 일치하는 것은?

① 이탈리아의 전통적인 아침 식사이다.
② 집에서 요리하면 음식물 쓰레기가 많이 나온다.
③ 재료로는 달걀, 소금, 치즈, 고기 등이 있다.
④ 반드시 신선한 채소만 사용해야 한다.
⑤ 친구들과 함께 즐기기에는 적합한 요리가 아니다.

17 다음 중 어법상 틀린 문장은?

① The documents must be submitted by the end of the week.
② The dishes were washed by the staff this morning.
③ The concert tickets should be bought in advance.
④ The project will be finished by the team tomorrow.
⑤ The photos was taken by a professional photographer.

[18-19] 다음 글을 읽고, 물음에 답하시오.

> **Healthy Eggs Benedict**
>
> Hi, I am Olivia Benedict from New York. My favorite egg dish is eggs Benedict. I ⓐ enjoy having this dish for breakfast or brunch because it is healthy and simple to make. An English muffin is cut in halves and ⓑ topping with bacon, a poached egg, and a creamy sauce. When I was young, I disliked eggs. Then one Sunday morning, my family went to a restaurant in the city center. ⓒ To my surprise, I came across a dish with my family name: eggs Benedict. I tried it, and it ⓓ tasted great. _____ eggs Benedict, I ⓔ have developed an interest in various egg dishes.

18 윗글의 빈칸에 들어갈 말로 가장 적절한 것은?

① Instead of
② Thanks to
③ In front of
④ In spite of
⑤ According to

19 윗글의 밑줄 친 ⓐ~ⓔ 중 어법상 틀린 것은?

① ⓐ   ② ⓑ   ③ ⓒ   ④ ⓓ   ⑤ ⓔ

[20-22] 다음 글을 읽고, 물음에 답하시오.

Hearty Shakshuka

Hello. I am Hamza Dridi from Tunisia. Let me tell you about shakshuka, a popular dish in my country. It is my comfort food, and it is not difficult to prepare. First, chopped tomatoes, onions, peppers, and garlic are cooked in an oiled pan. Next, you add spices and crack eggs into the pan. (A) 이 요리는 흔히 빵과 함께 제공된다. I consider shakshuka to be a special dish because it helped me feel a sense of _____.

When I was having trouble in middle school, my father and I prepared shakshuka for breakfast during a camping trip, and the whole family shared this hearty meal. As we cooked, ate, talked, and laughed, we grew closer to one another. In fact, the name "shakshuka" means "a mixture," and the dish made me feel like I was part of a happy mixture. Thanks to this egg dish, I no longer have trouble at school.

---

20 윗글의 밑줄 친 (A)를 괄호 안의 단어를 바르게 배열하여 영작하시오.

→ _____

(bread / served / commonly / dish / the / with / is)

21 윗글의 빈칸에 들어갈 단어로 가장 적절한 것은?

① fear   ② regret
③ jealousy   ④ belonging
⑤ loneliness

22 윗글의 내용과 일치하는 것은?

① Shakshuka is a popular dish in Thailand.
② Shakshuka is hard to cook and expensive.
③ Hamza's family has shakshuka for breakfast every morning.
④ Hamza's family shared shakshuka during the camping trip.
⑤ The name "shakshuka" means "a happy mixture."

[23-25] 다음 글을 읽고, 물음에 답하시오.

The Magic of *Gyeranjjim*

Hi. I am Jinho Kim from Korea. I want to share my story about *gyeranjjim*, a Korean steamed egg dish. The word *gyeran* means "egg," and *jjim* refers to steamed food. (①) This Korean dish is served as a side dish for a meal. (②) It is very special to me. When I was in 6th grade, I cooked delicious steamed eggs for my mother's birthday with a little help from my grandmother. (③) I became confident about cooking, and I even developed a passion for it. (④) In fact, I now dream of becoming a chef. (⑤) (A) It is very easy to make it. Just beat eggs in a pot, add water, salt, and chopped green onions, and then steam the mixture. Anyone can make this "egg-cellent" dish.

How "egg-citing"! I did not know such tiny eggs can bring huge benefits to teens in different parts of the world. I am looking forward to discovering more fascinating stories about a new ingredient next week.

---

23 윗글을 읽고 알 수 있는 것은?

① 진호의 생일   ② 진호의 가족 수
③ 진호의 장래희망   ④ 진호의 요리 비법
⑤ 진호가 좋아하는 반찬

24 윗글의 밑줄 친 (A) it과 쓰임이 같은 것은?

① I found it yesterday on my desk.
② It was 7 o'clock when we started.
③ It is difficult to solve this problem.
④ It barked loudly in the middle of the night.
⑤ She bought a new dress and wore it to the party.

25 윗글의 ①~⑤ 중 다음 주어진 문장이 들어가기에 가장 알맞은 곳은?

Oh, I almost forgot to tell you how to make *Gyeranjjim*!

---

①   ②   ③   ④   ⑤

1 다음 영영 풀이가 의미하는 단어는?

> having a feeling or belief that you can do something well or succeed at something

① simple
② various
③ common
④ confident
⑤ fascinating

2 다음 빈칸에 들어갈 단어로 알맞은 것은?

> You need to _____ the cake with whipped cream before serving.

① fry
② top
③ bake
④ chop
⑤ steam

3 다음 빈칸에 들어갈 표현끼리 바르게 연결된 것은?

> ⓐ _____: pepper, onion, garlic
> ⓑ _____: heat, steam, chop
> ⓒ _____: pan, pot, oven

	ⓐ	ⓑ	ⓒ
①	how to cook	ingredients	cooking tools
②	cooking tools	ingredients	how to cook
③	ingredients	how to cook	cooking tools
④	cooking tools	how to cook	ingredients
⑤	how to cook	cooking tools	ingredients

4 다음 대화의 빈칸에 들어갈 말로 어색한 것은?

> A: Would you like to try some Paella?
> B: _____

① Yes, please.
② Sure. Thank you.
③ That would be great.
④ Sorry, I can't cook Paella.
⑤ No, thank you. I'm not hungry.

5 다음 중 어법상 틀린 문장을 모두 고르면?

① The homework was checked by the teacher this morning.
② The teacher made the students rewrite their essays.
③ The school festival will be held next month.
④ The posters must printed before the school festival begins.
⑤ The principal let the students to organize the event.

[6-7] 다음 글을 읽고, 물음에 답하시오.

> Table manners differ from country to country. In Thailand, for example, it's not polite to eat with a fork. They use a fork to put food onto a spoon. If you go to India, be careful with your hands. People in India eat using their right hand. They use their left hand for cleaning purposes. Interestingly, in Italy, it's considered bad luck (A) to pass salt across the table. Lastly, in Japan, making sounds while eating noodles is a positive sign, showing enjoyment of the food.

6 윗글의 밑줄 친 (A)와 쓰임이 같은 것은?

① He promised to call me later.
② It's important to stay healthy.
③ He was surprised to see her at the party.
④ They are planning to visit Paris next summer.
⑤ She went to the market to buy some groceries.

7 윗글을 읽고 답할 수 없는 질문은?

① What is considered impolite when eating in Thailand?
② Which hand do people in India use for eating?
③ What is the left hand used for in India?
④ Why is passing salt considered bad luck in Italy?
⑤ What does making sounds while eating noodles mean in Japan?

[8-9] 다음 대화를 읽고, 물음에 답하시오.

M: Wendy, have you heard about the new burger restaurant?

W: No. Where is ① it, Mark?

M: It's next to the city library. ② They have a wide variety of burgers. Look at this flier.

W: Wow, ③ it's making me feel hungry.

M: Exactly. _____

W: I prefer cheeseburgers. What about you, Mark?

M: I like *bulgogi* burgers more. Let's try both when we go ④ there.

W: Sure! Sounds good to me. I can't wait to taste ⑤ its burgers.

8 위 대화의 밑줄 친 ①~⑤ 중 가리키는 것이 <u>다른</u> 하나는?

①   ②   ③   ④   ⑤

9 위 대화의 빈칸에 들어갈 말로 가장 적절한 것은?

① How many types of burgers do they have?

② Have you ever tried a cheeseburger before?

③ Do you want to go to the city library together?

④ What's your favorite restaurant near the city library?

⑤ Which one do you prefer, a cheeseburger or a *bulgogi* burger?

[10-11] 다음 대화를 읽고, 물음에 답하시오.

W: Happy birthday, Alex! Help yourself.

M: Wow! Jiwon, did you cook all of these?

W: Yes. Try some seaweed soup first. Koreans celebrate birthdays with this soup.

M: Seaweed soup? Why? (①)

W: I heard it's a way to say "thank you" to mom. (②)

M: That's interesting. (③)

W: Fairy bread? (④)

M: It's white bread with butter and colored sugar on top. (⑤)

W: That sounds fun!

10 위 대화의 ①~⑤ 중 다음 주어진 문장이 들어가기에 가장 알맞은 곳은?

In Australia, we usually have fairy bread on children's birthdays.

①   ②   ③   ④   ⑤

11 위 대화의 내용을 한 문장으로 요약할 때, 틀린 것은?

① Birthday food can be different between cultures.

② Each culture has its own unique birthday meals.

③ Birthday food traditions are the same everywhere.

④ Birthday dishes differ from one culture to another.

⑤ Different cultures have various types of birthday food.

12 다음 글의 내용과 일치하는 것은?

Welcome to Ashley's blog. In this blog, teens can share stories of exciting food from around the world. Every week we focus on one common ingredient and explore dishes that can be prepared using the ingredient.

① This blog shares traditional dishes from one country.

② Teens can share their food experiences on this blog.

③ This blog is updated monthly with new stories and ingredients.

④ Professional chefs share their recipes on this blog every week.

⑤ This blog explores only rare and exotic ingredients.

[13-17] 다음 글을 읽고, 물음에 답하시오.

This week's ingredient is eggs. I like to make frittata ⓐ _____ the eggs from the fridge. The Italian dish can be enjoyed at any time of the day, and it is simple to prepare. First, chopped onions are fried in a pan. Then, a mixture of eggs, salt, cheese, and meat is added. The mixture is cooked and heated in an oven. Any leftover vegetables from my fridge can also be added. It can reduce food waste ⓑ _____ home. When friends come over, I often make a frittata. It is a great way to enjoy good food and spend time together. If you are looking ⓒ _____ a dish (A) that works wonders, give frittata a try. Now, (B) 저는 여러분이 가장 좋아하는 달걀 요리를 우리와 공유해 주기를 바랍니다.

13 윗글의 빈칸에 들어갈 말끼리 바르게 짝지어진 것은?

	ⓐ		ⓑ		ⓒ
①	for	…	to	…	at
②	with	…	for	…	to
③	to	…	with	…	in
④	in	…	at	…	up
⑤	with	…	at	…	for

14 윗글의 내용을 토대로 프리타타의 요리 과정을 올바른 순서로 배열하시오.

ⓐ Add eggs, salt, cheese, and meat to the pan.
ⓑ Heat the mixture in an oven.
ⓒ Chop onions and fry them in a pan.

→ _____

15 윗글의 밑줄 친 (A) that과 쓰임이 같은 것은?

① She said that she would call me later.
② It's true that he finished the project early.
③ He suggested that we take a different route.
④ The bag that is on the table belongs to Sarah.
⑤ This is the book that I borrowed from the library.

16 윗글의 밑줄 친 (B)의 우리말을 괄호 안의 단어를 배열하여 영작하시오.

→ _____

(with / egg / favorite / you / I / to / share / want / your / dishes / us)

17 윗글의 내용을 한 문장으로 요약할 때 가장 적절한 것은?

① Eggs are the most common ingredient in the kitchen.
② Frittata is a dish that requires many fresh ingredients.
③ Cooking with friends is the best way to enjoy food together.
④ Leftover vegetables can be used creatively in various recipes.
⑤ Frittata is simple to prepare and great for reducing food waste.

[18-20] 다음 글을 읽고, 물음에 답하시오.

Hi, I am Olivia Benedict from New York. My favorite egg dish is eggs Benedict. I enjoy having ① this dish for breakfast or brunch because ② it is healthy and simple to make. ③ An English muffin is cut in halves and topped with bacon, a poached egg, and a creamy sauce. When I was young, I disliked eggs. Then one Sunday morning, my family went to a restaurant in the city center. To my surprise, I came across ④ a dish with my family name: eggs Benedict. I tried it, and ⑤ it tasted great. Thanks to eggs Benedict, I have developed an interest in various egg dishes.

18 윗글의 밑줄 친 ①~⑤ 중 가리키는 것이 다른 하나는?

① ② ③ ④ ⑤

19 윗글을 읽고 알 수 있는 것이 아닌 것은?

① 올리비아의 출신 지역
② 올리비아가 가장 좋아하는 달걀 요리
③ 에그 베네딕트에 사용되는 주요 재료
④ 에그 베네딕트 만드는 방법
⑤ 올리비아가 어렸을 때 달걀을 싫어했던 이유

20 윗글의 제목으로 가장 알맞은 것은?

① Why People Hate Egg Dishes
② The History of Eggs Benedict
③ Popular Breakfast Foods in New York
④ How I Fell in Love with Eggs Benedict
⑤ A Guide to Making Perfect Eggs Benedict

23 윗글의 빈칸에 들어갈 말로 가장 적절한 것은?

① I started to dislike egg dishes.
② I made camping my new hobby.
③ I no longer have trouble at school.
④ I gave up on my dream of becoming a chef.
⑤ I felt more distant from my family after that trip.

[21-23] 다음 글을 읽고, 물음에 답하시오.

Hello. I am Hamza Dridi from Tunisia. ① Let me tell you about shakshuka, a popular dish in my country. It is my comfort food, and it is not difficult to prepare. First, chopped tomatoes, onions, peppers, and garlic are cooked ② in an oiled pan. Next, you add spices and crack eggs into the pan. The dish is commonly served with bread. I ③ consider shakshuka to be a special dish because it ④ helped me to feel a sense of belonging.

When I was having trouble in middle school, my father and I prepared shakshuka for breakfast during a camping trip, and the whole family shared this hearty meal. As we cooked, ate, talked, and laughed, we grew closer to one another. In fact, the name "shakshuka" means "a mixture," and the dish ⑤ made me feeling like I was part of a happy mixture. Thanks to this egg dish, _____.

[24-25] 다음 글을 읽고, 물음에 답하시오.

Hi. I am Jinho Kim from Korea. I want to share my story about *gyeranjjim*, a Korean steamed egg dish. (A) The word *gyeran* means "egg," and *jjim* refers to steamed food. (B) This Korean dish is served as a side dish for a meal. (C) Many foreigners are surprised to find that side dishes in Korea are free. (D) It is very special to me. (E) When I was in 6th grade, I cooked delicious steamed eggs for my mother's birthday with a little help from my grandmother. I ① became confident about cooking, and I even developed a passion for it. In fact, I now ② dream of becoming a chef. Oh, I almost ③ forgot to tell you how to make *Gyeranjjim*! It is very easy to make it. Just beat eggs in a pot, add water, salt, and chopped green onions, and then steam the mixture. Anyone can make this "egg-cellent" dish.

How "egg-citing"! I did not know ④ such tiny eggs can bring huge benefits to teens in different parts of the world. I am looking forward ⑤ to discover more fascinating stories about a new ingredient next week.

21 윗글의 내용을 토대로 shakshuka의 조리법을 아래와 같이 정리할 때, 일치하지 않는 것은?

How to Make Shakshuka

① Chop tomatoes, onions, peppers, and garlic.
② Cook all of them in an oiled pan.
③ Add spices.
④ Crack eggs into the pan.
⑤ Serve it with rice.

24 윗글의 (A)~(E)중 글의 흐름상 관계 없는 것은?

① (A)　② (B)　③ (C)　④ (D)　⑤ (E)

22 윗글의 밑줄 친 ①~⑤중 어법상 어색한 것은?

①　②　③　④　⑤

25 윗글에서 밑줄 친 ①~⑤중 어법상 어색한 것은?

①　②　③　④　⑤

Lesson 3

Everyone's Creative!

누구나 창의적이다!

Big Question

Why is creativity important in our lives?

우리 일상 속에서 창의력은
왜 중요한가요?

The Startline

You Can Be
Creative, Too!
여러분도 창의적일 수 있다!

Listen & Speak

- Being Creative in
Different Ways
  Ⓕ 의견 표현하기
  다양한 방식으로 창의적이기
- Unique Gift Ideas
  Ⓕ 제안하기
  독특한 선물 아이디어

Read

Creativity Matters

Ⓥ 반의어를 만드는 접사

Ⓖ 전치사 + 관계 대명사 / 관계 부사
창의성은 중요하다!

Write & Present

Innovative Community
Problem-Solving
혁신적인 지역 사회 문제 해결

Teen Vibes

- **Clever Solutions to Traffic Problems** `Fun Time`
  교통 문제에 대한 영리한 해결책들
- **Creative Ways to Use Things** `Project Time`
  물건을 사용하는 창의적인 방법들

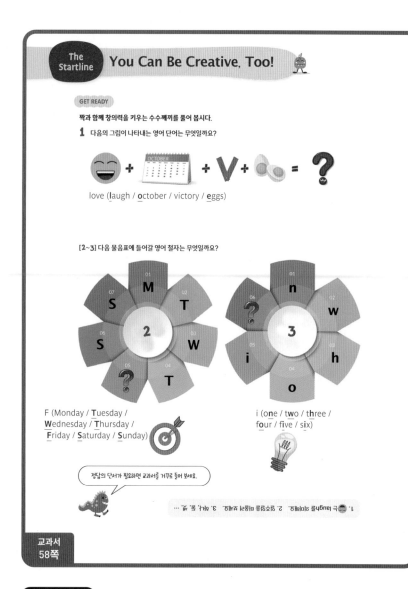

● (준비 활동)

1 첫 번째 이모티콘은 영어로 laugh를 뜻하며, 두 번째 달력에는 October(10월)가 있다. 세 번째는 영어 철자 v, 네 번째로 달걀은 영어로 egg이다. 각 단어의 첫 글자를 연결하면 love 가 된다.

2 [해설] 번호 순서대로 각 철자는 요일을 나타내는 단어의 첫 글자이다. 물음표에는 목요일(Thursday)과 토요일(Saturday) 사이에 오는 금요일(Friday)의 첫 글자인 F가 와야 한다.

3 [해설] 번호 순서대로 각 글자는 숫자를 나타내는 단어의 두 번째 철자이다. 따라서 물음표에는 six의 두 번째 글자인 i가 와야 한다.

창의력 퀴즈

1 나는 무엇일까요?

> 나는 초는 있지만, 성냥은 없다.
> 나는 숫자는 있지만, 문자는 없다.
> 나는 바늘은 있지만, 실은 없다.
> 나는 시는 있지만, 소설은 없다.

2 물음표에 알맞은 숫자는 몇일까요?

> 8806 = 6
> 9911 = 2
> 3721 = 0
> 6983 = ?

3 왕위 계승을 위한 두 왕자의 말타기 시합! 규칙은 딱 하나, 결승점에 늦게 들어오는 말의 주인이 이깁니다. 왕이 되고픈 두 왕자는 서로 늦으려고 눈치만 봅니다. 보고 있자니 답답한데, 왕이 뭐라고 명령하면 말이 전속력으로 달리게 될까요?

4 직선 하나만 이용하여 다음 수식이 성립하게 해주세요.

> $5 + 5 + 5 = 550$

5 9, 9, 9, 9, 9, 9 사이에 사칙연산 기호를 넣어 숫자 100을 만들어 보세요.

> 9　9　9　9　9　9 = 100

6 빈칸에 알맞은 숫자는 무엇인가요?

> 16　　06　　＿＿＿　　88

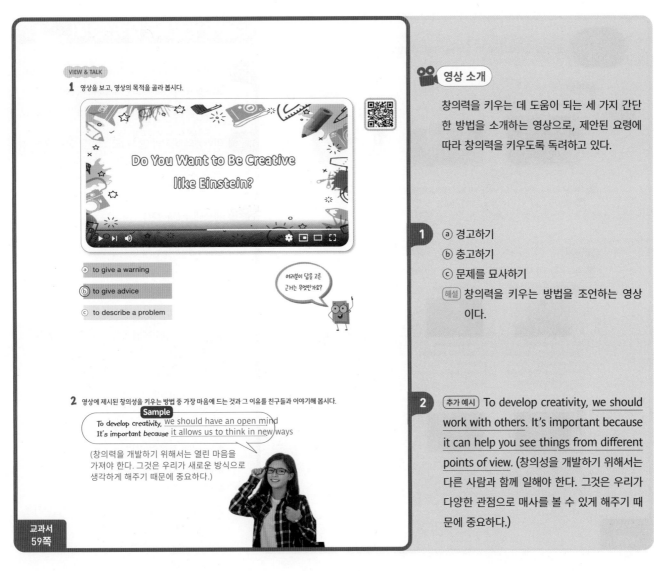

VIEW & TALK

1 영상을 보고, 영상의 목적을 골라 봅시다.

Do You Want to Be Creative like Einstein?

ⓐ to give a warning

ⓑ to give advice

ⓒ to describe a problem

여러분이 답을 고른 근거는 무엇인가요?

2 영상에 제시된 창의성을 키우는 방법 중 가장 마음에 드는 것과 그 이유를 친구들과 이야기해 봅시다.

Sample

To develop creativity, we should have an open mind
It's important because it allows us to think in new ways

(창의력을 개발하기 위해서는 열린 마음을 가져야 한다. 그것은 우리가 새로운 방식으로 생각하게 해주기 때문에 중요하다.)

영상 소개

창의력을 키우는 데 도움이 되는 세 가지 간단한 방법을 소개하는 영상으로, 제안된 요령에 따라 창의력을 키우도록 독려하고 있다.

1 ⓐ 경고하기
ⓑ 충고하기
ⓒ 문제를 묘사하기
[해설] 창의력을 키우는 방법을 조언하는 영상이다.

2 [추가 예시] To develop creativity, we should work with others. It's important because it can help you see things from different points of view. (창의성을 개발하기 위해서는 다른 사람과 함께 일해야 한다. 그것은 우리가 다양한 관점으로 매사를 볼 수 있게 해주기 때문에 중요하다.)

Video Script

Do You Want to Be Creative like Einstein?

Do you want to be creative? Here are three easy tips to help you become more creative in your everyday life. First, try new things and don't be afraid to take chances. Trying new hobbies or activities can help you find new ways of thinking and doing things. Second, keep an open mind. You can get new ideas from nature, books, music, and art. Finally, work with others. It can help you see things from different points of view. If you follow these tips, you may become very creative like Einstein.

해석

아인슈타인처럼 창의적이고 싶은가요?

여러분은 창의적이고 싶은가? 여기 여러분의 일상생활에서 더 창의적이 되는 데 도움을 줄 세 가지 쉬운 요령들이 있다. 첫째, 새로운 일들을 시도하고, 모험하기를 두려워하지 마라. 새로운 취미나 활동을 시도하는 것이 새로운 사고방식과 행동 방식을 찾는 데 도움이 될 수 있다. 둘째로, 열린 마음을 가져라. 여러분은 자연, 책, 음악, 예술로부터 새로운 아이디어를 얻을 수 있다. 마지막으로, 다른 사람들과 함께 일하라. 이는 여러분이 다양한 관점으로 매사를 보는 데 도움을 줄 수 있다. 여러분이 이 요령을 따른다면, 여러분도 아인슈타인처럼 매우 창의적인 사람이 될 수 있다.

어휘 tip 명 조언   take chances 모험을 하다   point of view 관점   warning 명 경고   advice 명 조언 (advise 동 조언하다)
describe 동 묘사하다

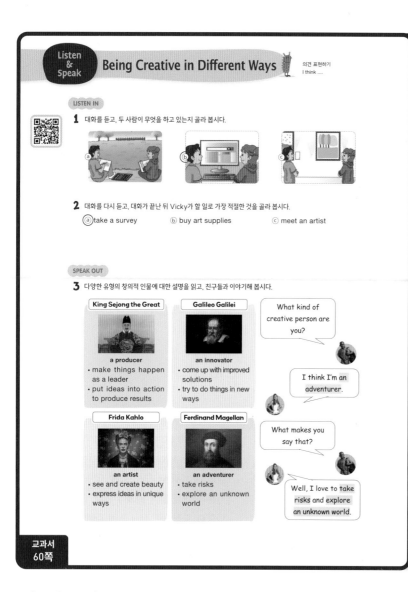

1 해설 online survey, the start button on the screen 등의 표현에서 두 사람이 온라인 설문 조사를 보며 대화하고 있음을 알 수 있다.

2 여학생의 마지막 말 "나도 그것을 한번 해봐야겠다. 화면에 시작 버튼이 어디 있어?"에서 설문에 답할 것으로 유추할 수 있다.

3 세종대왕 (제작자)
• 지도자로서 일이 되게 하다
• 결과를 내기 위해 생각을 행동으로 옮기다

갈릴레오 갈릴레이 (혁신가)
• 개선된 해결책을 생각해내다
• 일을 새로운 방식으로 시도하다

프리다 칼로 (예술가)
• 아름다움을 발견하고 창작하다
• 생각을 독특한 방식으로 표현하다

페르디난도 마젤란 (모험가)
• 모험을 하다
• 미지의 세계를 탐험하다

A 넌 어떤 종류의 창의력이 있는 사람이니?

B 난 모험가라고 생각해.

A 무엇 때문에 그래?

B 음, 난 모험하고 미지의 세계를 탐험하기를 좋아하거든.

Listening Script

M Hey, Vicky, come over here. Why don't you take this online survey?

W A survey? What kind of survey is it, David?

M It's a survey that helps you find out what kind of creative person you are.

W Oh, that sounds interesting! But, can we trust the results?

M Yes, I think the survey gives accurate results.

W All right then, what kind of creative person are you?

M The survey says I'm an artist. I see beauty in nature and express my emotions through painting.

W That's fantastic! I think I should give it a try. Where's the "start" button on the screen?

해석

남: 비키, 이쪽으로 와봐. 이 온라인 설문 조사를 해보면 어때?

여: 설문 조사라고? 데이비드, 무슨 종류의 설문 조사야?

남: 어떤 종류의 창의력이 있는 사람인지 알아보는 데 도움이 되는 조사야.

여: 오, 흥미롭게 들리네. 근데 우리가 결과를 믿을 수 있을까?

남: 응, 난 설문 조사가 정확한 결과를 제공한다고 생각해.

여: 좋아, 그렇다면 넌 어떤 종류의 창의력이 있는 사람이니?

남: 조사에 따르면 난 예술가야. 나는 자연에서 미를 발견하고 내 감정을 그림으로 표현해.

여: 그거 멋지네. 나도 그것을 한번 해봐야겠다. 화면에 시작 버튼이 어디 있어?

어휘 survey 몡 (설문) 조사   trust 통 믿다, 신뢰하다   result 몡 결과   accurate 혱 정확한   express 통 표현하다
emotion 몡 감정   give it a try 시도하다, 한번 해보다   producer 몡 제작자   put ... into action ~을 실행에 옮기다
innovator 몡 혁신가   come up with 생각해내다   improved 혱 향상된, 개선된   explore 통 탐험하다

Unique Gift Ideas

제안하기
What[How] about ...?

LISTEN IN

1 대화를 듣고, 남학생의 마지막 말에 대한 여학생의 응답으로 가장 적절한 것을 골라 봅시다.

ⓐ Which dog are you talking about?
ⓑ Yeah, my dog won't get wet anymore.
ⓒ That's a great idea. I'll order one online.

2 대화를 다시 듣고, 대화의 내용과 일치하면 T에, 일치하지 않으면 F에 표시해 봅시다.

(1) Sujin's grandmother has a dog. Ⓣ F
(2) Mike asks for suggestions for a gift. T Ⓕ

SPEAK OUT

3 아래의 각 발명품에 해당하는 기능을 고르고 어느 것이 마음에 드는지 생각해 본 뒤, 친구들과 창의적인 발명품에 대해 대화해 봅시다.

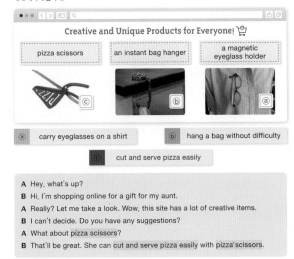

Creative and Unique Products for Everyone! 🛒

pizza scissors / an instant bag hanger / a magnetic eyeglass holder

ⓐ carry eyeglasses on a shirt
ⓑ hang a bag without difficulty
ⓒ cut and serve pizza easily

A Hey, what's up?
B Hi, I'm shopping online for a gift for my aunt.
A Really? Let me take a look. Wow, this site has a lot of creative items.
B I can't decide. Do you have any suggestions?
A What about pizza scissors?
B That'll be great. She can cut and serve pizza easily with pizza scissors.

교과서 61쪽

독특한 선물 아이디어

1
ⓐ 어떤 개에 대해 말하고 있는 거니?
ⓑ 응, 내 개는 더 이상 (비에) 젖지 않아.
ⓒ 좋은 생각이야. 온라인으로 하나 주문할게.

2
(1) 수진이의 할머니는 개를 키운다.
(2) 마이크는 선물 제안을 요청한다.
해설 마이크가 아니라 수진이가 할머니 생신 선물을 제안해 달라고 요청하고 있다.

3 모두를 위한 창의적이고 독특한 제품들
• 피자 가위
  ⓒ 피자를 쉽게 잘라 내놓다
• 즉석 가방 걸이
  ⓑ 어려움 없이 가방을 걸다
• 안경 걸이 자석
  ⓐ 셔츠에 안경을 가지고 다니다
A 야, 뭐 하고 있어?
B 안녕, 숙모 드릴 선물을 온라인으로 구입하고 있어.
A 정말? 한번 보자. 와, 이 사이트에는 창의적인 제품들이 많이 있네.
B 결정을 못하겠어. 뭐 제안해 줄 게 있니?
A 피자 가위는 어때?
B 그거 멋지겠다. 숙모가 피자 가위로 피자를 쉽게 잘라 내놓을 수 있겠어.

Listening Script

W Hey, Mike, do you have any gift ideas?

M What do you need a gift for, Sujin?

W It's my grandmother's birthday next week. Do you have any suggestions?

M How about a pet umbrella? I remember she has a dog, right?

W Yes, she does. Do you think she'd like that?

M Definitely! It'll keep her dog dry on rainy days.

W That's a great idea. I'll order one online.

해석

여: 이 봐, 마이크, 선물에 대한 아이디어가 있니?

남: 무엇 때문에 선물이 필요해, 수진아?

여: 다음 주에 우리 할머니 생신이야. 제안할 것이 있니?

남: 애완동물용 우산은 어때? 나는 할머니께 개가 있다고 기억하는데, 맞지?

여: 맞아. 할머니가 그걸 좋아하실까?

남: 분명히! 그게 비오는 날에 개를 뽀송하게 지켜줄 거야.

여: 좋은 생각이야. 온라인으로 하나 주문할게.

어휘 **suggestion** 몡 제안   **definitely** 뷰 분명히, 확실히   **product** 몡 제품, 생산품   **instant** 혱 즉각적인, 즉석의
magnetic 혱 자성의, 자석 성질이 있는

1 의견 표현하기

A Can we trust the survey?

(우리가 설문지를 신뢰할 수 있을까?)

B Yes. **I think** it gives accurate results.

(그래. 내 생각엔 설문지가 정확한 결과를 제공해.)

I think ...는 자신의 의견을 나타내는 가장 기본적인 표현이다. I think it gives accurate results.는 In my opinion, it gives accurate results., It seems to me that its results are accurate., Its results seem to be accurate., I guess its results are quite accurate. 등의 표현으로 비슷하게 의견을 말할 수 있다.

Check Up

▶ Answers p. 198

1 다음 빈칸에 들어갈 말로 적절하지 <u>않은</u> 것을 고르시오.

> **A** What kind of creative person are you?
>
> **B** _____ I like to express my emotions through art.

① I think I'm an artist.

② In my opinion, I'm an artist.

③ I guess I'm an artist.

④ It seems to me that I'm an artist.

⑤ I think of being an artist.

2 다음 중 연결이 자연스럽지 <u>않은</u> 대화를 고르시오.

① A: Who do you think is the greatest artist?

B: I think Frida Kahlo is.

② A: What do you think of the new novel?

B: In my opinion, everyone will love it.

③ A: What kind of person is your sister?

B: I guess I agree with you.

④ A: What will the weather be like tomorrow?

B: It seems to me it's going to rain.

⑤ A: Do you think you'll pass the test?

B: I think I will. I did my best.

3 다음이 자연스러운 대화가 되도록 순서대로 번호를 쓰시오.

> _____ You mean the new movie?
>
> _____ I think so, too. Let's watch it together.
>
> _____ Yes. I think it's going to be great.
>
> _____ Well, I'm planning to see a movie.
>
> _____ What are you going to do this weekend?

A Tomorrow is my mother's birthday. Do you have any gift ideas?

(내일이 우리 엄마 생신이야. 선물 아이디어가 있니?)

B **What about** a new phone case? She'll love it.

(새 전화 케이스는 어때? 엄마가 좋아하실 거야.)

What about ...?는 "~이 어때?"라고 제안할 때 쓸 수 있는 표현이다. How about ...? What do you say about ...? What do you think about ...? 등의 표현도 비슷한 의미로 사용할 수 있다. ... 부분에 오는 제안 내용은 사물뿐 아니라 행동이 될 수도 있으며, 행동을 제안할 때는 동사의 -ing 형태를 쓴다.

Check Up

▶ Answers p. 198

1 다음 중 말하는 사람의 의도가 <u>다른</u> 것을 고르시오.

① What about pizza scissors?

② How about pizza scissors?

③ What do you think about pizza scissors?

④ How about buying pizza scissors?

⑤ Why did you buy pizza scissors?

2 다음 대화의 빈칸 아래 주어진 우리말과 같은 뜻이 되도록 괄호 안의 표현을 바르게 배열하시오.

A I can't focus on my studies at home. Do you have any suggestions?

B _____

다른 장소에서 공부하는 것은 어때? (a different place / in / studying / about / how)

3 다음 대화의 빈칸에 올 말로 가장 적절한 것을 고르시오.

A Hey, Mike, do you have gift ideas?

B What do you need a gift for, Sujin?

A It's my grandfather's birthday next week. Do you have any suggestions?

B _____ I remember he has a dog. He'll like it.

① I have a dog, too.

② What about buying a gift?

③ I have a great suggestion.

④ How about a pet umbrella?

⑤ Thanks for the suggestion.

KEY WORDS

1 밑줄 친 표현의 뜻을 추측하고, 짐작한 것이 맞는지 확인해 봅시다.

traffic congestion

commute to work

a sloping hill

take a new route

reduce air pollution

an apartment resident

eating prohibited here

a pedestrian crossing the street

suffer from pollution

WORD BUILDING

2 상자 속 단어들의 관계를 살펴보고, 괄호 안에서 알맞은 것을 골라 봅시다.

un-	+	happy / clean / fortunately	=	**un**happy / **un**clean / **un**fortunately
im- / in-	+	practical / possible / complete / dependent	=	**im**practical / **im**possible / **in**complete / **in**dependent

(1) (Fortunately / Unfortunately), the driver could not avoid the accident.

(2) The idea seems very (practical / impractical), and everybody thinks it will fail.

(3) It is important to have close friends, but don't become too (dependent / independent).

교과서 62쪽

---

1 Key Words

traffic congestion 교통 체증
commute to work 통근하다
a sloping hill 경사진 언덕
take a new route 새로운 경로를 택하다
reduce air pollution 대기 오염을 줄이다
an apartment resident 아파트 거주자
eating prohibited here 여기서 식사 금지
a pedestrian crossing the street
길을 건너는 보행자
suffer from pollution 오염으로 고생하다

2 Word Building: 반의어

• 행복한 ↔ 불행한
• 깨끗한 ↔ 더러운
• 운 좋게도 ↔ 불행히도
• 현실적인 ↔ 비현실적인
• 가능한 ↔ 불가능한
• 완전한 ↔ 불완전한
• 의존하는 ↔ 독립적인

(1) 불행히도 운전자는 사고를 피할 수 없었다.

(2) 그 생각은 매우 비현실적으로 보이므로 모두가 실패할 것이라고 생각한다.

(3) 친한 친구를 사귀는 것은 중요하지만, 너무 의존하지는 말아라.

Key Words 예문

• **Traffic congestion** is a big problem in the city.
(교통 체증은 도시에서 큰 문제이다.)

• I **commute to work** by bus every morning.
(나는 매일 아침 버스로 통근한다.)

• We walked up **a sloping hill** to reach the park.
(우리는 공원에 도착하기 위해 경사진 언덕을 걸어 올라갔다.)

• Let's **take a new route** to avoid the traffic jam.
(교통 체증을 피하기 위해 새로운 경로를 택하자.)

• Planting more trees can help **reduce air pollution**.
(더 많은 나무를 심으면 대기 오염을 줄이는 데 도움이 될 수 있다.)

• **The apartment residents** complained about the noise.
(아파트 거주자들이 소음에 대해 불평했다.)

• Please look at the sign, "**Eating prohibited here**," and finish your food outside.
('여기서 식사 금지'라는 표지판을 보고 먹는 것을 밖에서 끝내 주세요.)

• **A pedestrian crossing the street** should always be careful of cars.
(길을 건너는 보행자는 항상 차를 조심해야 한다.)

• People who live near factories often **suffer from pollution**.
(공장 근처에 사는 사람들은 종종 오염으로 고생한다.)

Word Building 추가 예시

반의어 접사를 사용하는 형용사

un-	usual – unusual (평범한 – 평범하지 않은)
	known – unknown (알려진 – 알려지지 않은)
im-	polite – impolite (공손한 – 무례한)
	proper – improper (적절한 – 부적절한)
in-	correct – incorrect (옳은 – 틀린)
	visible – invisible (보이는 – 보이지 않는)
il-	(보통 l로 시작하는 단어 앞에 사용)
	legal – illegal (합법적인 – 불법적인)
	logical – illogical (논리적인 – 비논리적인)
ir-	(보통 r로 시작하는 단어 앞에 사용)
	regular – irregular (규칙적인 – 불규칙적인)
	responsible – irresponsible (책임 있는 – 무책임한)
dis-	honest – dishonest (정직한 – 부정직한)
	organized – disorganized (조직적인 – 무질서한)

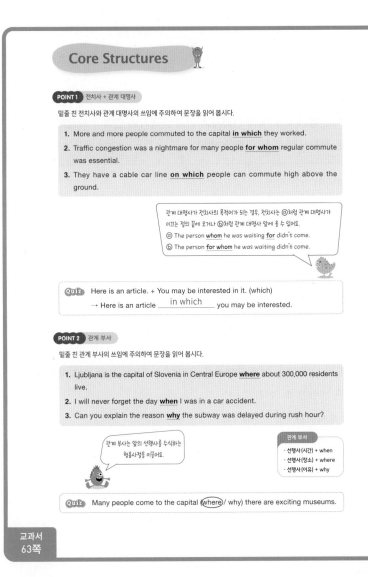

Core Structures

POINT 1 전치사 + 관계 대명사

밑줄 친 전치사와 관계 대명사의 쓰임에 주의하여 문장을 읽어 봅시다.

1. More and more people commuted to the capital **in which** they worked.
2. Traffic congestion was a nightmare for many people **for whom** regular commute was essential.
3. They have a cable car line **on which** people can commute high above the ground.

> 관계 대명사가 전치사의 목적어가 되는 경우, 전치사는 ⓐ처럼 관계 대명사가 이끄는 절의 끝에 오거나 ⓑ처럼 관계 대명사 앞에 올 수 있어요.
> ⓐ The person **whom** he was waiting **for** didn't come.
> ⓑ The person **for whom** he was waiting didn't come.

Quiz Here is an article. + You may be interested in it. (which)
→ Here is an article ___in which___ you may be interested.

POINT 2 관계 부사

밑줄 친 관계 부사의 쓰임에 주의하여 문장을 읽어 봅시다.

1. Ljubljana is the capital of Slovenia in Central Europe **where** about 300,000 residents live.
2. I will never forget the day **when** I was in a car accident.
3. Can you explain the reason **why** the subway was delayed during rush hour?

> 관계 부사는 앞의 선행사를 수식하는 형용사절을 이끌어요.

관계 부사
· 선행사(시간) + when
· 선행사(장소) + where
· 선행사(이유) + why

Quiz Many people come to the capital (where/ why) there are exciting museums.

교과서 63쪽

---

1 전치사 + 관계 대명사

1. 점점 더 많은 사람들이 그들이 일하는 수도로 통근을 했다.
2. 교통 체증은 규칙적 통근이 필수적인 많은 사람들에게 악몽이었다.
3. 그들은 사람들이 지상 높은 곳에서 타고 다닐 수 있는 케이블카 노선을 가지고 있다.

Quiz. 여기 당신이 관심을 가질 수도 있는 기사가 있다.

[해설] it이 가리키는 an article을 선행사로 하되, it 앞에 있는 in과 연결해 in which를 쓴다.

2 관계 부사

1. 류블랴나는 약 300,000명의 주민이 사는 중앙 유럽에 위치한 슬로베니아의 수도이다.
2. 나는 교통사고를 당했던 날을 결코 잊지 못할 것이다.
3. 너는 혼잡 시간대에 왜 지하철이 지연됐는지 이유를 설명할 수 있니?

Quiz. 많은 사람이 흥미로운 박물관들이 있는 수도로 온다.

[해설] 장소를 나타내는 관계 부사는 where이다.

POINT 2 전치사 + 관계 대명사 **예문 해설**

1. 선행사는 the capital이고, 관계 대명사가 있는 문장을 풀어 쓰면 They worked in the capital.이므로 전치사와 함께 in which로 썼다. in을 문장 끝에 둘 수 있다.
   = More and more people commuted to the capital **which** they worked **in**.

2. 선행사는 many people로 사람이고, 관계 대명사 절을 풀어 쓰면 Regular commute was essential for many people.이므로 전치사와 함께 for whom으로 썼다.
   = Traffic congestion was a nightmare for many people **whom** regular commute was essential **for**.

3. 선행사는 a cable car line이고, 관계 대명사절을 풀어 쓰면 People can commute high above the ground on the cable line.이므로 전치사와 함께 on which로 썼다.
   = They have a cable car **which** peole can commute high above the ground **on**.

POINT 2 관계 부사 **예문 해설**

1. 선행사는 the capital of Slovenia이고, 장소를 나타내므로 관계 부사 where를 썼다. 이 문장은 '전치사 + 관계 대명사'를 이용하여 다음과 같이 바꿔 쓸 수 있다.
   = Ljubljana is the capital of Slovenia in Central Europe **in which** about 300,000 residents live.

2. 선행사는 the day이고, 시간을 나타내므로 관계 부사 when을 썼다. 이 문장은 '전치사 + 관계 대명사'를 이용하여 다음과 같이 바꿔 쓸 수 있다.
   = I will never forget the day **on which** I was in a car accident.

3. 선행사는 the reason이고, 이유를 나타내므로 관계 부사 why를 썼다. the reason why는 the reason이나 why를 생략할 수 있다.
   = Can you explain **why** the subway was delayed during rush hour?
   = Can you explain **the reason** the subway was delayed during rush hour?

어휘 **commute** 통 통근하다 명 통근 **traffic** 명 차량들 **congestion** 명 혼잡 **nightmare** 명 악몽 **regular** 형 정기적인 **essential** 형 필수적인, 기본적인 **article** 명 기사 **capital** 명 수도 **delay** 통 미루다, 지연시키다 **rush hour** 혼잡 시간대

Point 1

전치사 + 관계 대명사

관계절이 전치사로 끝나는 경우, 선행사 바로 뒤에 전치사와 관계 대명사를 연이어 사용하여 선행사를 수식할 수 있다. 단, that은 전치사 바로 뒤에 쓸 수 없다.

> • 선행사(사람) + 전치사 + whom: ~한 사람
> • 선행사(사물/동물) + 전치사 + which: ~한 사물/동물

• Do you know the girl **with whom** Tom is speaking? (톰이 대화 중인 소녀를 아니?)
• I know some residents **for whom** Korean is their second language.
  (나는 한국어가 제2외국어인 거주자 몇 명을 안다.)
• English is a subject **in which** I am very interested.
  (영어는 내가 무척 흥미를 갖고 있는 과목이다.)

전치사를 관계절 내에 그대로 두는 경우에는 관계 대명사를 생략할 수 있다. 다만, 전치사를 선행사 뒤에 두는 경우 관계 대명사는 생략할 수 없다.
Do you know the girl Tom is speaking with? (o)
Do you know the girl with Tom is speaking? (x)

Check Up

1 다음 괄호 안에서 어법상 알맞은 것을 고르시오.

(1) I have never been to the restaurant (about whom / about which) you talked.

(2) Seoul is the capital (in which / in whom) millions of people live.

2 다음 문장에서 틀린 부분이 있다면 바르게 고치시오.

(1) I want to join the company my father is working for.

(2) I do not know the man with she is talking.

(3) Biology is a subject whom I am good at.

3 다음 괄호 안의 단어를 바르게 배열하여 문장을 완성하시오.

(1) He watched the movie _____ starred.
   (favorite, actor, his, which, in)

(2) Do you know the _____ for advice?
   (whom, everyone, to, asks, girl)

▶ Answers p. 198

Point 2

관계 부사

관계 부사는 선행사를 수식하는 절을 이끄는 역할을 하며, 선행사에 따라 where, when, 혹은 why를 쓴다. 흔히 관계 부사는 '전치사 + 관계 대명사'를 대체하는 기능을 할 수 있다.

> • 선행사(시간) + when: ~한 시간 • 선행사(장소) + where: ~한 장소
> • 선행사(이유) + why: ~한 이유

- 1950 was the year **when** the Korean War broke out.
  (1950년은 한국 전쟁이 일어난 해이다.)
- La Paz is the capital **where** people suffer from traffic congestion.
  (라파스는 사람들이 교통 체증으로 고생하는 수도이다.)
- I do not know the reason **why** she is late. (난 그녀가 늦는 이유를 모르겠다.)

선행사가 이유 혹은 일반적인 시간이나 장소를 나타낼 때에는 관계 부사나 선행사를 생략할 수 있다.

- I know **the reason** he did not show up. = I know **why** he did not show up.
- This is **the place** we met. = This is **where** we met.
- I remember **the time** we went surfing. = I remember **when** we went surfing.

Check Up

1 다음 괄호 안에서 어법상 알맞은 것을 고르시오.

(1) I cannot find the house (when / where) I was born.

(2) They look forward to the month (when / where) school ends.

2 다음 문장에서 틀린 부분이 있다면 바르게 고치시오.

(1) I cannot forget the day where we visited the amusement park.

(2) The teacher listed several reasons when the war broke out.

(3) *Indian Chefs* is the place we met.

3 다음 괄호 안의 단어를 바르게 배열하여 문장을 완성하시오.

(1) Do you remember _____ you?
　　　　　　　(when, surprised, moment, the, I)

(2) You can easily find the _____.
　　　　　　　(displayed, museum, are, where, cars)

▶ Answers p. 198

전치사 + 관계 대명사

1 다음 각 문장의 괄호 안에서 알맞은 것을 고르시오.

(1) Traffic congestion is one problem (with which / with whom) we should deal.

(2) Mia is someone (on which / on whom) you can depend in times of trouble.

(3) Have you ever visited the city (with which / in which) your mother was born?

(4) Do you have a team (for which / to whom) you are cheering?

2 다음 밑줄 친 부분을 어법에 맞게 고쳐 쓰시오.

(1) The book about whom I told you is really interesting.

(2) Mr. Kim is a great teacher from which I learned a lot.

(3) Doctors could not cure the disease to which I suffered.

(4) Math is the subject with whom I struggled in middle school.

3 다음 상자 안에서 알맞은 말을 찾아 문장을 완성하시오. (단, 상자 안의 단어를 한 번씩만 사용할 것)

whom	with	which	in

(1) Let's visit the studio in _____ Van Gogh worked.

(2) Tom was my partner with _____ I had a discussion in class.

(3) You will like the idea _____ which the leader came up.

(4) I have information about the festival _____ which I plan to take part.

4 다음 우리말에 맞게 각 빈칸에 알맞은 말을 상자 안에서 골라 써 봅시다.

with which	to which	with whom	in whom

(1) The restaurant _____ we went last week will be closed soon.
(지난주에 우리가 갔던 식당은 곧 문을 닫을 것이다.)

(2) He is the man _____ my father works for the city.
(그는 우리 아버지와 함께 시를 위해 일하는 남자이다.)

(3) The book was written by an author _____ I am really interested.
(그 책은 내가 정말 관심이 있는 작가에 의해 쓰였다.)

관계 부사

Memo

1 다음 각 문장의 괄호 안에서 알맞은 것을 골라 봅시다.

(1) The residents love the park (when / where) we played as kids.

(2) December 20 is the day (when / why) we first met.

(3) I want to know the reason (where / why) you chose biology as your major.

(4) Busan is the port city (when / where) I grew up.

2 다음 밑줄 친 부분을 어법에 맞게 고쳐 봅시다.

(1) Can you explain the reason <u>where</u> the project was delayed?

(2) They talked about the summer <u>why</u> they traveled abroad.

(3) I will work in the garden <u>when</u> we planted flowers together.

(4) She recalled the winter <u>where</u> it was unusually cold.

3 다음 상자 안에서 알맞은 말을 찾아 문장을 완성하시오. (단, 상자 안의 단어를 두 번 사용할 수 있음)

when	where	why	what

(1) We visited the museum _____ famous artworks are on display.

(2) I will never forget the time _____ we went camping.

(3) I would like to know the reason _____ she was late.

(4) Do you know the place _____ the concert will be held?

4 다음 빈칸에 들어가기에 알맞은 것을 고르시오.

(1) I can still picture the classroom _____ I first met my mentor.
ⓐ which   ⓑ when   ⓒ where   ⓓ why

(2) Nobody knows the reason _____ he changed his mind.
ⓐ what   ⓑ when   ⓒ where   ⓓ why

(3) The pedestrian will never forget the moment _____ he was almost hit by a car.
ⓐ whom   ⓑ when   ⓒ where   ⓓ why

Topic Preview

FOCUS ON TOPIC

1 교통 혼잡으로 인해 생기는 문제에 대한 설문 결과를 보고, 다음 질문에 답해 봅시다.

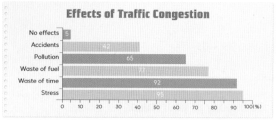

Effects of Traffic Congestion

* Adapted from an article in *Transportation Engineering*, June 2022

(1) Which harmful effect is chosen by the highest percent of people?

(2) What percent of people are concerned about pollution?

(1) Stress is chosen by the highest percent of people.
(2) Sixty-five percent of people are concerned about pollution.

2 어떻게 하면 교통 혼잡을 줄일 수 있을까요? 창의적인 방법을 생각한 뒤 짝과 이야기해 봅시다.

build bike lanes

operate cable cars

raise parking fees

make the city center car-free

launch a tram system

Your own

Sample I think free public transportation can reduce traffic congestion.

교과서 64쪽

---

1 교통 혼잡의 영향

• 영향 없음 5%
• 사고 42%
• 오염 65%
• 연료 낭비 77%
• 시간 낭비 92%
• 스트레스 95%

(1) 어떤 유해한 영향이 가장 높은 비중의 사람들에 의해 선택되었는가? (스트레스가 가장 높은 비율의 사람들에게 선택되었다.)

(2) 몇 퍼센트의 사람이 공해에 대해 우려하고 있는가? (65%의 사람들이 공해에 대해 우려한다.)

2
• 자전거 도로를 건설하다
• 케이블카를 운영하다
• 주차 요금을 인상하다
• 시내 중심가를 차가 없는 곳으로 만들다
• 전차 시스템을 시작하다

(예시) 나는 무료 대중교통이 교통 체증을 줄일 수 있다고 생각한다.

배경지식 LEVEL UP 세계의 교통 혼잡 해결 정책

1. 싱가포르: 전자 도로 요금 징수 시스템

정책: 싱가포르는 1998년에 전자 도로 요금 징수 시스템을 도입해 도로 혼잡을 줄였다. 이 시스템은 차량이 혼잡 구역에 진입할 때 자동으로 요금을 부과하며, 요금은 시간대와 교통 상황에 따라 다르게 설정된다.

효과: 이 시스템 덕분에 교통량이 줄어들고, 혼잡이 심한 시간대에는 대중교통 이용이 증가했다.

2. 런던: 혼잡 통행료 (Congestion Charge)

정책: 2003년 런던은 도심 진입 시 일정 요금을 부과하는 혼잡 통행료 제도를 도입했다. 도심 내 특정 구역에 차량으로 진입할 때 하루 요금을 지불해야 하며, 이를 통해 교통 혼잡을 줄이고자 했다.

효과: 도입 후 런던 도심의 교통량이 약 15% 감소했고, 대기 오염도 개선되었다. 또한 대중교통 이용이 크게 증가했다.

3. 스웨덴 스톡홀름: 혼잡 통행료 (Congestion Tax)

정책: 스톡홀름은 2006년에 도심 교통 혼잡을 줄이기 위해 혼잡 통행료를 도입했다. 도심 구역에 진입하는 차량은 요금을 지불해야 하며, 요금은 시간대에 따라 달라진다.

효과: 도입 후 스톡홀름 도심의 차량 통행량이 약 20% 감소했고, 대중교통 이용이 늘어나면서 교통 혼잡이 현저히 개선되었다.

4. 중국 베이징: 차량 2부제 및 등록 제한

정책: 베이징은 교통 혼잡과 대기 오염 문제를 해결하기 위해 차량 2부제와 차량 등록 제한 정책을 도입했다. 차량 번호에 따라 특정 요일에 도로를 이용할 수 없게 하며, 새 차량 등록 수를 제한해 차량 수 증가를 억제했다.

효과: 이 정책 덕분에 혼잡이 줄어들고, 대중교통과 자전거 이용이 장려되었으며, 대기 오염도 개선되었다.

어휘 **effect** 명 효과, 영향 **harmful** 형 해로운 **be concerned about** ~에 대해 염려하다 **lane** 명 길, 도로, 차선
operate 동 작동되다, 가동하다 **raise** 동 올리다 **fee** 명 요금 **car-free** 형 차 없는 **launch** 동 시작하다

NEW WORDS

본문의 주요 어휘와 표현을 익혀 보세요.

creativity	창의성	operation	작동, 활동
initially	처음에	policy	정책, 방침
launch	시작하다, 출시하다	come up with	(해답 등을) 찾아내다
appreciate	고맙게 여기다	population	인구
pedestrian	보행자	prohibit	금지하다
commute	통근하다; 통근	route	길, 경로
congestion	혼잡, 정체	significant	중요한, 커다란
unfortunately	불행하게도	significantly	상당히, 크게
connect	연결하다	neighboring	이웃의, 인접한
reduce	줄이다	sloping	경사진
resident	거주자, 주민	differ from	~와 다르다
consideration	사려, 숙고	suffer from	~로 고통받다
essential	필수적인	translate	번역되다, 통역되다
impossible	불가능한	various	다양한
impractical	비현실적인, 터무니없는	official	공무원; 공무상의

▶ Answers p. 199

01 appreciate	16 operation
02 come up with	17 pedestrian
03 commute	18 policy
04 congestion	19 population
05 connect	20 prohibit
06 consideration	21 reduce
07 creativity	22 resident
08 differ from	23 route
09 essential	24 significant
10 impossible	25 significantly
11 impractical	26 sloping
12 initially	27 suffer from
13 launch	28 translate
14 neighboring	29 unfortunately
15 official	30 various

① 창의성
② 혼잡, 정체
③ 불가능한
④ 불행하게도
⑤ ~와 다르다
⑥ 다양한
⑦ 이웃의, 인접한
⑧ 통근하다; 통근
⑨ 경사진
⑩ 필수적인
⑪ (해답 등을) 찾아내다
⑫ 연결하다
⑬ 작동, 활동
⑭ 길, 경로
⑮ 줄이다
⑯ 거주자, 주민
⑰ 번역되다, 통역되다
⑱ ~로 고통받다
⑲ 중요한, 커다란
⑳ 금지하다
㉑ 보행자
㉒ 처음에
㉓ 정책, 방침
㉔ 비현실적인, 터무니없는
㉕ 고맙게 여기다
㉖ 인구
㉗ 공무원; 공무상의
㉘ 사려, 숙고
㉙ 시작하다, 출시하다
㉚ 상당히, 크게

▶ Answers p. 199

01 (해답 등을) 찾아내다 ⚪	**16** 사려, 숙고 ⚪	① appreciate
02 ~로 고통받다 ⚪	**17** 상당히, 크게 ⚪	② come up with
03 ~와 다르다 ⚪	**18** 시작하다, 출시하다 ⚪	③ commute
04 거주자, 주민 ⚪	**19** 연결하다 ⚪	④ congestion
05 경사진 ⚪	**20** 이웃의, 인접한 ⚪	⑤ connect
06 고맙게 여기다 ⚪	**21** 인구 ⚪	⑥ consideration
07 공무원; 공무상의 ⚪	**22** 작동, 활동 ⚪	⑦ creativity
08 금지하다 ⚪	**23** 정책, 방침 ⚪	⑧ differ from
09 길, 경로 ⚪	**24** 줄이다 ⚪	⑨ essential
10 다양한 ⚪	**25** 중요한, 커다란 ⚪	⑩ impossible
11 번역되다, 통역되다 ⚪	**26** 창의성 ⚪	⑪ impractical
12 보행자 ⚪	**27** 처음에 ⚪	⑫ initially
13 불가능한 ⚪	**28** 통근하다; 통근 ⚪	⑬ launch
14 불행하게도 ⚪	**29** 필수적인 ⚪	⑭ neighboring
15 비현실적인, 터무니없는 ⚪	**30** 혼잡, 정체 ⚪	⑮ official
		⑯ operation
		⑰ pedestrian
		⑱ policy
		⑲ population
		⑳ prohibit
		㉑ reduce
		㉒ resident
		㉓ route
		㉔ significantly
		㉕ significant
		㉖ sloping
		㉗ suffer from
		㉘ translate
		㉙ unfortunately
		㉚ various

Creativity Matters

교과서 65쪽

❶ In big cities around the world, traffic congestion is a common problem.

❷ <u>There are</u> too many cars on the road, and the <u>traffic</u> moves very slowly during
(뒤에 복수형)   주어(단수 취급)

rush hours. ❸ So, people waste a lot of time in traffic, and <u>parking</u> can be an
동명사(주어)

almost impossible task for drivers. ❹ Also, the <u>slow-moving cars</u> cause air
현재 분사

pollution. ❺ Unfortunately, <u>there is</u> no one-size-fits-all solution because one city
(뒤에 단수형)

differs from another in various ways. ❻ <u>Every city</u> needs a creative solution to
주어(단수 취급)

deal with its unique traffic problems.

1 There is no universal solution to traffic congestion because cities are (big / ⟨different⟩).
(도시들이 서로 다르기 때문에 교통 혼잡에 대한 범용적인 해결책은 없다.)

어휘 creativity 명 창의성   matter 동 중요하다 명 문제   traffic 명 교통   congestion 명 혼잡, 붐빔   impossible 형 불가능한
unfortunately 부 불행하게도   one-size-fits-all 만능의, 천편일률적인   differ from ~와 다르다   various 형 다양한
deal with ~을 다루다

▶ Answers
p. 199

해석

창의성이 중요하다

❶ 세계 각지의 대도시에서 교통 체증은 흔한 문제이다. ❷ 도로에는 너무 많은 차량이 있고, 혼잡 시간 동안에는 교통이 매우 느리게 움직인다. ❸ 그래서 사람들은 교통 흐름 속에서 많은 시간을 낭비하며, 주차는 운전자에게 거의 불가능한 일이 될 수 있다. ❹ 또한, 느리게 움직이는 차량은 대기오염을 일으킨다. ❺ 불행히도 한 도시는 다른 도시와 여러 측면에서 서로 다르기 때문에 모든 상황에 맞는 해결책은 없다. ❻ 각 도시는 고유한 교통 문제에 대처하기 위한 창의적인 해결책이 필요하다.

구문 해설

❷ **There are** too many cars on the road, and **the traffic moves** very slowly during rush hours.
- '~가 있다'는 뜻을 나타내기 위해 There is/are를 쓰는데, too many cars가 복수이므로 There are처럼 be 동사의 복수형을 사용했다.
- and 뒤의 절의 주어인 the traffic은 차량 전체를 지칭하는 표현으로, 문법적으로는 단수형 취급을 하기 때문에 동사를 moves로 사용했다.

❸ **So**, people waste a lot of time in traffic, and **parking** can be an **almost impossible** task for drivers.
- 흔히 so는 등위 접속사로 사용되지만, 여기서는 '그러므로'의 뜻을 나타내는 연결 부사로 사용되었으며, therefore로 바꿔 쓸 수 있다.
- 둘째 절의 parking은 동명사로 주어의 역할을 하며, 부사 almost는 형용사 impossible을 수식하고 있다.

❹ Also, the **slow-moving** cars cause air pollution.
- slow-moving은 cars를 수식하는 형용사 역할을 하며, 차가 능동적으로 움직이기 때문에 능동의 뜻을 나타내는 현재 분사 moving을 사용했다. 명사 앞에서 수식하는 어구가 수동의 의미를 나타낼 때에는 과거 분사를 쓰는 것에 유의한다.
Dumped garbage pollutes the environment. (버려진 쓰레기는 환경을 오염시킨다.)

❻ **Every city needs** a creative solution to deal with its unique traffic problems.
- 'every + 명사'가 주어로 쓰이면 단수 취급하므로 동사를 need가 아닌 needs로 썼다.

문법 톡톡

동명사
동명사는 절 내에서 주어, 목적어 혹은 보어의 역할을 한다.
Jogging is a popular exercise. (주어: 조깅은 인기 있는 운동이다.)
One of her hobbies is **collecting** stamps. (보어: 그녀의 취미 중 하나는 우표 수집이다.)
He stopped **reading** because he felt sleepy. (목적어: 그는 졸려서 책 읽기를 멈추었다)

분사
명사를 수식하는 현재 분사는 능동의 의미, 과거 분사는 수동의 의미를 표현한다.
Please look at the **dancing** cheerleaders. (능동: 춤추는 치어 리더를 봐.)
The student turned in the **completed** answer sheet. (수동: 학생은 완성된 답안지를 제출했다.)

Check Up

1 밑줄 친 부분을 어법에 맞게 고치시오.

(1) I appreciate your <u>encouraged</u> words.
(2) The baby pointed to the newly <u>painting</u> door.

2 각 괄호 안에서 어법상 알맞은 것을 고르시오.

(1) There (is / are) one boy and three girls in the room.
(2) Murcia used to be a poorly (planned / planning) city.
(3) (Eat / Eating) is prohibited in the library.

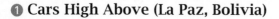

① Cars High Above (La Paz, Bolivia)

② La Paz, Bolivia, is the highest capital in the world which sits
(주격 관계 대명사)
about 3,600 meters above sea level. ③ It is about 1.8 times as high
(해수면)
as Mt. Halla. ④ The city was poorly planned for decades, and more
(주어 1) (동사 1(수동태))
and more people from its neighboring city, El Alto, commuted to
(주어 2) (동사 2)
the capital in which they worked. ⑤ The trip along narrow, sloping
(선행사) (전치사 + 관계 대명사(= where))
roads took a long time. ⑥ Traffic congestion was a nightmare for
many people for whom regular commute was essential.
(선행사) (전치사 + 관계 대명사)

⑦ The city came up with a creative idea: connecting the two cities with a cable car line high above the ground. ⑧ El Alto is higher above sea level than La Paz, so the idea worked. ⑨ In 2014, the world's longest cable car system, known as "Mi Teleférico" (My Cable Car),
(which was)
began operations. ⑩ With many routes and stations, it cuts travel time dramatically, and people commute without worrying about traffic congestion. ⑪ The cable car system has
(동명사)
reduced the number of cars on the ground and air pollution.

2 El Alto is the capital of Bolivia. T /Ⓕ (엘알토는 볼리비아의 수도이다.)

3 Both La Paz and El Alto are high above sea level.Ⓣ/ F (라파스와 엘알토는 둘 다 해발 고도가 높다.)

4 Mi Teleférico has been (ⓢuccessful/ unsuccessful) in solving traffic congestion.
('미 텔레페리코'는 교통 혼잡 해결에 성공적이었다.)

Over to you **1** Would you take a ride on Mi Teleférico? Why or why not?
('미 텔레페리코'를 타겠는가? 왜 또는 왜 안 타는가?)
Sample Yes, I would take a ride on Mi Teleférico. It is amazing that a cable car system connects two cities.
(미 텔레페리코를 타겠다. 케이블카 시스템이 두 도시를 연결한다니 놀랍다.)

어휘 decade 몡 10년 neighboring 혱 인접한 commute 동 통근하다 sloping 혱 경사진 nightmare 몡 악몽
essential 혱 필수적인 come up with (해결책을) 떠올리다 connect 동 연결하다 operation 몡 가동, 운행; 작업
route 몡 경로 dramatically 뿐 극적으로, 크게 reduce 동 줄이다

① 높은 곳에 있는 차량들 (라파스, 볼리비아)

② 볼리비아의 라파스는 해발 약 3,600미터에 위치한 세계에서 가장 높은 수도이다. **③** 이 도시는 한라산의 1.8배 정도 높다. **④** 이 도시는 수십 년 동안 잘못 계획되었으며, 그 이웃 도시인 엘알토에서 점차 더 많은 사람들이 일터가 있는 수도로 통근했다. **⑤** 좁고 경사진 도로를 따라 이동하는 여정은 오랜 시간이 걸렸다. **⑥** 교통 체증은 정기적인 통근이 필수적인 많은 사람들에게 악몽이었다.

⑦ 이 도시는 지상에 높이 케이블카 노선으로 두 도시를 연결하는 창의적인 아이디어를 냈다. **⑧** 엘알토는 라파스보다 해발 고도가 더 높아서 이 아이디어가 통했다. **⑨** 2014년에 "Mi Teleférico"(나의 케이블카)로 알려진 세계 최장 길이의 케이블카 시스템이 운영을 시작했다. **⑩** 다양한 노선과 역을 갖추고 있어서 이 시스템은 이동 시간을 크게 단축시키고, 사람들은 교통 체증에 대한 걱정 없이 출퇴근한다. **⑪** 케이블카 시스템은 지상의 차량 수와 대기오염을 줄였다.

④ The city **was poorly planned** for decades, and more and more people from **its neighboring city, El Alto**, commuted to the capital **in which** they worked.
- 도시는 계획되었으므로 was poorly planned처럼 수동태를 사용했고, its neighboring city와 El Alto는 동격 관계에 있다.
- the capital ... worked에서 the capital이 선행사이며, '전치사 + 관계 대명사'가 이끄는 절의 수식을 받는다. 흔히 선행사가 장소이고 in which가 뒤따라 올 때 in which 대신에 관계 부사 where로 대체할 수 있다.

⑥ Traffic congestion was a nightmare for many people for **whom** regular commute was essential.
- Traffic congestion was a nightmare for many people.과 Regular commute was essential for many people.을 한 문장으로 연결한 것이다. 즉, many people을 선행사로 두고, '전치사 + 관계 대명사'가 이끄는 관계사절을 사용했다. 선행사 뒤에 전치사가 오면 관계 대명사는 생략할 수 없음에 유의해야 한다.

⑨ In 2014, the world's longest cable car system, **known as "Mi Teleférico"** (My Cable Car), began operations.
- 문장의 주어 the world's longest cable car system이 뒤에 있는 known as "Mi Teleférico" (My Cable Car)에 의해 수식되고 있으며, began이 동사이다. '~라고 알려진'이라는 뜻은 수동을 뜻하는 과거 분사 known으로 나타냈다. known 앞에는 which was가 생략되었다고 볼 수 있다.

⑪ The cable car system **has reduced the number of cars** on the ground and air pollution.
- 과거부터 현재까지 계속 감소시켰다는 의미로 has reduced처럼 현재 완료 시제를 사용했으며, 타동사 reduced의 목적어는 the number of cars on the ground와 air pollution 두 개다.
- a number of는 '많은'이라는 뜻이고, the number of ~는 '~의 수'라는 뜻이다.

Check Up

▶ Answers p. 199

1 다음 두 문장을 한 문장으로 연결할 때 각 빈칸에 알맞은 단어를 쓰시오.

Seoul is the capital of South Korea. Almost 10 million people live in the capital.
→ Seoul is the capital of South Korea ＿＿＿＿＿ ＿＿＿＿＿ almost 10 million people live.

2 밑줄 친 부분을 어법에 맞게 고치시오.

(1) I watched an old movie titling *Titanic*.
(2) New bridges were building over the river.
(3) Soccer has become popular in the previous century.

❶ **The Green City Center (Ljubljana, Slovenia)**

❷ Ljubljana is the capital of Slovenia in Central Europe where about 300,000 residents

관계 부사(= in which)

live. ❸ Ljubljana translates to "lovely" in the local language, but the city was not always

부분 부정

lovely. ❹ Until two decades ago, the city center suffered from traffic congestion. ❺ Many

families often owned several cars, and over half of the residents drove to work. ❻ The city

= more than

center was crowded, and the air was unclean.

수동태

---

5 Not many people in Ljubljana commuted to work by car. T /Ⓕ
(류블랴나에 있는 많은 사람들이 차로 통근한 것은 아니었다.)

어휘 **resident** 몡 주민, 거주자 **translate** 동 번역되다 **suffer from** ~로 고통 받다 **several** 혱 몇 개의
crowded 혱 붐비는

❶ 녹색의 도심 (류블랴나, 슬로베니아)

❷ 류블랴나는 약 30만 명의 주민이 사는 중앙 유럽 슬로베니아의 수도이다. ❸ 류블랴나는 현지 언어로 "사랑스럽다"라고 번역되지만, 이 도시가 항상 사랑스러운 것은 아니었다. ❹ 20년 전까지 시내는 교통 체증으로 고통을 받았다. ❺ 많은 가족들은 종종 여러 대의 자동차를 소유했고, 주민의 절반 이상이 차를 몰고 출근했다. ❻ 시내는 혼잡하고 공기는 깨끗하지 않았다.

❷ Ljubljana is the capital of Slovenia in Central Europe **where** about 300,000 residents live.
- where는 관계 부사이며 선행사는 장소에 해당하는 the capital of Slovenia이다. 여기서 where는 in which로 대체할 수 있다.

❸ Ljubljana translates to "lovely" in the local language, but the city **was not always lovely**.
- was not always lovely는 부분 부정을 나타낸다. 부분 부정은 '항상 ~한 것은 아니다'라는 의미로, 어떤 일이 항상 그랬던 것은 아니지만 때로는 그랬을 수도 있음을 암시한다. 즉, "도시는 항상 사랑스럽지는 않았다"라는 뜻으로, 언제나 사랑스럽지 않았으나 때때로 또는 현재는 사랑스러울 수 있다는 가능성을 남기는 표현이다.

❹ **Until two decades ago**, the city center **suffered** from traffic congestion.
- '20년 전까지는(Until two decades ago)'이 과거의 특정한 시점을 언급하므로 동사의 시제는 suffered처럼 과거를 사용했다.

❺ Many families often **owned** several cars, and **over half of the residents** drove to work.
- 이 문장에서 own은 '소유하다'는 뜻의 타동사이고, over는 more than으로 대체할 수 있다.
- 부분(half)을 가리키기 위해서는 전체(the residents)가 정해져 있어야 하므로 전체를 나타내는 residents 앞에 정관사 the가 쓰였다.

관계 부사

관계 부사는 두 절을 연결하는 기능을 하며, 선행사의 종류에 따라 where, when, why를 사용한다.

I visited the town **where** I was born. (장소를 나타내는 선행사 + where)
(나는 내가 태어난 동네를 방문했다.)

I remember the day **when** I won first prize in a contest. (시간을 나타내는 선행사 + when)
(나는 내가 대회에서 일등상을 탄 날을 기억한다.)

I know the reason **why** she did not come to school. (선행사 the reason + why)
(나는 그녀가 학교에 오지 않은 이유를 안다.)

부분을 나타내는 표현

one of ~, some of ~, many of ~ 등의 뒤에 정해진 것이 나오면 '정관사 + 복수형 명사' 형태로 쓴다.

One of the students is from England. (학생 중 한 명은 영국 출신이다.)

I know **some of the visitors** to the school. (나는 학교에 온 방문객 중 몇 명을 안다.)

Many of the residents opposed the city's policy. (거주자 중 많은 사람이 도시의 정책에 반대했다.)

Check Up

▶ Answers
p. 199

1 밑줄 친 부분을 어법에 맞게 고치시오.

(1) August is the month <u>why</u> many people go on vacation.

(2) They <u>have left</u> the island two years ago.

(3) Some of <u>residents</u> in the town were unhappy about the policy.

2 각 괄호 안에서 어법상 알맞은 것을 고르시오.

(1) We cannot accurately predict the time (when / where) an earthquake will occur.

(2) We (finish / finished) the team project yesterday.

(3) Two of (students / the students) in my class are sick today.

❶ The city of Ljubljana made some significant changes in 2007 to make the city a better place to live. ❷ All personal cars were prohibited in the city center, which became space for pedestrians and cyclists. ❸ To be more friendly to people and the environment, a bike-share program was started, and bridges were built above the river that runs through the heart of Ljubljana. ❹ To help mobility-impaired people, the elderly, and visitors, electric cars called "Kavalir" were operated free of charge. ❺ They can easily get around the city with these "Gentle Helpers."
❻ Many initially thought the policies were impractical, but now about 95% of the residents appreciate the bold moves. ❼ Today, most people choose to walk or bike to work; the air is cleaner, and people do not suffer from high noise levels anymore. ❽ Thanks to the city's creative ideas, Ljubljana has truly become a more "lovely" city.

해석 ❶ 2007년에 류블랴나 시는 도시를 더 살기 좋은 곳으로 만들기 위해 중요한 변화를 도입했다. ❷ 개인 자동차는 모두 시내에서 금지되었고, 이곳은 보행자와 자전거를 타는 사람들을 위한 공간이 되었다. ❸ 인간과 환경에 더 친화적이 되기 위해 자전거 공유 프로그램이 시작되었고, 류블랴나의 중심을 흐르는 강 위에 다리들이 건설되었다. ❹ 거동이 불편한 사람들, 노인 및 방문객을 돕기 위해 "Kavalir(카발리르)"라 불리는 전기 차가 무료로 운영되었다. ❺ 그들은 이 "친절한 도우미"로 도시를 쉽게 돌아다닐 수 있다. ❻ 많은 사람들이 처음에 이 정책들이 비현실적이라고 생각했지만, 지금은 주민의 약 95%가 이 대담한 정책에 고마워하고 있다. ❼ 오늘날 대부분의 사람들이 출퇴근할 때 걸어 다니거나 자전거를 타고 이동해서, 공기는 더 깨끗하고 사람들은 더 이상 높은 소음으로 고통을 받지 않는다. ❽ 이 도시의 창의적인 아이디어 덕분에 류블랴나는 정말로 더 "사랑스러운" 도시로 거듭났다.

6 When were personal cars prohibited in the city center in Ljubljana? (류블랴나 도심에서 개인 차량이 금지된 것은 언제였나?)
They were prohibited in 2007. (2007년에 금지되었다.)

7 Most residents of Ljubljana are (happy / unhappy) with the changes. (류블랴나의 주민 대부분은 변화에 행복해한다.)

어휘 significant (형) 중대한, 상당한   prohibit (동) 금지하다   pedestrian (명) 보행자   mobility-impaired 거동이 불편한   electric (형) 전기의   free of charge 무료로   get around 돌아다니다   initially (부) 처음에는   policy (명) 정책   impractical (형) 비현실적인, 터무니없는   appreciate (동) 고맙게 여기다, 진가를 인정하다   bold (형) 대담한

❷ All personal cars **were prohibited** in the city center, **which** became **space** for pedestrians and cyclists.

- 자동차는 스스로 금지하는 능력이 없고 사람들에 의해 금지되므로 수동태 were prohibited가 쓰였다.
- which는 계속적 용법의 주격 관계 대명사이고, 선행사는 the city center이다.
- '공간'을 뜻하는 space는 셀 수 없는 명사로 간주되므로 관사 없이 사용되었다.

❹ To help **mobility-impaired** people, **the elderly**, and visitors, electric cars **called** "Kavalir" **were operated** free of charge.

- mobility-impaired는 '보행 능력이 손상된, 거동이 불편한'이라는 뜻이다. the elderly와 같은 '정관사 + 형용사'는 복수 보통 명사의 기능을 하므로 the elderly는 '노인들'이라고 해석한다.
- 주어인 electric cars는 called "Kavalir"에 의해 수식되고 있으며 called 앞에는 that/which are가 생략되어 있다고 볼 수 있다.
- 전기 자동차도 스스로 운행할 능력이 없고 사람들에 의해 운행되므로 were operated처럼 수동태가 쓰였다.

❻ Many initially thought the policies were impractical, but now **about 95% of the residents appreciate** the bold moves.

- about 95% of the residents처럼 '95%'와 같은 비율 표현이 나올 때, 주어의 단수/복수는 of 뒤에 오는 명사에 따라 결정된다. 여기서는 residents(주민들)라는 복수 명사가 있으므로, 복수형 주어에 어울리는 appreciate가 사용되었다.

  cf. About 90% of the land **is** cultivated. (the land는 단수 명사) (그 땅의 약 90%가 경작되고 있다.)

❽ **Thanks to** the city's creative ideas, Ljubljana has truly become a more "lovely" city.

- Thanks to는 '~ 덕분에'라는 뜻이고, 과거에 더 사랑스러운 도시가 되어서 지금도 여전히 사랑스럽다는 의미를 전달하기 위해서 현재 완료 has truly become이 사용되었다.

계속적 용법의 관계 대명사

관계 대명사 which와 who는 계속적 용법으로 쓰일 수 있지만, that은 계속적 용법으로 쓸 수 없다. 계속적 용법의 경우에도 동사의 수는 선행사의 수에 일치시켜야 한다.

I was born in a small town, **which** later became much bigger.
(나는 작은 동네에서 태어났는데, 그곳은 나중에 더 커졌다.)
The writer published a novel, **that** was a best-seller. **(x)**
She has two sons, **who are** both college students.
(그녀는 아들이 둘 있는데, 둘 다 대학생이다.)

과거 · 현재 완료

동작이나 상태가 과거에 끝난 경우에는 동사를 과거 시제로 쓰고, 과거에 시작된 동작이나 상태가 지금까지도 계속되거나 그 영향이 지금까지 지속되는 경우에는 동사를 현재 완료로 쓴다.

The city **became** cleaner. (과거에 깨끗해졌지만, 현재는 그렇지 않을 수 있음)
The city **has become** cleaner. (과거에 깨끗해지기 시작해서 지금도 여전히 깨끗함)

Check Up

▶ Answers
p. 199

1 다음 두 문장을 한 문장으로 바꿀 때 각 빈칸에 알맞은 단어를 쓰시오.

I became healthier in the past. I am still healthier.

→ I _____ _____ healthier.

2 밑줄 친 부분을 어법에 맞게 고치시오.

(1) Now the cable car system <u>operated</u> to ease traffic congestion.
(2) He wrote three books, <u>that</u> have been translated in many languages.
(3) <u>A poor</u> often find it difficult to find a job.

❶ A Lifetime Pass (Murcia, Spain)

❷ Murcia is a big city in the south of Spain with a population of almost half a million
<small>= about</small> <small>백만의 반(50만)</small>

people. ❸ Like many other big cities, Murcia often suffered from traffic congestion during
<small>전치사(~처럼)</small>

rush hours. ❹ Parking within the city was especially difficult, so drivers often had to search
<small>동명사(주어, 단수 취급)</small>

for a spot for a long time when they were in a hurry.
<small>접속사</small>

❺ To ease traffic congestion, the city started its new tram system in 2011. ❻ City

officials wondered, "Will people use greener trams instead of driving cars?" ❼ After careful
<small>동명사</small>

consideration, the city launched a campaign called "Mejor en Tranvía" (Better by Tram).
<small>과거 분사구</small>

❽ When people turned in their cars to the city, they would get a free lifetime pass on the
<small>접속사</small>

tram system. ❾ Many people gave up their cars, and some of them have been put on public
<small>주어 1   동사 1   주어 2(복수형)   동사 2</small>

display to show that parking in the city is very difficult. ❿ The campaign has eased traffic
<small>부사적 용법 접속사</small>

congestion significantly, and this creative idea is making Murcia a "better" city.

해석

❶ 평생 이용권 (무르시아, 스페인)

❷ 무르시아는 인구가 거의 50만 명이나 되는 스페인 남부의 대도시이다. ❸ 다른 많은 대도시와 마찬가지로 무르시아는 종종 혼잡 시간 동안 교통 체증을 겪었다. ❹ 시내 주차는 특히 어려워서 운전자들은 바쁠 때 종종 오랜 시간 동안 주차 공간을 찾아야 했다.

❺ 교통 체증을 완화하기 위해 이 도시는 2011년에 새로운 전차 시스템을 시작했다. ❻ 도시 공무원들은 "사람들이 차를 모는 대신에 더 친환경적인 전차를 이용할까?"라는 의문을 가졌다. ❼ 신중한 고려 끝에 이 도시는 "Mejor en Tranvía"(트램이 더 나아)라는 캠페인을 시작했다. ❽ 사람들은 자신의 차를 시에 반납하면 평생 전차 무료 이용권을 받게 되어 있었다. ❾ 많은 사람들이 자신의 자동차를 포기했고, 그 중 일부는 시내 주차가 매우 어렵다는 사실을 보여주기 위해서 공공 전시가 되어 있다. ❿ 이 캠페인은 교통 체증을 크게 완화시켰으며 이 창의적인 아이디어는 무르시아를 "더 나은" 도시로 만들고 있다.

8 Murcia has a (larger / smaller) population than Ljubljana. (무르시아는 류블랴나보다 인구가 많다.)

9 People in Murcia who turned in their cars to the city receive ___a free lifetime pass on the tram system___ .
(차량을 시에 제출한 무르시아 사람들은 평생 전차 무료 이용권을 받는다.)

Over to you 2 Which of the three cities do you think was the most creative in dealing with traffic congestion, and why?
(교통 혼잡을 다루는 데 가장 창의적인 도시는 셋 중 어디라고 생각하는가? 이유는?)

Sample I would say La Paz was the most creative because the city made the best use of nature.
(자연을 가장 잘 활용했기 때문에, 나는 라파스가 가장 창의적이었다고 하겠다.)

어휘 lifetime ⑲ 평생, 일생   population ⑲ 인구   spot ⑲ 특정 장소   ease ⑧ 완화시키다   tram ⑲ 전차
official ⑲ 공무원, 관리   instead of ~ 대신에   consideration ⑲ 고려, 배려   launch ⑧ 시작하다, 출시하다
turn in 제출하다   display ⑲ 전시 ⑧ 전시하다   significantly ⑨ 크게, 중대하게

구문 해설

❻ City officials wondered, **"Will people use greener trams instead of driving cars?"**
- Will로 시작하는 직접 의문문은 City officials wondered whether people would use ~ cars.처럼 간접 의문문으로 바꾸어 wondered의 목적어 역할을 할 수도 있다.
- instead of는 전치사구이므로 동명사 driving을 썼다.

❼ **After careful consideration**, the city launched a campaign **called** "Mejor en Tranvía" (Better by Tram).
- 전치사구 After careful consideration은 After the city carefully considered things처럼 절로 표현할 수 있다. 이와 같이 after는 전치사, 접속사로 모두 쓰일 수 있다.
- a campaign은 called ~ Tram에 의해 수식을 받고 있으며, called 앞에는 that/which was가 생략되었다고 볼 수 있다.

❾ Many people **gave up their cars**, and some of them **have been put** on public display **to show** that parking in the city is very difficult.
- gave up their cars는 gave their cars up처럼 쓸 수 있다.
- have been put (on public display)는 현재 완료 수동태(have + been + 과거 분사)로 몇몇 자동차가 과거부터 지금까지 공공 전시되어 왔음을 나타낸다.
- to show는 목적의 의미를 나타내는 to 부정사이며, that 이하는 show의 목적어에 해당된다.

❿ The campaign **has eased** traffic congestion significantly, and this creative idea **is making** Murcia a "better" city.
- 한 문장 내에서 두 개의 다른 시제와 사용되었는데, 함축된 시간 차이를 나타내기 위해서 첫째 절에서는 현재 완료, 그리고 둘째 절에서는 현재 진행형이 쓰였다.
- Murcia는 is making의 목적어이며, a "better" city는 목적격 보어이다.

문법 톡톡

직접 의문문 · 간접 의문문

문장의 일부로 직접 의문문을 쓸 수 있으며, 이때에는 인용 부호 안에 포함시킨다. 간접 의문문으로 전환할 때에는 의문사가 있는 경우에는 '의문사 + 주어 + 동사'의 어순으로 쓰고, 의문사가 없는 경우에는 'whether/if + 주어 + 동사'의 어순으로 쓴다. 이때 간접 의문문의 동사는 주절의 시제에 맞추는 것에 유의한다.

She asked, "What will he do?" → She asked **what he would do**.
She asked, "Will he come?" → She asked **whether/if he would come**.

동사 + 부사

turn in, give up과 같은 어구는 목적어의 종류에 따라 어순을 달리 한다. 목적어가 일반 명사인 경우 어구의 끝이나 어구의 사이에 올 수 있지만, 목적어가 대명사인 경우에는 반드시 어구의 사이에 써야 한다.

I **turned in** my report last Friday. I **turned it in** last Friday.
I **turned** my report **in** last Friday. I **turned in** it last Friday. **(x)**

Check Up

▶ Answers p. 199

1 밑줄 친 부분을 어법에 맞게 고치시오.

(1) The temple has been <u>visiting</u> by millions of people.
(2) They know what <u>did he</u>.
(3) The man had a dream but <u>gave up it</u>.

2 각 괄호 안에서 어법상 알맞은 것을 고르시오.

(1) I danced instead of (singing / sing) at the party.
(2) Traffic has (is / been) reduced since a decade ago.
(3) This is an Italian restaurant (knowing / known) for its spaghetti.

GRAPHIC ORGANIZER

1 빈칸에 알맞은 말을 넣어 본문에 소개된 세 도시가 교통 문제를 어떻게 해결하였는지 요약해 봅시다.

	Problem traffic (1) __congestion__ in the city center		
Location	**Reason**	**Solution**	**Effect**
La Paz, Bolivia	- poor city (2) __planning__ - more commuters on the road	a cable car system	- less travel time - fewer cars on the ground - (3) __cleaner__ air
Ljubljana, Slovenia	- more personal cars - many people who (4) __commuted__ by car	a city center without cars	- eco-friendly commuting - less air pollution - less (5) __noise__
Murcia, Spain	- a big population - heavy traffic during rush hours	a new (6) __tram__ system	reduced traffic congestion

noise   planning   congestion   tram   cleaner   commuted

DETAILS

2 본문의 내용과 일치하면 T에, 일치하지 않으면 F에 표시해 봅시다.

(1) The same solution can solve traffic problems in all cities. T (F)

(2) El Alto is higher above sea level than La Paz. (T) F

(3) Ljubljana's policies were welcomed by residents from the beginning. T (F)

(4) Murcia gave benefits to people who turned in their cars (T) F

내가 살고 있는 도시의 교통 문제를 생각해 보고 해결 방법을 찾아봅시다.

GRAPHIC ORGANIZER

문제: 도심에서의 교통 체증

라파스, 볼리비아

원인 - 취약한 도시 계획
   - 도로의 통근자 증가

해결 - 케이블카 시스템

효과 - 통근 시간 감소
   - 지상의 차량 감소
   - 더 깨끗한 공기

류블랴나, 슬로베니아

원인 - 개인용 자동차 증가
   - 자동차로 통근한 다수

해결 - 차 없는 도심

효과 - 환경 친화적 통근
   - 대기 오염 감소
   - 소음 감소

무르시아, 스페인

원인 - 많은 인구
   - 혼잡 시간 동안의 많은 차량

해결 - 새로운 전차 시스템

효과 - 교통 체증의 감소

---

2 DETAILS

(1) 동일한 해결책이 모든 도시의 교통 문제들을 해결할 수 있다. (F)

[해설] 도시마다 상황에 맞는 해결책을 제시하고 있고, 범용적인 해결책이 나오지는 않는다.

(2) 엘알토는 라파스보다 해발 고도가 높다. (T)

(3) 류블랴나의 정책들은 처음부터 주민들로부터 환영을 받았다. (F)

[해설] 교과서 69쪽에 의하면 처음에는 주민들이 비현실적이라고 염려했다.

(4) 무르시아는 자동차를 반납한 사람들에게 혜택을 주었다. (T)

[해설] 차를 반납한 시민들에게 평생 전차 무료 이용권을 주었다.

Check Up

▶ Answers p. 199

■ 다음 괄호 안에서 본문의 내용과 일치하는 것을 고르시오.

1. La Paz began the (construction / operation) of the cable car system in 2014.

2. Thanks to the cable car system, the quality of (air / water) improved.

■ 다음 각 문장이 본문의 내용과 일치하면 T, 일치하지 않으면 F에 동그라미 하시오.

3. Ljubljana means "lovely" in the local language. T / F

4. Ljubljana's city center became space for pedestrians and bike-riders. T / F

5. Murcia started a new cable car system in 2011. T / F

6. Murcia's approach to the problem was successful. T / F

01 In big cities around the world, traffic congestion is a (special / common) problem.

02 There (is / are) too many cars on the road, and the traffic moves very slowly during rush hours.

03 So, people waste a lot of time in traffic, and parking can be an almost (possible / impossible) task for drivers.

04 Also, the slow-moving cars (cause / reduce) air pollution.

05 Unfortunately, there is no one-size-fits-all solution (because / when) one city differs from another in various ways.

06 Every city (need / needs) a creative solution to deal with its unique traffic problems.

07 La Paz, Bolivia, is the highest capital in the world (which / where) sits about 3,600 meters above sea level.

08 It is about 1.8 (time / times) as high as Mt. Halla.

09 The city was poorly planned for decades, and more and more people from its neighboring city, El Alto, commuted to the capital in (which / whom) they worked.

10 The trip along narrow, sloping roads took a (short / long) time.

11 Traffic congestion was a nightmare for many people for (which / whom) regular commute was essential.

12 The city came up with a creative idea: (connected / connecting) the two cities with a cable car line high above the ground.

13 El Alto is higher above sea level (as / than) La Paz, so the idea worked.

14 In 2014, the world's longest cable car system, (knowing / known) as "Mi Teleférico" (My Cable Car), began operations.

15 With many routes and stations, it cuts travel time dramatically, and people commute (with / without) worrying about traffic congestion.

16 The cable car system has reduced the (number / amount) of cars on the ground and air pollution.

17 Ljubljana is the capital of Slovenia in Central Europe (where / which) about 300,000 residents live.

18 Ljubljana (is translated / translates) to "lovely" in the local language, but the city was not always lovely.

19 Until two decades ago, the city center suffered (from / in) traffic congestion.

20 Many families often owned several cars, and over (all / half) of the residents drove to work.

21 The city center was crowded, and the air was (clean / unclean).

22 The city of Ljubljana made some significant changes in 2007 to make the city a better place (to / for) live.

23 All personal cars were prohibited in the city center, (which / where) became space for pedestrians and cyclists.

24 To be more friendly to people and the environment, a bike-share program was started, and bridges were built above the river (where / that) runs through the heart of Ljubljana.

25 To help mobility-impaired people, the elderly, and visitors, electric cars called "Kavalir" (was / were) operated free of charge.

26 They can easily get around the city (with / up) these "Gentle Helpers."

27 Many initially thought the policies were impractical, but now about 95% of the residents (appreciate / appreciates) the bold moves.

28 Today, most people choose to walk or bike to work; the air is cleaner, and people do not suffer from (low / high) noise levels anymore.

29 Thanks to the city's creative ideas, Ljubljana has truly become a (more / less) "lovely" city.

30 Murcia is a big city in the south of Spain (for / with) a population of almost half a million people.

31 (Like / Unlike) many other big cities, Murcia often suffered from traffic congestion during rush hours.

32 Parking within the city was especially difficult, so drivers often had to search for a spot for a long time (where / when) they were in a hurry.

33 To (ease / be eased) traffic congestion, the city started its new tram system in 2011.

34 City officials wondered, "Will people use greener trams instead of (drive / driving) cars?"

35 After careful consideration, the city launched a campaign (calling / called) "Mejor en Tranvía" (Better by Tram).

36 (When / Since) people turned in their cars to the city, they would get a free lifetime pass on the tram system.

37 Many people gave up their cars, and some of them have been put on public display to show (that / which) parking in the city is very difficult.

38 The campaign has eased traffic congestion significantly, and this creative idea is making Murcia a "(better / worse)" city.

▶ Answers p. 199

01 There _____ too many cars on the road, and the traffic moves very slowly during rush hours.

02 Unfortunately, there _____ no one-size-fits-all solution because one city differs from another in various ways.

03 Every city needs a creative solution to deal _____ its unique traffic problems.

04 La Paz, Bolivia, is the highest capital in the world _____ sits about 3,600 meters above sea level.

05 The city was poorly planned for decades, and more and more people from its neighboring city, El Alto, commuted to the capital in _____ they worked.

06 Traffic congestion was a nightmare for many people for _____ regular commute was essential.

07 El Alto is higher above sea level _____ La Paz, so the idea worked.

08 With many routes and stations, it cuts travel time dramatically, and people commute _____ worrying about traffic congestion.

09 Ljubljana is the capital of Slovenia in Central Europe _____ about 300,000 residents live.

10 Ljubljana translates to "_____" in the local language, but the city was not always lovely.

11 Until two decades ago, the city center suffered _____ traffic congestion.

12 The city of Ljubljana made some significant changes in 2007 to make the city a better place _____ live.

13 All personal cars were prohibited in the city center, _____ became space for pedestrians and cyclists.

14 To be more friendly to people and the environment, a bike-share program was started, and bridges were built above the river _____ runs through the heart of Ljubljana.

15 Parking within the city was especially difficult, so drivers often had to search for a spot for a long time _____ they were in a hurry.

16 _____ people turned in their cars to the city, they would get a free lifetime pass on the tram system.

17 Many people gave up their cars, and some of them have been put on public display to show _____ parking in the city is very difficult.

18 The campaign has eased traffic congestion significantly, and this creative idea is making Murcia a "_____" city.

Write & Present — Innovative Community Problem-Solving

STEP 1 STUDY THE MODEL

지역 사회 문제의 해결책을 제안하는 포스터와 안내문을 살펴봅시다.

A Sticker for Thought

Attention! Please do not litter on the storm drain.

하수구는 쓰레기를 원하지 않아요!

Please look at the poster. As you can see, there is a lot of trash on the storm drain. This is a serious problem for two reasons. First, it makes the street look ugly. Secondly, it can cause local flooding when it rains heavily. In order to solve this problem, we have developed a special sticker that can be glued next to the storm drain. We hope that this sticker will make people think twice before littering on the storm drain.

1. 문제점
2. 문제가 심각한 이유
3. 해결책
4. 기대 효과

교과서 72쪽

창의적인 '지역 사회 문제 해결책' 제안하기

지역 사회 문제에 대한 창의적인 해결책을 제안하는 글쓰기 활동으로 지역 사회에 대한 관심을 높이고, 모둠 발표를 통해 협업의 중요성을 인식할 수 있습니다.

STEP 2 BRAINSTORM YOUR IDEAS

여러분이 살고 있는 지역에서 개선해야 할 문제는 무엇이라고 생각하나요? 모둠별로 의논하며 의견을 메모해 봅시다.

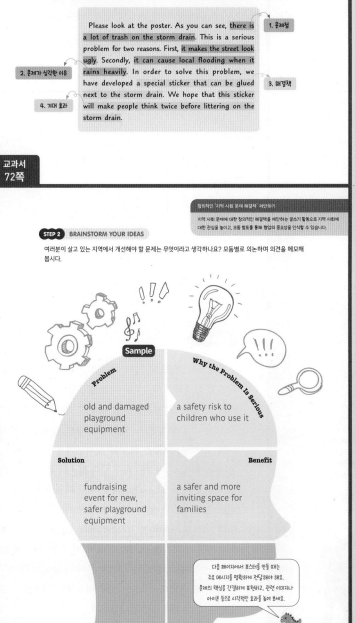

Sample

Problem
old and damaged playground equipment

Why the Problem Is Serious
a safety risk to children who use it

Solution
fundraising event for new, safer playground equipment

Benefit
a safer and more inviting space for families

다음 페이지에서 포스터를 만들 때는 주요 메시지를 명확하게 전달해야 해요. 문제의 핵심을 간결하게 표현하고, 관련 이미지나 아이콘 등으로 시각적인 효과를 높여 보세요.

교과서 73쪽

혁신적인 지역 사회 문제 해결

Step 1 모델 살펴보기

생각해 볼 스티커

주의! 빗물 배수관 위에 쓰레기를 버리지 마시오.

포스터를 보세요. 보시다시피, 빗물 배수관 위에 많은 쓰레기가 있습니다. 이것은 두 가지 이유에서 심각한 문제입니다. 첫째로, 이것은 도로를 지저분하게 보이도록 만듭니다. 둘째로, 이것은 비가 많이 올 때 국지적인 홍수를 야기할 수도 있습니다. 이 문제를 해결하기 위해 우리는 빗물 배수관 옆에 붙일 수 있는 특별한 스티커를 개발했습니다. 우리는 이 스티커가 사람들에게 빗물 배수관에 쓰레기를 버리기 전에 다시 한번 생각해 보도록 만들기를 바랍니다.

Step 2 아이디어 브레인스토밍하기

예시 **놀이터의 낡은 시설 문제**

문제
낡고 파손된 놀이터 기구

문제가 심각한 이유
놀이터 이용하는 아이들의 안전 문제

해결책
새롭고 안전한 놀이터 기구를 위한 기금 모금 행사

기대 효과
가족을 위한 더 안전하고 매력적인 공간

STEP 2에 메모한 것을 이용하여 모둠별로 포스터를 완성하고 포스터를 안내하는 글을 작성해 봅시다.

Please look at the poster. As you can see, the playground equipment is old and damaged. This is a serious problem for two reasons. First, it poses a safety risk to children who use it. Secondly, it discourages families from spending time in the park, which impacts the community's overall well-being. In order to solve this problem, we have organized a fundraising event to gather money for new, safer playground equipment. We hope that this new equipment will create a safer and more inviting space for families, encouraging more outdoor activities and community bonding.

Please look at the poster. As you can see, _____.
This is a serious problem for two reasons. First, _____.
Secondly, _____. In order to
solve this problem, we have developed _____.
We hope that _____.

STEP 4 REVISE AND COMPLETE

여러분의 모둠이 작성한 포스터와 안내문을 검토하고 다른 모둠과 바꾸어 읽으며 한 번 더 점검한 뒤, 글을 완성해 봅시다.

1 문제에 대한 해결책이 창의적인가요?
2 포스터에 알맞은 이미지를 사용했나요?
3 문장의 형식에 맞춰 썼나요? 다음 사항들을 확인해 봅시다.
  □ 철자 □ 대·소문자 □ 문장 부호 □ 어법

교과서
74쪽

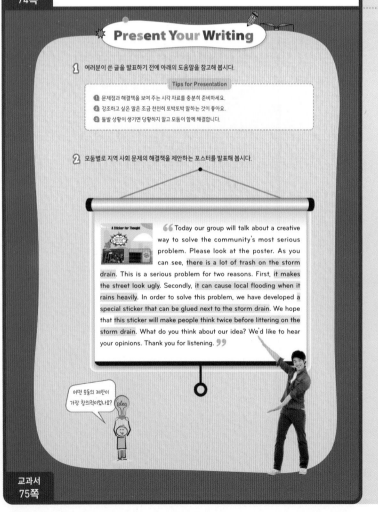

Present Your Writing

1 여러분이 쓴 글을 발표하기 전에 아래의 도움말을 참고해 봅시다.

Tips for Presentation

1 문제점과 해결책을 보여 주는 시각 자료를 충분히 준비하세요.
2 강조하고 싶은 말은 조금 천천히 또박또박 말하는 것이 좋아요.
3 돌발 상황이 생기면 당황하지 말고 모둠이 함께 해결합니다.

2 모둠별로 지역 사회 문제의 해결책을 제안하는 포스터를 발표해 봅시다.

"Today our group will talk about a creative way to solve the community's most serious problem. Please look at the poster. As you can see, there is a lot of trash on the storm drain. This is a serious problem for two reasons. First, it makes the street look ugly. Secondly, it can cause local flooding when it rains heavily. In order to solve this problem, we have developed a special sticker that can be glued next to the storm drain. We hope that this sticker will make people think twice before littering on the storm drain. What do you think about our idea? We'd like to hear your opinions. Thank you for listening."

어떤 모둠의 제안이 가장 창의적이었나요?

교과서
75쪽

예시 해석

포스터를 보세요. 보시다시피, 놀이터 기구가 낡고 파손되어 있습니다. 이 문제는 두 가지 이유로 심각합니다. 첫째, 이는 놀이터를 이용하는 아이들에게 안전상의 위험을 초래합니다. 둘째, 이는 가족들이 공원에서 시간을 보내는 것을 막아, 지역 사회의 전반적인 복지에 영향을 미칩니다. 이 문제를 해결하기 위해 우리는 새롭고 더 안전한 놀이터 기구를 위한 기금을 모으려고 모금 행사를 만들었습니다. 우리는 이 새로운 기구가 더 안전하고 가족들에게 더 매력적인 공간을 만들어 야외 활동 및 지역 사회 유대를 증진시킬 수 있기를 바랍니다.

발표하기

오늘 우리 모둠은 지역 사회의 가장 심각한 문제를 해결할 창의적인 해결책에 대해 발표할 것입니다. 포스터를 보세요. 보다시피, 빗물 배수관 위에 많은 쓰레기가 있습니다. 이것은 두 가지 이유에서 심각한 문제입니다. 첫째로, 이것은 도로를 지저분하게 보이도록 만듭니다. 둘째로, 이것은 비가 많이 올 때 국지적인 범람을 야기할 수도 있습니다. 이 문제를 해결하기 위해 우리는 빗물 배수관 옆에 붙일 수 있는 특별한 스티커를 개발했습니다. 우리는 이 스티커가 사람들에게 빗물 배수관에 쓰레기를 버리기 전에 다시 한번 생각해 보도록 만들기를 바랍니다. 여러분은 우리 모둠의 아이디어에 대해 어떻게 생각하나요? 여러분의 의견을 듣고 싶습니다. 들어주셔서 감사합니다.

Teen Vibes

Fun Time — Clever Solutions to Traffic Problems

교통 문제 해결을 위해 실제 쓰이고 있는 방안들을 읽고, 창의적이라고 생각하는 순서대로 번호를 써 봅시다.

Thanks to the eye stickers on the back of a truck, you can stay awake and safe on the road. ☐

When you see the painted notes and hear music, slow down and watch out for pedestrians. ☐

The yellow paint keeps little children from danger on the road. ☐

If you follow the same color, you will not lose your way. ☐

교과서 76쪽

영리한 교통 문제 해결책

대형 차량 뒤의 눈동자 모양 스티커
트럭 뒤에 있는 눈 모양의 스티커 덕분에 여러분은 도로에서 깨어서 안전하게 있을 수 있습니다.

도로 위 음표
그려진 음표가 보이고 음악이 들리면 속도를 늦추고 보행자들이 있나 살펴보십시오.

노란색 횡단보도
노란색 페인트는 도로에서 어린이들을 위험으로부터 보호합니다.

도로 위 초록 선과 분홍 선
동일한 색깔을 따라간다면 여러분은 길을 놓치지 않을 것입니다.

Project Time — Creative Ways to Use Things

STEP 1 모둠별로 아래 물건 중 두 개를 고르고, 해당 물건의 수명이 다했을 때 어떤 용도로 재사용할 수 있을지 논의해 봅시다.

 a toothbrush
 a plastic water bottle
 sneakers
 a T-shirt

We can use it[them] to ....

use as a paintbrush

clean a bathroom

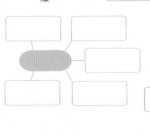

STEP 2 모둠별로 결과를 발표하고 가장 창의적인 아이디어를 선정해 봅시다.

교과서 77쪽

물건을 사용하는 창의적인 방법

예시

칫솔
- We can use a toothbrush as a paintbrush. (우리는 칫솔을 그림 붓으로 사용할 수 있다.)
- We can also use a toothbrush to clean a bathroom. (우리는 칫솔을 화장실을 청소하기 위해서도 쓸 수 있다.)

플라스틱 물병
- We can use a plastic water bottle as a pillow. (우리는 플라스틱 물병을 베개로 사용할 수 있다.)

운동화
- We can use sneakers as slippers by cutting them properly. (우리는 운동화를 적절하게 잘라서 슬리퍼로 쓸 수 있다.)

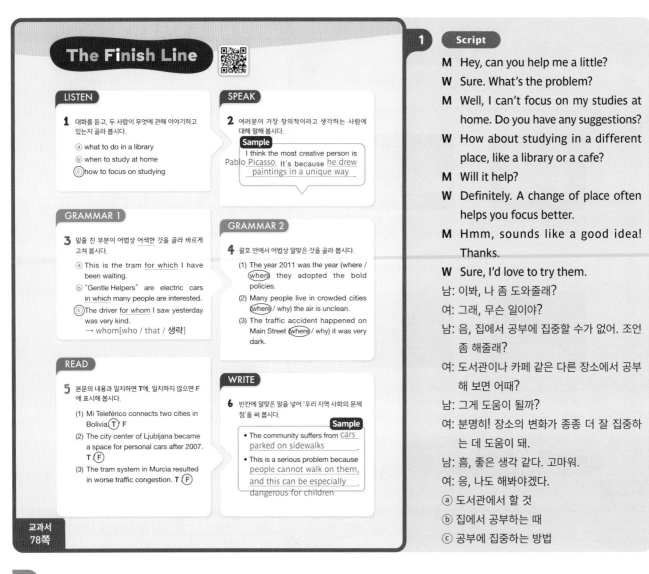

The Finish Line

LISTEN

1 대화를 듣고, 두 사람이 무엇에 관해 이야기하고 있는지 골라 봅시다.

ⓐ what to do in a library
ⓑ when to study at home
ⓒ how to focus on studying

GRAMMAR 1

3 밑줄 친 부분이 어법상 어색한 것을 골라 바르게 고쳐 봅시다.

ⓐ This is the tram for which I have been waiting.
ⓑ "Gentle Helpers" are electric cars in which many people are interested.
ⓒ The driver for whom I saw yesterday was very kind.
→ whom[who / that / 생략]

READ

5 본문의 내용과 일치하면 T에, 일치하지 않으면 F에 표시해 봅시다.

(1) Mi Teleférico connects two cities in Bolivia. (T) F
(2) The city center of Ljubljana became a space for personal cars after 2007. T (F)
(3) The tram system in Murcia resulted in worse traffic congestion. T (F)

SPEAK

2 여러분이 가장 창의적이라고 생각하는 사람에 대해 말해 봅시다.

Sample
I think the most creative person is Pablo Picasso. It's because he drew paintings in a unique way

GRAMMAR 2

4 괄호 안에서 어법상 알맞은 것을 골라 봅시다.

(1) The year 2011 was the year (where / (when)) they adopted the bold policies.
(2) Many people live in crowded cities ((where) / why) the air is unclean.
(3) The traffic accident happened on Main Street ((where) / why) it was very dark.

WRITE

6 빈칸에 알맞은 말을 넣어 '우리 지역 사회의 문제점'을 써 봅시다.

Sample
- The community suffers from cars parked on sidewalks
- This is a serious problem because people cannot walk on them, and this can be especially dangerous for children

교과서 78쪽

---

1 **Script**

M Hey, can you help me a little?
W Sure. What's the problem?
M Well, I can't focus on my studies at home. Do you have any suggestions?
W How about studying in a different place, like a library or a cafe?
M Will it help?
W Definitely. A change of place often helps you focus better.
M Hmm, sounds like a good idea! Thanks.
W Sure, I'd love to try them.

남: 이봐, 나 좀 도와줄래?
여: 그래, 무슨 일이야?
남: 음, 집에서 공부에 집중할 수가 없어. 조언 좀 해줄래?
여: 도서관이나 카페 같은 다른 장소에서 공부해 보면 어때?
남: 그게 도움이 될까?
여: 분명히! 장소의 변화가 종종 더 잘 집중하는 데 도움이 돼.
남: 흠, 좋은 생각 같다. 고마워.
여: 응, 나도 해봐야겠다.

ⓐ 도서관에서 할 것
ⓑ 집에서 공부하는 때
ⓒ 공부에 집중하는 방법

2 나는 가장 창의적인 사람이 파블로 피카소라고 생각해. 그는 독특한 방식으로 그림을 그렸기 때문이야.

3 ⓐ 이것이 내가 기다리고 있던 트램이다.

ⓑ '젠틀 헬퍼'는 많은 사람들이 관심을 갖고 있는 전기 차이다.

ⓒ 내가 어제 본 운전자는 매우 친절했다.

[해설] The driver를 선행사로 하는 문장으로, The driver was very kind.와 I saw the driver yesterday.를 묶어 다음과 같이 한 문장으로 쓸 수 있다.

The driver whom I saw yesterday was very kind. = The driver who I saw yesterday was very kind.

= The driver that I saw yesterday was very kind. = The driver I saw yesterday was very kind.

4 (1) 2011년은 그들이 대담한 정책을 채택한 해였다. (때를 나타내는 관계 부사)

(2) 많은 사람들이 공기가 지저분한 붐비는 도시에 산다. (장소를 나타내는 관계 부사)

(3) 교통 사고는 매우 어두운 메인 스트리트에서 발생했다. (장소를 나타내는 관계 부사)

5 (1) 미 텔레페리코는 볼리비아의 두 도시를 연결한다. (T)

(2) 류블랴나의 도심은 2007년 이후 개인 차량을 위한 공간이 되었다. (F → 보행자와 자전거 이용자를 위한 공간이 됨)

(3) 무르시아의 전차 시스템은 교통 체증의 악화를 초래했다. (F → 교통 체증 해소에 도움이 됨)

6 • The community suffers from cars parked on sideways.
(지역 사회는 옆으로 주차된 차량으로 인해 어려움을 겪고 있다.)

• This is a serious problem because people cannot walk on them, and this can be especially dangerous for children.
(사람들이 걸을 수 없기 때문에 심각한 문제이며, 특히 어린이에게 위험할 수 있다.)

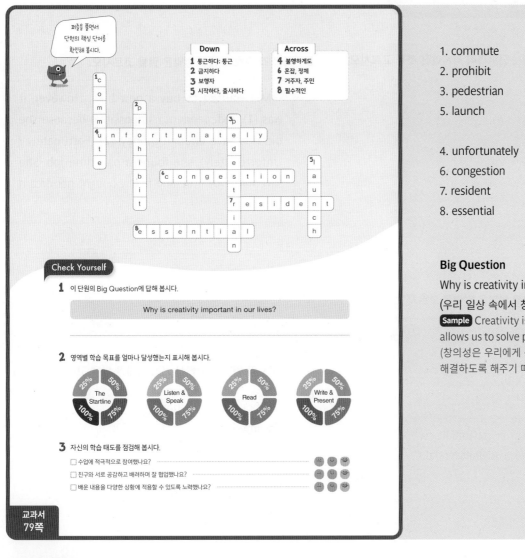

Down
1 통근하다; 통근
2 금지하다
3 보행자
5 시작하다, 출시하다

Across
4 불행하게도
6 혼잡, 정체
7 거주자, 주민
8 필수적인

퍼즐을 풀면서 단원의 핵심 단어를 확인해 봅시다.

1. commute
2. prohibit
3. pedestrian
5. launch

4. unfortunately
6. congestion
7. resident
8. essential

Big Question

Why is creativity important in our lives?
(우리 일상 속에서 창의력은 왜 중요한가?)
Sample Creativity is important because it allows us to solve problems in new ways.
(창의성은 우리에게 문제들을 새로운 방식으로 해결하도록 해주기 때문에 중요하다.)

Check Yourself

1 이 단원의 Big Question에 답해 봅시다.

> Why is creativity important in our lives?

2 영역별 학습 목표를 얼마나 달성했는지 표시해 봅시다.

- The Startline
- Listen & Speak
- Read
- Write & Present

3 자신의 학습 태도를 점검해 봅시다.

- ☐ 수업에 적극적으로 참여했나요? ······
- ☐ 친구와 서로 공감하고 배려하며 잘 협업했나요? ······
- ☐ 배운 내용을 다양한 상황에 적용할 수 있도록 노력했나요? ······

교과서 79쪽

Check Up ▶Answers p. 199

■ 다음 빈칸에 알맞은 단어를 위 퍼즐에서 찾아 쓰시오.

1. To spark creativity, a change of scenery during your daily _____ can help refresh your mind.
   (창의력을 자극하기 위해, 매일 출퇴근하는 동안 풍경을 바꾸는 것이 마음을 새롭게 해주는 데 도움이 될 수 있다.)

2. Too much _____ on your way to school can prevent your creative thoughts.
   (등교길의 너무 많은 혼잡은 때때로 창의적인 생각을 막을 수 있다.)

3. Taking time to relax is _____ for nurturing your creativity.
   (창의력을 키우기 위해서는 휴식을 취하는 것이 필수적이다.)

4. After weeks of planning, she was ready to _____ her creative project.
   (몇 주간의 계획 끝에 그녀는 자신의 창의적인 프로젝트를 시작할 준비가 되었다.)

5. A _____ was waiting for the light to change.
   (보행자가 불이 바뀌기를 기다리고 있었다.)

6. Some rules might _____ risky ideas, but true creativity often thrives in freedom.
   (일부 규칙은 위험한 아이디어를 금지할 수 있지만, 진정한 창의력은 종종 자유 속에서 자란다.)

7. As a _____ of the city, she found inspiration in the everyday life around her.
   (도시의 주민으로서, 그녀는 주변의 일상적인 삶에서 영감을 얻었다.)

8. _____, not every creative idea is immediately accepted by others.
   (불행히도, 모든 창의적인 아이디어가 즉시 다른 사람들에게 받아들여지는 것은 아니다.)

1 다음 중 사람을 나타내는 단어끼리 짝지어진 것을 고르시오.

① pollution, policy
② pedestrian, resident
③ capital, crowd
④ spot, official
⑤ nightmare, citizen

2 다음 두 빈칸에 공통으로 알맞은 단어를 고르시오.

> • Traffic congestion is a(n) _____ problem in big cities.
> • Today dogs are a(n) _____ pet in many homes.

① various
② initial
③ common
④ essential
⑤ official

[3-4] 다음 우리말과 같은 뜻이 되도록 주어진 상자에서 알맞은 단어를 골라 문장을 완성하시오.

> come   suffer   commute
> take   compare

3 The capital will _____ from serious air pollution.
(수도는 심각한 대기 오염을 겪을 것이다.)

4 The mayor has to _____ up with a good idea.
(시장은 좋은 아이디어를 내놓아야 한다.)

5 다음 각 괄호 안에서 알맞은 말을 고르시오.

> Mia wanted to buy a new bike. However, it was (1) (independent / impossible) because she did not have enough money. (2) (Fortunately / Unfortunately), she found a part-time job. She saved little by little and finally bought her dream bike.

(1) _____

(2) _____

[6-7] 다음 각 빈칸에 어법상 가장 적절한 말을 고르시오.

6
> The boy joined a school club _____ he was interested.

① for whom
② in whom
③ in which
④ for which
⑤ on which

7
> The park has a lot of visitors on the weekend _____ there are exciting events.

① which
② who
③ why
④ where
⑤ when

8 다음 밑줄 친 ⓐ, ⓑ를 어법에 맞게 고치시오.

> In the year ⓐ where my father moved here, he met an old friend ⓑ on which he depended as a high school student.

ⓐ _____

ⓑ _____

[9-10] 다음 대화를 읽고, 물음에 답하시오.

W: Hey, Mike, do you have any gift ideas?

M: What do you need a gift for, Sujin?

W: It's my grandmother's birthday next week. Do you have any suggestions?

M: How about a pet umbrella? I remember she has a dog, right?

W: Yes, she does. _____

M: Definitely! It'll keep her dog dry on rainy days.

W: That's a great idea. I'll order one online.

9 위 대화의 빈칸에 들어갈 말로 가장 적절한 것은?

① What do you think about that?

② I don't think she'd love that.

③ Why do you recommend that?

④ Do you think she'd like that?

⑤ I don't know if she has one.

10 다음 중 위 대화의 내용과 일치하는 것은?

① 남자는 선물을 고르고 있다.

② 여자의 생일은 이번 주에 있다.

③ 남자는 애완동물을 키운다.

④ 여자는 남자에게 애완동물을 선물한다.

⑤ 여자는 할머니께 선물하고 싶어 한다.

11 다음 주어진 말을 배열하여 대화를 완성하시오.

_____ What makes you say that?

_____ Well, I love to take risks and explore an unknown world.

_____ I think I'm an adventurer.

_____ What kind of creative person are you?

[12-13] 다음 대화를 읽고, 물음에 답하시오.

Do you want to be creative? Here are three easy tips to help you become more creative in your everyday life. First, try new things and don't be afraid to take chances. ① Trying new hobbies or activities can help you find new ways of thinking and doing things. ② Second, keep an open mind. ③ You can get new ideas from nature, books, music, and art. ④ Keep in mind that beauty can help you find new ideas. ⑤ Finally, work with others. It can help you see things from different points of view. If you follow these tips, you may become very _____ like Einstein.

12 윗글의 흐름으로 보아 불필요한 문장은?

①   ②   ③   ④   ⑤

13 빈칸에 알맞은 단어를 윗글에서 찾아 쓰시오.

_____

[14-15] 다음 글을 읽고, 물음에 답하시오.

In big cities around the world, traffic congestion is a common problem. (①) There are too many cars on the road, and the traffic moves very slowly during rush hours. (②) So, people waste a lot of time in traffic, and parking can be an almost impossible task for drivers. (③) Unfortunately, there is no one-size-fits-all solution because one city differs from another in various ways. (④) Every city needs a creative solution to deal with its unique traffic problems. (⑤)

14 윗글의 요지가 되도록 아래 빈칸 ⓐ, ⓑ에 알맞은 단어를 윗글에서 찾아 쓰시오.

Traffic ___ⓐ___ causes serious problems, so each city needs a unique ___ⓑ___.

ⓐ _____

ⓑ _____

15 윗글의 ①~⑤ 중 다음 문장이 들어가기에 가장 적절한 곳은?

> Also, the slow-moving cars cause air pollution.

①   ②   ③   ④   ⑤

[16-18] 다음 글을 읽고, 물음에 답하시오.

La Paz, Bolivia, is the highest capital in the world which sits about 3,600 meters above sea level. It is about 1.8 times as high as Mt. Halla. The city was poorly planned for decades, and more and more people from its neighboring city, El Alto, commuted to 그들이 일하는 수도. The trip along narrow, sloping roads took a long time. Traffic congestion was a nightmare for many people for whom regular commute was essential.

The city came up with a creative idea: connecting the two cities with a cable car line high above the ground. El Alto is higher above sea level than La Paz, so the idea worked. In 2014, the world's longest cable car system, known as "Mi Teleférico" (My Cable Car), began operations. With many routes and stations, it cuts travel time dramatically, and people commute without worrying about traffic congestion. The cable car system has reduced the number of cars on the ground and air pollution.

16 다음 중 윗글의 제목으로 가장 적절한 것은?

① Mi Teleférico: A Solution for La Paz
② Benefits of Cable Cars in Big Cities
③ Comfortable Commuting in Bolivia
④ El Alto: A City Without Traffic Issues
⑤ La Paz: The Highest Capital in the World

17 다음 단어들을 바르게 배열하여 윗글의 밑줄 친 우리말을 영어로 쓰시오.

> worked / they / which / the / in / capital

_____

18 다음 중 윗글의 내용과 일치하지 않는 것은?

① El Alto에는 수도로 통근하는 사람들이 늘었다.
② 수도는 El Alto보다 해발 고도가 더 높다.
③ 케이블카는 2014년에 처음 운행되었다.
④ 케이블카는 여러 노선으로 운영되고 있다.
⑤ 케이블카 덕분에 La Paz의 교통 체증이 개선되었다.

[19-23] 다음 글을 읽고, 물음에 답하시오.

Ljubljana is the capital of Slovenia in Central Europe where about 300,000 ① residents live. Ljubljana translates to "lovely" in the local language, but the city was not always lovely. Until two ② decades ago, the city center suffered from traffic congestion. Many families often owned several cars, and over half of the residents drove to work. The city center was crowded, and the air was unclean.

The city of Ljubljana made some ③ significant changes in 2007 to make the city a better place to live. All personal cars were prohibited in the city center, which became space for pedestrians and cyclists. To be more friendly to people and the environment, a bike-share program was started, and bridges were built above the river that runs through the ④ heart of Ljubljana. To help mobility-impaired people, the elderly, and visitors, electric cars called "Kavalir" were operated free of charge. They can easily get around the city with these "Gentle Helpers." Many initially thought the policies were impractical, but now about 95% of the residents ⑤ appreciate the bold moves. Today, most people choose to walk or bike to work; the air is cleaner, and people do not suffer from high noise levels anymore. _____ the city's creative ideas, Ljubljana has truly become a more "lovely" city.

19 다음 Ljubljana에 관한 내용 중 윗글의 첫째 단락에 언급되지 않은 것은?

① 도시의 위치   ② 도시 이름의 의미
③ 주민의 수   ④ 교통 체증의 이유
⑤ 자동차의 수

20 다음 중 윗글의 둘째 단락의 제목으로 가장 적절한 것은?

① Ljubljana's Journey to a Better City
② Ljubljana's City Center for Pedestrians
③ Ljubljana's Creative Ideas for the Elderly
④ Residents for a Greener Ljubljana
⑤ Urban Planning in the City of Ljubljana

21 Ljubljana에 관한 다음 설명 중 윗글의 둘째 단락의 내용과 일치하지 않는 것은?

① 2007년에 큰 변화를 시도하였다.
② 도심에는 개인 차량 통행이 금지되었다.
③ 새로운 교량들이 건설되었다.
④ 처음부터 시 정책은 크게 환영받았다.
⑤ 과거보다 더 나은 도시로 변모하였다.

22 다음 중 윗글의 둘째 단락의 빈칸에 들어갈 말로 적절한 것은?

① In spite of   ② Thanks to
③ In addition to   ④ Apart from
⑤ Prior to

23 다음 중 윗글의 밑줄 친 단어의 영영 풀이가 어색한 것은?

① people who live in a certain area
② a period of ten years
③ important or meaningful
④ an organ pumping blood around the body
⑤ feel thankful for something that has been done

[24-25] 다음 글을 읽고, 물음에 답하시오.

① To ease traffic congestion, the city of Murcia started its new tram system in 2011. City officials wondered, "Will people use greener trams ② instead of driving cars?" After careful consideration, the city launched ③ a campaign calling "Mejor en Tranvía" (Better by Tram). When people turned in their cars to the city, they would get a free lifetime pass on the tram system. Many people gave up their cars, and some of them have been put on public display ④ to show that parking in the city is very difficult. The campaign has eased traffic congestion significantly, and this creative idea ⑤ is making Murcia a "better" city.

24 윗글의 요약이 되도록 아래 빈칸에 알맞은 단어를 윗글에서 찾아 쓰시오.

Traffic congestion in Murcia is less serious thanks to the city's new tram system and a creative _____ to reduce car use.

25 윗글의 밑줄 친 ①~⑤ 중 어법상 틀린 것은?

①   ②   ③   ④   ⑤ .

1 다음 중 장소를 나타내는 단어를 고르시오.

① commuter   ② nightmare
③ capital   ④ congestion
⑤ pedestrian

2 다음 두 빈칸에 공통으로 알맞은 단어를 고르시오.

> • She decided to _____ her blog to share her travel experiences.
> • The company wants to _____ a new product next month.

① connect   ② launch
③ reduce   ④ prohibit
⑤ appreciate

[3-4] 다음 우리말과 같은 뜻이 되도록 주어진 상자에서 알맞은 단어를 골라 문장을 완성하시오.

> translate   deal   reduce
> differ   come

3 We have to _____ with the serious problem.
(우리는 그 심각한 문제를 다루어야 한다.)

4 The two cities _____ from each other in climate.
(그 두 도시는 기후에 있어서 서로 다르다.)

5 다음 각 괄호 안에서 알맞은 말을 고르시오.

> Tom was (1) (happy / unhappy) about his math grade. So, he asked Mia for help. He became (2) (dependent / independent) on her for a while. Thanks to her help, he was able to get a better grade soon.

(1) _____

(2) _____

[6-7] 다음 각 빈칸에 어법상 가장 적절한 말을 고르시오.

6

> The girl will meet the writer _____ she has heard a lot.

① about whom   ② for whom
③ in which   ④ about which
⑤ on which

7

> The Korean War broke out in the year _____ my grandfather was born.

① which   ② who
③ why   ④ where
⑤ when

8 다음 각 밑줄 친 ⓐ, ⓑ를 어법에 맞게 고치시오.

> In the garden ⓐ when beautiful flowers grow, you will find the treasure ⓑ for whom you have been looking.

ⓐ _____

ⓑ _____

[9-10] 다음 대화를 읽고, 물음에 답하시오.

M: Hey, Vicky, come over here. Why don't you take this online survey?

W: A survey? What kind of survey is it, David?

M: It's a survey that helps you find out what kind of creative person you are.

W: Oh, that sounds interesting. But, can we trust the results?

M: Yes, I think the survey gives accurate results.

W: All right then, what kind of creative person are you?

M: _____ I see beauty in nature and express my emotions through painting.

W: That's fantastic! I think I should give it a try. Where's the "start" button on the screen?

9 다음 중 위 대화의 빈칸에 들어갈 말로 가장 적절한 것은?

① An artist designed the survey.

② The survey says I'm an artist.

③ The survey seems to be accurate.

④ Of course, I trust the survey.

⑤ I don't know if I'm creative.

10 다음 중 위 대화에서 여자의 심경으로 가장 적절한 것은?

① disappointed   ② nervous

③ sad   ④ curious

⑤ pleased

11 다음 주어진 말을 배열하여 대화를 완성하시오.

M: Hey, what's up?

W: Hi, I'm shopping online for a gift for my aunt.

_____ I can't decide. Do you have any suggestions?

_____ What about pizza scissors?

_____ Really? Let me take a look. Wow, this site has a lot of creative items.

_____ That'll be great. She can cut and serve pizza easily with them.

[12-13] 다음 글을 읽고, 물음에 답하시오.

Do you want to be creative? Here are three easy tips to help you become more creative in your everyday life. (①) First, try new things and don't be afraid to take chances. (②) Trying new hobbies or activities can help you find new ways of thinking and doing things. (③) Second, keep an open mind. (④) You can get new ideas from nature, books, music, and art. Finally, work with others. (⑤) If you follow these tips, you may 아인슈타인처럼 매우 창의적이게 될 것이다.

12 윗글의 ①~⑤ 중 주어진 문장이 들어가기에 가장 적절한 곳은?

It can help you see things from different points of view.

①   ②   ③   ④   ⑤

13 주어진 단어를 바르게 배열하여 윗글의 밑줄 친 우리말을 영어로 쓰시오.

Einstein / become / very / like / creative

_____

[14-15] 다음 글을 읽고, 물음에 답하시오.

In big cities around the world, traffic congestion is a common problem. There are too many cars on the road, and the traffic moves very slowly during rush hours. ① So, people waste a lot of time in traffic, and parking can be an almost impossible task for drivers. ② Also, the slow-moving cars cause air pollution. ③ Unfortunately, there is no one-size-fits-all solution because one city differs from another in various ways. ④ Traffic congestion also has negative impact on the environment. ⑤ Every city needs a creative solution to deal with its unique traffic problems.

14 다음 중 윗글에 근거하여 답할 수 <u>없는</u> 질문은?

① Where is traffic congestion a problem?

② What does traffic congestion mean?

③ Why is traffic congestion a serious problem?

④ How does traffic congestion affect air quality in big cities?

⑤ Why is a universal solution to traffic congestion necessary?

15 윗글의 ①~⑤ 중 글의 흐름으로 보아 불필요한 문장은?

①　　　　②　　　　③　　　　④　　　　⑤

[16-19] 다음 글을 읽고, 물음에 답하시오.

　　La Paz, Bolivia, is the highest capital in the world ① <u>which sits</u> about 3,600 meters above sea level. It is about 1.8 times ② <u>so high as</u> Mt. Halla. The city was ③ <u>poorly planned</u> for decades, and more and more people from its neighboring city, El Alto, commuted to the capital ④ <u>in which</u> they worked. The trip along narrow, sloping roads took a long time. Traffic congestion was a nightmare for many people ⑤ <u>for whom</u> regular commute was essential.

　　The city came up with a creative idea: connecting the two cities with a cable car line high above the ground. El Alto is higher above sea level than La Paz, so <u>the idea</u> worked. In 2014, the world's longest cable car system, ⓐ <u>know</u> as "Mi Teleférico" (My Cable Car), began operations. With many routes and stations, it cuts travel time ⓑ <u>dramatic</u>, and people commute without worrying about traffic congestion. The cable car system has reduced the number of cars on the ground and air pollution.

16 윗글의 요지가 되도록 아래 빈칸 ⓐ, ⓑ에 알맞은 말을 윗글에서 찾아 쓰시오. (각각 두 단어로 쓸 것)

> The problem of ⓐ _____ in La Paz was creatively solved with the help the city's ⓑ _____ system.

ⓐ _____ _____

ⓑ _____ _____

17 윗글의 첫째 단락의 밑줄 친 ①~⑤ 중 어법상 <u>틀린</u> 것은?

①　　　　②　　　　③　　　　④　　　　⑤

18 윗글의 둘째 단락의 밑줄 친 **the idea**가 구체적으로 뜻하는 바를 6자 내외의 우리말로 쓰시오.

_____

_____

19 윗글의 둘째 단락의 밑줄 친 ⓐ와 ⓑ의 적절한 어형을 쓰시오.

ⓐ _____

ⓑ _____

[20-22] 다음 글을 읽고, 물음에 답하시오.

The city of Ljubljana made some ① significant changes in 2007 to make the city a better place to live. All personal cars were prohibited in the city center, which became space for ② pedestrians and cyclists. To be more friendly to people and the environment, a bike-share program was started, and bridges were built above the river that runs through the heart of Ljubljana. To help ③ mobility-impaired people, the elderly, and visitors, electric cars called "Kavalir" were operated free of charge. They can ④ hardly get around the city with these "Gentle Helpers." Many initially thought the policies were impractical, but now about 95% of the residents _____. Today, most people choose to walk or bike to work; the air is cleaner, and people do not suffer from high noise levels anymore. Thanks to the city's creative ideas, Ljubljana has ⑤ truly become a more "lovely" city.

20 Ljubljana에 관한 설명 중 윗글의 내용과 일치하는 것은?

① 시 중심가에서 개인 차량 운행을 금지했다.
② 시 전역에 자전거 전용 도로를 확충했다.
③ 시 외곽에 새로운 교량들을 건설했다.
④ 교통 약자를 위한 저렴한 서비스를 제공했다.
⑤ 대중교통 이용자 수를 크게 늘렸다.

21 윗글의 밑줄 친 ①~⑤ 중 글의 흐름으로 보아 어색한 것은?

①   ②   ③   ④   ⑤

22 다음 중 윗글의 빈칸에 들어갈 말로 가장 적절한 것은?

① appreciate the bold moves
② oppose the big changes
③ welcome the traditional approaches
④ love their beautiful nature
⑤ want more bike lanes and bridges

[23-25] 다음 글을 읽고, 물음에 답하시오.

Murcia is a big city in the south of Spain with a population of almost half a million people. Like many other big cities, Murcia often suffered from traffic congestion during rush hours. Parking within the city was _____, so drivers often had to search for a spot for a long time when they were in a hurry.

To ease traffic congestion, the city started its new tram system in 2011. (①) City officials wondered, "Will people use greener trams instead of driving cars?" (②) When people turned in their cars to the city, they would get a free lifetime pass on the tram system. (③) Many people gave up their cars, and some of them have been put on public display to show that parking in the city is very difficult. (④) The campaign has eased traffic congestion significantly, and this creative idea is making Murcia a "better" city. (⑤)

23 다음 중 윗글의 제목으로 가장 적절한 것은?

① Murcia's Creative Way to Reduce Traffic Congestion
② Effects of a Tram System on Murcia's Environment
③ How to Ease Traffic Congestion During Rush Hours
④ Benefits of a Lifetime Pass for Commuters
⑤ Murcia: The Greenest City in Spain

24 다음 중 윗글의 빈칸에 들어갈 말로 가장 적절한 것은?

① completely prohibited
② very convenient
③ especially difficult
④ surprisingly easy
⑤ extremely well-planned

25 윗글의 ①~⑤ 중 다음 문장이 들어가기에 알맞은 곳은?

After careful consideration, the city launched a campaign called "Mejor en Tranvía" (Better by Tram).

①   ②   ③   ④   ⑤

Lesson 4

Shaping the Future with Technology

기술로 미래를 만들어 가기

Big Question

How can technology enrich our lives?

기술이 어떻게 우리의 삶을 풍요롭게
할 수 있나요?

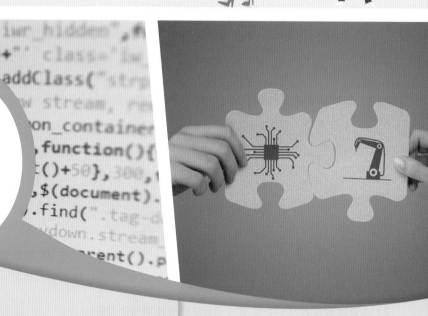

The Startline

Imagining the Future:
Then and Now
미래 상상하기: 그때와 지금

Listen & Speak

- **Technology from the
  Future** 미래로부터의 기술
  Ⓕ 놀람 표현하기

- **AI-Based Devices**
  Ⓕ 희망 · 기대 표현하기
  AI 기반의 도구들

Read

AI to the Rescue
구조에 나선 AI
Ⓥ 다의어

Ⓖ 현재 분사 · 과거 분사 / 분사의 위치

Write & Present

Create Your Own
Application
자신만의 앱 만들기

Teen Vibes

- AI Comics: Drawing with Technology   Fun Time
  AI 만화: 기술을 이용해 그리기
- Teens' Lives in the Future   Project Time
  미래의 십대들의 삶

The Startline
Imagining the Future: Then and Now

GET READY

과거의 사람들이 생각한 미래 모습을 살펴보고 이미 실현된 것과 아직 실현되지 않은 것을 찾아봅시다.

실현됨
I can talk on the phone while seeing your face!

The Knowledge from these books will flow into your mind.

We can walk on the surface of the water.

실현됨
Farming is carried out with machines.

We are flying in the air to put out a fire!

교과서 82쪽

● (준비 활동)

나는 너의 얼굴을 보면서 통화할 수 있다. (실현됨)

이 책에서 나온 지식이 너의 머리로 흘러 들어갈 것이다.

우리는 물 표면을 걸을 수 있다.

농업은 기계로 수행된다. (기계로 농사를 짓는다.) (실현됨)

우리는 불을 끄기 위해 하늘을 날고 있다.

<과거에 상상한 것 중 실현된 것의 추가 예시>

People envisioned flying cars, and while personal flying vehicles are not common, we have developed advanced drones and electric air taxis.
사람들은 날아다니는 차를 상상했는데, 비록 개인용 비행차는 흔하지 않지만, 첨단 드론과 전기 항공 택시를 개발했다.

Smart homes with voice-controlled devices are now a reality, thanks to advancements in AI and the Internet of Things. (IoT)
AI와 사물 인터넷의 발전 덕분에 음성으로 제어되는 장치를 갖춘 스마트 홈은 이제 현실이 되었다.

<과거에 상상한 것 중 실현되지 않은 것의 추가 예시>

Teleportation, a common feature in science fiction, remains a concept far from being scientifically possible.
공상 과학 소설에서 흔히 등장하는 순간 이동은 여전히 과학적으로 전혀 가능하지 않은 개념으로 남아 있다.

Many imagined living on other planets, but space colonization is still in its infancy with missions focusing on exploration.
많은 사람들이 다른 행성에서의 삶을 상상했지만, 우주 식민지화는 탐사에 초점을 맞춘 임무를 수행하며 아직 초기 단계에 있다.

어휘 knowledge 명 지식　　flow 동 흐르다, 이동하다　　surface 명 표면　　put out (불 등을) 끄다　　carry out 수행하다

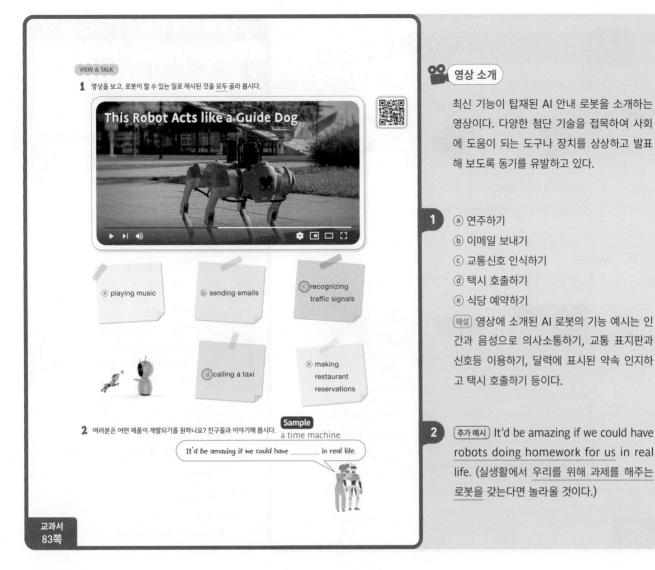

This Robot Acts like a Guide Dog

Video Script

This Robot Acts like a Guide Dog

It uses a map app to get around. Its eyes are a camera linked to a machine-learning system. This enables the robot to differentiate between objects and people and communicate with its user via speech. It knows how to read and use traffic signs and traffic lights, and can even scan QR codes. Its creators say it has huge potential for helping dementia patients, as well as blind and visually impaired people. As it's connected to the Internet, it can read calendar appointments leading you to the doctor's office at the right time, for example, and even call you a taxi. How else can we use AI and robotics to help people with disabilities?

해석

이 로봇은 안내견처럼 행동한다

그것은 이동하기 위해 지도 앱을 사용한다. 그것의 눈은 기계 학습 시스템에 연결된 카메라이다. 이것은 로봇이 사물과 사람을 구별하고 사용자와 음성으로 의사소통할 수 있게 해준다. 그것은 교통 표지판과 신호등을 읽고 이용할 줄 알며, 심지어 QR 코드도 스캔할 수 있다. 개발자는 그것이 시각 장애인과 시각적으로 손상을 입은 사람들뿐 아니라 치매 환자들도 도울 수 있는 큰 잠재력을 지니고 있다고 말한다. 그것은 인터넷에 연결되어 있기 때문에 예컨대 달력의 약속을 읽어 당신이 병원에 제시간에 갈 수 있게 하고, 택시를 호출할 수도 있다. 장애를 지닌 사람들을 돕기 위해 그 밖에 어떻게 AI와 로봇 공학을 이용할 수 있을까?

어휘 **guide dog** 안내견　**app** 몡 앱 (application의 약자)　**get around** 돌아다니다　**enable** 동 가능하게 하다, 할 수 있게 하다
differentiate 동 구별하다　**object** 명 물건, 물체　**via** 전 경유하여, 통하여　**traffic sign** 교통 표지판　**traffic light** 교통
신호등　**creator** 명 창작자, 창조자　**huge** 형 거대한　**potential** 명 잠재력　**dementia** 명 치매　**patient** 명 환자
visually impaired 시각 장애가 있는　**appointment** 명 약속　**at the right time** 제시간에　**robotics** 명 로봇 공학
disability 명 장애　**recognize** 동 인식하다　**reservation** 명 예약

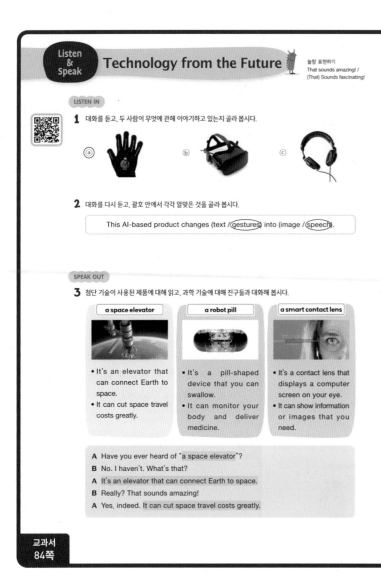

2 이 AI 기반의 상품은 몸짓(제스처)을 말로 바꾼다.

3 우주 엘리베이터
• 그것은 지구를 우주에 연결할 수 있는 엘리베이터이다.
• 그것은 우주 여행 비용을 크게 절감시킬 수 있다.

로봇 알약
• 그것은 당신이 삼킬 수 있는 알약 모양의 장치이다.
• 그것은 당신의 신체를 추적 관찰하고 약물을 전달할 수 있다.

스마트 콘택트 렌즈
• 그것은 컴퓨터 화면을 눈앞에 보여주는 콘택트 렌즈이다.
• 그것은 당신이 필요로 하는 정보나 이미지를 보여줄 수 있다.

A 우주 엘리베이터를 들어본 적 있니?
B 아니. 들어본 적 없어. 그게 뭐지?
A 그것은 지구를 우주에 연결할 수 있는 엘리베이터야.
B 정말? 멋지다.
A 정말 그래. 그것은 우주 여행 비용을 크게 절감시켜 줄 수 있어.

교과서 84쪽

Listening Script

M Yuna, what are you watching? Is it something interesting?

W I'm watching a program about a smart glove.

M A smart glove? What's that?

W Well, it's an AI-based glove. It makes it easier to communicate with people who have difficulty hearing or speaking.

M Really? Sounds fascinating! How does it work?

W When you wear it and make hand gestures, the glove turns them into speech.

M Wow, that's amazing. The glove could improve our communication with people who have hearing or speaking difficulties.

해석

남: 유나야, 뭘 보는 중이니? 재미있는 거야?

여: 난 스마트 장갑에 관한 프로그램을 보고 있어.

남: 스마트 장갑? 그게 뭐지?

여: 음. 그것은 AI 기반의 장갑이야. 그것은 듣거나 말하는 데 어려움이 있는 사람들과의 의사소통을 쉽게 해 줘.

남: 정말? 멋지다! 그것이 어떻게 작동하는데?

여: 네가 장갑을 착용하고 손동작을 하면 장갑이 그것을 음성으로 바꿔 줘.

남: 와. 놀랍다. 장갑이 듣거나 말하는 데 어려움을 겪는 사람들과의 소통을 향상시켜 줄 수 있네.

어휘 glove ⑲ 장갑　AI-based 인공지능 기반의　have difficulty -ing ~하는 데 어려움이 있다　fascinating ⑱ 대단히 흥미로운, 매력적인　cut cost 비용을 줄이다　pill ⑲ 알약　pill-shaped 알약 형태의　device ⑲ 장치　swallow ⑧ 삼키다　deliver ⑧ 배달하다, 데리고 가다　medicine ⑲ 약　display ⑧ 전시하다, 내보이다　indeed ⑨ 정말로

AI-Based Devices

회망·기대 표현하기
I hope ....

LISTEN IN

1 대화를 듣고, 어떤 상황에 관해 이야기하는지 골라 봅시다.

2 대화를 다시 듣고, 여학생의 마지막 말에 대한 남학생의 응답으로 가장 적절한 것을 골라 봅시다.

ⓐ I hope they can save as many people as possible.
ⓑ I want the robots to clean up the collapsed buildings.
ⓒ I expect they'll tell when natural disasters might happen.

SPEAK OUT

3 AI를 활용한 제품이나 서비스에 어떤 효과가 있는지 아래에서 고른 뒤, 친구들과 대화해 봅시다.

(1) ⓒ  self-driving cars
(2) ⓑ drone delivery services
(3) ⓐ companion robots

ⓐ help with household tasks / make life much easier

ⓑ help people get their orders faster / benefit people in remote areas

ⓒ reduce the number of traffic accidents / make roads a lot safer

I saw the news about self-driving cars this morning.

I did, too. They're truly amazing.

Definitely! They can reduce the number of traffic accidents.

Yeah. I hope they make roads a lot safer.

교과서 85쪽

---

2 ⓐ 그것들이 가능한 많은 사람을 구할 수 있으면 좋겠어.
ⓑ 나는 로봇들이 붕괴된 건물을 청소했으면 좋겠어.
ⓒ 그들이 언제 자연 재해가 발생할지를 알려 주길 기대해.

해설 "이 로봇들은 건물로 들어가 생존자를 발견할 수 있어."라는 말에 어울리는 응답은 "(그런 기능이 있으니) 그것들이 가능한 많은 사람을 구할 수 있으면 좋겠어."가 가장 적절하다.

3 자율 주행 차: ⓒ 교통 사고 수를 줄인다 / 도로를 더 안전하게 만든다
드론 배달 서비스: ⓑ 사람들이 주문한 물건을 빨리 받도록 돕는다 / 먼 지역에 사는 사람들에게 혜택을 준다
동반자 로봇: ⓐ 집안일에 도움을 준다 / 생활을 훨씬 편하게 만든다

A 나는 오늘 아침 자율 주행차에 관한 뉴스를 봤어.
B 나도 봤어. 정말 놀랍더라.
A 맞아! 그것들이 교통 사고 수를 줄일 수 있어.
B 응. 그것들이 도로를 더 안전하게 만들기를 바라.

Listening Script

W Did you hear about the earthquake?

M Yes, I did. A lot of people were hurt, and sadly, some even lost their lives.

W That's so sad. I'm afraid there may still be some people trapped under collapsed buildings.

M Yes, and it's too risky for rescue workers to enter the buildings and search for survivors.

W That's why they're sending AI-based rescue robots to help! These robots can enter the buildings and find survivors.

M I hope they can save as many people as possible.

해석

여: 너 지진에 대해 들었니?

남: 응, 들었어. 많은 사람이 다쳤고, 슬프게도 몇몇은 목숨까지 잃었어.

여: 정말 슬픈 일이야. 나는 붕괴된 건물 아래에 여전히 사람들이 갇혀 있을지 몰라서 걱정돼.

남: 그래, 그리고 구조 작업자들이 건물에 들어가서 생존자를 수색하는 것은 너무 위험해.

여: 그래서 도움을 줄 AI 기반 구조 로봇을 보내는 거야. 이 로봇들이 건물로 들어가 생존자를 발견할 수 있어.

남: 그것들이 가능한 많은 사람들을 구할 수 있으면 좋겠어.

어휘 earthquake 명 지진　hurt 동 다치게 하다　trap 동 가두다　collapse 동 붕괴하다　risky 형 위험한
rescue 동 구하다　search for ~를 찾다　survivor 명 생존자　save 동 구하다　disaster 명 재난, 재앙
delivery 명 배달　companion 명 동반자, 동행　household 명 가정, 가구　benefit 동 유익하다　remote 형 먼, 먼 곳의
reduce 동 줄이다

1 놀람 표현하기

A Did you hear Junho won the first prize at the spelling bee?
(준호가 철자법 대회(철자법에 맞게 글자 쓰기 대회)에서 1등 했다는 소식 들었어?)

B **That sounds amazing!** I've never expected him to win.
(놀랍다! 난 그가 우승할 것이라고 결코 예상하지 못했어.)

That sounds amazing!은 놀람을 나타내는 표현이며, (That) Sounds fascinating!, That's amazing!, What a surprise!, That's surprising!, I can't believe this. 등의 표현으로 비슷한 의미를 나타낼 수 있다.

Check Up

▶ Answers p. 203

1 다음 빈칸에 들어갈 말로 적절하지 <u>않은</u> 것을 고르시오.

> **A** How about this picture? I created it with an AI tool.
> **B** _____ I thought you drew it yourself!

① That's surprising! ② What a surprise!

③ What a pity! ④ Sounds amazing!

⑤ I can't believe this.

2 다음 대화를 읽고 빈칸에 놀람을 표현하는 문장을 쓰시오.

> **A** You know what? I got accepted into my dream university.
> **B** _____ Congratulations!

3 다음이 자연스러운 대화가 되도록 순서대로 번호를 쓰시오.

> _____ Wow, I'm impressed! You inspire me to start running!
>
> _____ I completed my first marathon last weekend!
>
> _____ It was tough, but crossing the finish line was so rewarding.
>
> _____ Sounds fascinating! How did it feel?

A According to the weather forecast, there will be a typhoon tomorrow.

(일기예보에 따르면 내일 태풍이 올 거래.)

B I hope it doesn't cause much damage.

(큰 피해가 없기를 바라.)

I hope ... 는 희망·기대를 나타내는 표현이다. 이 밖에 I look forward to ..., I can't wait for ... 등도 희망이나 기대를 나타낼 때 쓰이는데, look forward to의 to는 전치사이므로 뒤에 명사(동명사)가 오는 것에 유의한다.

I look forward to seeing you again. (당신을 다시 뵙기를 기대합니다.)

Check Up

▶ Answers p. 203

1 다음 중 희망이나 기대를 나타내는 문장이 <u>아닌</u> 것을 고르시오.

① I hope I can meet my old friends again.

② I can't find the answers to your questions.

③ I can't wait for summer vacation.

④ I hope everything goes well with you.

⑤ I look forward to starting my new job.

2 다음 주어진 우리말과 같은 뜻이 되도록 괄호 안의 표현을 빈칸에 바르게 배열하시오.

> **A** I'm planning a camping trip next week.
>
> **B** _____
>
> 네가 자연 속에서 멋진 시간을 보내기를 바라.
>
> (you / in nature / I hope / a wonderful time / have)

3 다음이 자연스러운 대화가 되도록 순서대로 번호를 쓰시오.

> _____ That sounds lovely! What kind did you choose?
>
> _____ I planted some flowers in my garden last weekend.
>
> _____ I'm sure we will! Can't wait to see them!
>
> _____ Roses and tulips. I hope that we can see beautiful flowers soon.

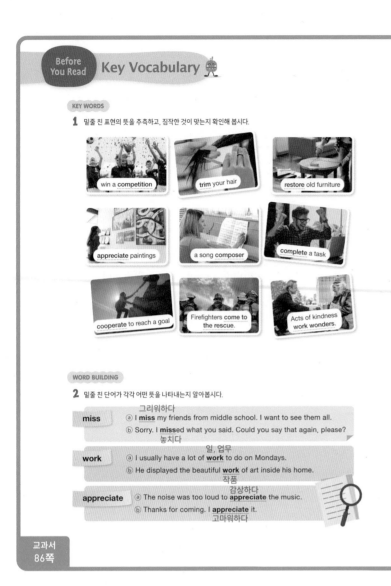

1 Key Words

win a competition 경쟁에서 이기다
trim your hair 머리를 다듬다
restore old furniture 낡은 가구를 복원하다
appreciate paintings 그림을 감상하다
a song composer 노래 작곡가
complete a task 일을 마치다
cooperate to reach a goal
목표에 도달하기 위해 협력하다
Firefighters come to the rescue.
소방관들이 구조하러 온다.
Acts of kindness work wonders.
친절한 행동은 기적을 낳는다.

2 Word Building: 다의어

miss 그리워하다; 놓치다
ⓐ 중학교 때 친구들이 그립다. 모두 보고 싶다.
ⓑ 미안합니다. 저는 당신이 한 말을 놓쳤습니다. 다시 한번 말씀해 주시겠어요?

work 일, 업무; 작품
ⓐ 나는 보통 월요일마다 할 일이 많다.
ⓑ 그는 집 안에 아름다운 예술 작품을 전시했다.

appreciate 감상하다; 고마워하다
ⓐ 소음이 너무 커서 음악을 감상할 수가 없다.
ⓑ 와 주셔서 감사합니다. 감사드립니다.

Key Words 예문

- She trained hard to **win a competition**.
  (그녀는 경쟁에서 이기기 위해 열심히 훈련했다.)

- I went to the salon to **trim my hair**.
  (나는 머리를 다듬기 위해 미용실에 갔다.)

- He learned how to **restore old furniture**.
  (그는 오래된 가구를 복원하는 방법을 배웠다.)

- We visited the museum to **appreciate paintings**.
  (우리는 그림을 감상하기 위해 미술관에 갔다.)

- The **song composer** created a beautiful melody.
  (그 노래 작곡가는 아름다운 멜로디를 창작했다.)

- She worked all day to **complete the task**.
  (그녀는 일을 마치기 위해 하루 종일 일했다.)

- They decided to **cooperate to reach a goal**.
  (그들은 목표에 도달하기 위해 협력하기로 결정했다.)

Word Building 추가 예시 다의어

☐ matter 일, 문제; 중요하다
☐ book 책; 예약하다
☐ gift 선물; 재능
☐ present 선물; 현재
☐ interest 관심; 이자
☐ train 기차; 훈련하다
☐ run 달리다; 운영하다
☐ right 오른쪽; 권리; 옳은
☐ light 빛; 가벼운
☐ race 경쟁; 인종
☐ pretty 예쁜; 꽤
☐ fair 타당한, 공정한; 어여쁜
☐ sound 소리; 건전한
☐ company 회사; 동료

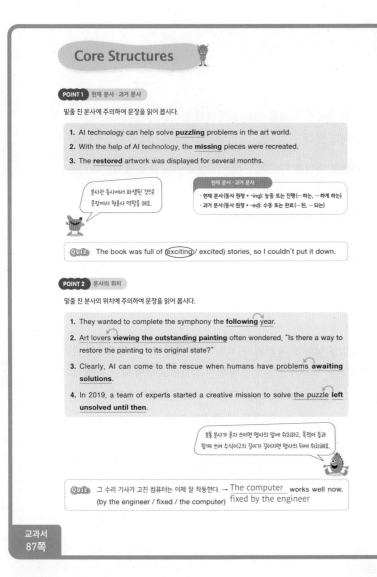

Core Structures

POINT 1 현재 분사·과거 분사

밑줄 친 분사에 주의하여 문장을 읽어 봅시다.

1. AI technology can help solve **puzzling** problems in the art world.
2. With the help of AI technology, the **missing** pieces were recreated.
3. The **restored** artwork was displayed for several months.

> 분사란 동사에서 파생된 것으로 문장에서 형용사 역할을 해요.

현재 분사·과거 분사
· 현재 분사(동사 원형 + -ing): 능동 또는 진행(…하는, …하게 하는)
· 과거 분사(동사 원형 + -ed): 수동 또는 완료(…된, …되는)

Quiz. The book was full of (exciting / excited) stories, so I couldn't put it down.

POINT 2 분사의 위치

밑줄 친 분사의 위치에 주의하여 문장을 읽어 봅시다.

1. They wanted to complete the symphony the **following** year.
2. Art lovers **viewing the outstanding painting** often wondered, "Is there a way to restore the painting to its original state?"
3. Clearly, AI can come to the rescue when humans have problems **awaiting solutions**.
4. In 2019, a team of experts started a creative mission to solve the puzzle **left unsolved until then**.

> 보통 분사가 혼자 쓰이면 명사의 앞에 위치하고, 목적어 등과 함께 쓰여 수식어구의 길이가 길어지면 명사의 뒤에 위치해요.

Quiz. 그 수리 기사가 고친 컴퓨터는 이제 잘 작동한다. → The computer _____ works well now.
(by the engineer / fixed / the computer) → fixed by the engineer

교과서 87쪽

---

1 현재 분사·과거 분사

1. 인공지능 기술은 미술계에서 당혹스러운 문제들을 해결하는 데 도움이 될 수 있다.
2. 인공지능 기술의 도움으로 사라진 조각들이 재창조되었다.
3. 복원된 예술 작품은 몇 달 동안 전시되었다.

Quiz. 그 책은 흥미로운 이야기로 가득 차서 내려놓을 수가 없었다.

[해설] 책이 흥미를 주는 대상이기 때문에 exciting이 적절하다.

2 분사의 위치

1. 그들은 다음 해에 교향곡을 완성하고 싶었다.
2. 그 뛰어난 그림을 보는 미술 애호가들은 "그림을 원래 상태로 복원할 방법이 있을까?"라고 궁금해했다.
3. 분명히, 인간이 해결을 기다리는 문제를 가지고 있을 때 인공지능은 도움을 줄 수 있다.
4. 2019년에 전문가 팀은 그때까지 풀리지 않은 채 남아 있던 퍼즐을 풀기 위해 창의적인 임무를 시작했다.

POINT 1 현재 분사·과거 분사 **예문 해설**

1. 현재 분사 puzzling은 문제나 상황이 혼란스럽거나 어려움을 주는 상황을 표현할 때 쓰며, 예문과 같이 AI 기술이 해결하려는 문제 자체가 복잡하고 혼란스러운 것을 설명하는 데 적합하다. 반면 과거 분사 puzzled는 사람이 혼란스러워하거나 당황스러워하는 상태를 나타낼 때 쓴다.

2. 현재 분사 missing은 존재하지 않거나 현재 없는 상태를 설명할 때 사용되며, 이 문장에서는 사라진 조각들이 AI 기술의 도움으로 재창조되었음을 의미한다. 반면 과거 분사 missed는 놓쳤거나 잃어버린 것, 못한 것을 나타내며 주로 과거에 발생한 일의 경험을 나타낼 때 쓴다.

   The **missed** deadline caused delays.
   (지켜지지 못한 마감일이 지연을 초래했다.)

3. 수식받는 artwork(예술 작품)가 '복원하는' 것이 아니라, '복원되는' 것이므로 과거 분사인 restored 형태로 쓴다.

POINT 1 분사의 위치 **예문 해설**

1. 현재 분사 following이 단독으로 year를 수식하므로 명사 바로 앞에 쓴다.

2. viewing the outstanding painting (뛰어난 그림을 보는)이 한 덩어리로 Art lovers를 수식한다. 이렇게 분사가 구를 이루어 명사(구)를 수식할 때는 해당 명사(구) 뒤에 온다.

3. awaiting solutions (해결을 기다리는)가 한 덩어리로 구를 이루어 problems를 수식하므로 problems 뒤에 온다.

4. left unsolved until then (그때까지 해결되지 않은 채 남아 있던)이 덩어리로 the puzzle을 수식하므로 해당 명사 뒤에 썼다.

어휘 with the help of ~의 도움으로   recreate 동 되살리다   restore 동 복원하다   complete 동 완성하다, 끝마치다
outstanding 형 뛰어난   expert 명 전문가   mission 명 임무

Point 1

현재 분사·과거 분사

분사는 동사에서 파생된 것으로 형용사 역할을 하며 문장에서 명사를 수식하거나 보어로 쓰인다. 분사에는 현재 분사와 과거 분사가 있다.

1) 현재 분사(V-ing): 능동, 진행의 의미를 지니며, '~하는, ~하고 있는'으로 해석한다.
   - Look at the **smiling** baby in a pink dress.
     (분홍색 드레스를 입고 미소 짓고 있는 저 아기를 봐.)

2) 과거 분사(V-ed): 수동, 완료의 의미를 지니며, '~된, ~되는'으로 해석한다.
   - Watch out for the **broken** glass on the floor.
     (바닥에 깨진 유리를 조심해.)

3) 현재 분사와 과거 분사는 감정을 나타낼 때 쓰일 수 있는데, 현재 분사는 누군가에게 감정을 느끼게 한다는 의미이고, 과거 분사는 누군가 또는 무엇에 의해 감정을 느끼게 되는 것을 의미한다.
   - The scenery from the top was **amazing**. (정상에서 보는 광경은 놀라웠다.)
     They were **amazed** by the scenery. (그들은 그 광경에 놀랐다.)

Check Up

1 다음 괄호 안에서 어법상 알맞은 것을 고르시오.

(1) She walked past the (laughing / laughed) children in the park.

(2) He is a famous author who wrote this (thrilling / thrilled) novel.

(3) The boy was crying beside the (breaking / broken) window.

2 다음 중 밑줄 친 부분의 쓰임이 나머지와 <u>다른</u> 하나를 고르시오.

① The <u>shocking</u> news made people astonished.
② I enjoyed <u>eating</u> strawberry ice cream.
③ I've never seen <u>talking</u> parrots before.

3 다음 괄호 안의 단어를 알맞은 형태로 넣어 문장을 완성하시오.

(1) Villagers began to cry over ＿＿＿＿＿＿＿ houses. (destroy)

(2) I couldn't move when I saw the ＿＿＿＿＿＿＿ dog. (bark)

(3) I'd like to eat a ＿＿＿＿＿＿＿ egg, please. (boil)

▶Answers p. 203

Point 2

분사의 위치

분사는 명사의 앞이나 뒤에서 명사를 수식할 수 있다.

1) 분사가 단독으로 쓰이는 경우에는 명사의 앞에서 수식하고, 분사가 구를 이루어 길어지는 경우 명사의 뒤에서 수식한다.

   • The **sleeping** baby is my daughter. (자고 있는 아기는 내 딸이다.)
   • The cat **sleeping on the chair** is cute. (의자에서 자는 고양이는 귀엽다.)

2) 수식 받는 명사와의 관계가 능동이면 현재 분사를 쓰고, 수동이면 과거 분사를 사용한다.

   • The man **standing by the window** is my teacher.
   (창가에 서 있는 남자분이 나의 선생님이다.)
   • The letter **written in blue ink** is from my friend.
   (파란 잉크로 쓰여진 편지는 내 친구에게서 온 것이다.)

3) 분사가 명사의 뒤에서 수식하는 경우, 주격 관계 대명사와 be동사가 생략된 것으로 볼 수 있다.

   • The cat **(which is) sleeping on the chair** is cute.

Check Up

1 다음 주어진 문장 중 자연스러운 것을 고르시오.

(1) ① My stolen car was found near the river.
　　② My car stolen was found near the river.

(2) ① We were very shocked at the broken window.
　　② We were very shocked at the window broken.

2 다음 괄호 안에 주어진 단어가 들어갈 위치에 ∨를 표시하시오.

(1) She brought the news to all of us. (surprising)

(2) The bird is flying high in the sky. (singing)

(3) The cake in the morning is very delicious. (baked)

3 다음 빈칸에 알맞은 단어를 넣으시오. (단, 한 번씩만 사용할 것)

ⓐ surrounded ⓑ running ⓒ created

(1) The boy _____ toward the woman is my brother.

(2) The robot _____ by the engineer can perform lots of tasks.

(3) The old woman _____ by children looked so happy.

▶ Answers p. 203

현재 분사 · 과거 분사

1 다음 밑줄 친 부분이 분사가 <u>아닌</u> 것을 고르시오.

① I hate to sweep the <u>fallen</u> leaves on the street.
② We are going to climb the mountain <u>covered</u> with snow.
③ She forgot <u>sending</u> a text message to me.
④ They saw the athlete <u>running</u> toward the finish line.
⑤ The <u>burning</u> candle filled my room with warm light.

2 다음 괄호 안에 주어진 단어를 알맞은 형태로 넣으시오.

(1) ⓐ The roller coaster ride was _____. (excite)
　　ⓑ I was _____ to take the roller coaster. (excite)

(2) ⓐ The horror movie had some _____ scenes. (frighten)
　　ⓑ He was _____ by the horror movie and quit watching it. (frighten)

(3) ⓐ I found the lecture to be _____. (bore)
　　ⓑ I was very _____ during the lecture. (bore)

(4) ⓐ He was _____ by the complicated instructions. (confuse)
　　ⓑ His explanation was so _____ that people couldn't follow him. (confuse)

3 다음 밑줄 친 부분이 어법상 맞으면 ○ 표시를 하고, <u>틀리면</u> 어법에 맞게 고치시오.

(1) They were very happy to see the <u>restored</u> painting.

(2) She was upset because her son's grade was <u>disappointed</u>.

(3) The captain was searching for the <u>hiding</u> treasure on the island.

(4) The man <u>wearing</u> a bow tie is a Nobel Prize winner.

4 다음 상자 안에서 알맞은 동사를 골라 분사의 형태로 바꾸어 빈칸에 쓰시오.

use	fly	write	name

(1) I have a dog _____ Sticky.

(2) In the future, we may see cars _____ in the sky.

(3) I'd like to buy a _____ book to save money.

(4) The poem _____ by William Wordsworth is very famous.

분사의 위치

1 다음 문장에서 생략할 수 있는 부분을 괄호로 묶으시오.

(1) The car which is parked outside belongs to my father.

(2) The scientist who is studying climate change will give a lecture tomorrow.

(3) I want to visit the museum that is holding an exhibition on Van Gogh.

(4) The man who is smiling at children is my English teacher.

2 다음 밑줄 친 부분이 어법상 맞으면 ○ 표시를 하고, 틀린 부분이 있으면 어법에 맞게 고치시오.

(1) The diving dolphin performed tricks for the audience.

(2) It was so fun to skate on the frozen lake.

(3) The boy disappointed left the classroom without saying good-bye.

(4) The girls waiting in line looked very tired.

3 다음 주어진 예시와 같이 분사를 이용하여 두 문장을 한 문장으로 연결하시오.

> Eric is the man. He is riding a bike. → Eric is the man riding a bike.

(1) I am listening to the songs. They are sung by children.

→ _____.

(2) There are many beautiful flowers. They are attracting bees.

→ _____.

(3) He was reading the novel. It was published 50 years ago.

→ _____.

4 다음 주어진 단어를 바르게 배열하여 문장을 쓰시오.

(1) _____

(in a loud voice / the excited / called his name / crowd)

(2) _____

(each other / the confused / looked at / people)

(3) _____

(next to his mom / the kid / is reading a book / sitting)

Memo

Topic Preview

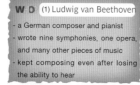

FOCUS ON TOPIC

1 주어진 정보를 읽고, 누구에 관한 설명인지 골라 봅시다.

W D (1) Ludwig van Beethoven
- a German composer and pianist
- wrote nine symphonies, one opera, and many other pieces of music
- kept composing even after losing the ability to hear

W D (2) Rembrandt van Rijn
- a Dutch painter
- painted many works, including portraits, self-portraits, and landscapes
- completed the artist's most famous work *The Night Watch* in 1642

Rembrandt van Rijn

Ludwig van Beethoven

Clara Schumann

Leonardo da Vinci

2 주어진 이미지를 보고, AI가 어떤 일을 하는 데 활용될 수 있는지 생각해 봅시다.

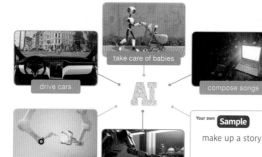

drive cars / take care of babies / compose songs / design inventions / prepare meals / Your own **Sample** make up a story

교과서 88쪽

---

1 **(1) 루드비히 반 베토벤**
- 독일 작곡가이자 피아니스트
- 9개의 교향곡, 1개의 오페라, 그리고 다른 많은 작품을 작곡했다
- 청력을 잃은 후에도 작곡을 계속했다

(2) 렘브란트 판 레인
- 네덜란드 화가
- 초상화, 자회상, 풍경화를 포함하여 많은 작품을 그렸다
- 이 예술가의 가장 유명한 작품인 The Night Watch를 완성했다

2
- 아기를 돌보다
- 차를 운전하다
- 발명품을 고안하다
- 식사를 준비하다
- 작곡하다

예시 이야기를 만들어내다

배경지식 LEVEL UP

루드비히 반 베토벤 (1770-1827)

1. 출생지: 독일 본
2. 직업: 작곡가, 피아니스트
3. 음악 스타일: 고전주의와 낭만주의의 과도기적 작곡가로, 혁신적이고 감정이 풍부한 음악으로 유명하다.
4. 대표작: 운명 교향곡 (교향곡 5번), 합창 교향곡 (교향곡 9번), 월광 소나타
5. 주제: 자유, 인간성, 감정의 표현을 중시한 작품들이 많다.
6. 고난: 중년 이후 점차 청력을 잃었으나, 청각 장애에도 불구하고 최고의 작품들을 작곡했다.
7. 유산: 서양 음악사에서 가장 위대한 작곡가 중 한 명으로, 그의 교향곡과 피아노 소나타는 음악의 발전에 중요한 역할을 한다.

렘브란트 판 레인 (1606-1669)

1. 출생지: 네덜란드 라이덴
2. 직업: 화가, 판화가
3. 화풍: 바로크 시대의 사실주의, 특히 빛과 어둠을 활용한 명암법으로 유명하다.
4. 대표작: 야경, 투르프 박물관의 해부학 강의, 자화상 시리즈
5. 주제: 인물화, 종교적 장면, 역사화 등을 주로 그렸다.
6. 고난: 가난과 가족의 죽음을 겪으며 말년은 어려웠지만, 예술적으로는 큰 영향력을 남겼다.
7. 유산: 서양 미술사에서 가장 위대한 화가 중 한 명으로 여겨지며, 빛과 감정을 표현하는 탁월함으로 유명하다.

어휘 **composer** 명 작곡가　　**symphony** 명 교향곡　　**portrait** 명 초상화　　**landscape** 명 풍경

NEW WORDS

본문의 주요 어휘와 표현을 익혀 보세요.

achievement	업적, 성취	impact	영향, 충격
ambitious	야심적인	intention	의도
appreciate	감상하다; 고마워하다	manage to	간신히 …하다
approach	접근; 접근하다	merit	장점
await	기다리다	opportunity	기회
benefit	혜택, 이익	outstanding	뛰어난
collaboration	공동 작업, 협력	performance	공연, 연주회
competition	대회, 경쟁	recreate	재현하다, 되살리다
complete	완성하다; 완성된	remarkable	놀라운, 주목할 만한
composer	작곡가	rescue	구출; 구출하다
cooperate	협력하다, 협조하다	restore	복원하다
equally	똑같이, 동등하게	task	일, 과업
expert	전문가	technique	기술
figure out	알아내다, 이해하다	trim	잘라내다, 다듬다
generate	생성하다, 만들어 내다	work wonders	기적을 낳다

WORDS Practice ❶ 다음 어휘나 표현의 우리말 뜻을 찾아 그 번호를 쓰시오.

▶ Answers p. 204

01 ambitious		16 outstanding		① 간신히 …하다
02 remarkable		17 technique		② 감상하다; 고마워하다
03 equally		18 trim		③ 공동 작업, 협력
04 rescue		19 restore		④ 공연, 연주회
05 merit		20 appreciate		⑤ 구출; 구출하다
06 opportunity		21 recreate		⑥ 기다리다
07 competition		22 manage to		⑦ 기술
08 impact		23 complete		⑧ 기적을 낳다
09 performance		24 figure out		⑨ 기회
10 benefit		25 intention		⑩ 놀라운, 주목할 만한
11 achievement		26 generate		⑪ 대회, 경쟁
12 composer		27 cooperate		⑫ 똑같이, 동등하게
13 expert		28 await		⑬ 복원하다
14 collaboration		29 approach		⑭ 생성하다, 만들어 내다
15 task		30 work wonders		⑮ 알아내다, 이해하다

⑯ 야심 있는, 야심적인
⑰ 업적, 성취
⑱ 영향, 충격
⑲ 완성하다; 완성된
⑳ 일, 과업
㉑ 작곡가
㉒ 뛰어난
㉓ 잘라내다, 다듬다
㉔ 장점
㉕ 의도, 목적
㉖ 재현하다, 되살리다
㉗ 전문가
㉘ 접근; 접근하다
㉙ 협력하다, 협조하다
㉚ 혜택, 이익

WORDS Practice ❷ 다음 우리말에 해당하는 어휘나 표현을 찾아 그 번호를 쓰시오.

▶ Answers p. 204

01 공연, 연주회	16 대회, 경쟁
02 기회	17 간신히 …하다
03 업적, 성취	18 전문가
04 뛰어난	19 완성하다; 완성된
05 작곡가	20 알아내다, 이해하다
06 공동 작업, 협력	21 의도, 목적
07 복원하다	22 생성하다, 만들어 내다
08 감상하다; 고마워하다	23 일, 과업
09 구출; 구출하다	24 영향, 충격
10 똑같이, 동등하게	25 기다리다
11 장점	26 혜택, 이익
12 야심적인	27 놀라운, 주목할 만한
13 잘라내다, 다듬다	28 기적을 낳다
14 기술	29 접근; 접근하다
15 재현하다, 되살리다	30 협력하다, 협조하다

① performance
② outstanding
③ competition
④ collaboration
⑤ restore
⑥ opportunity
⑦ achievement
⑧ appreciate
⑨ rescue
⑩ trim
⑪ work wonders
⑫ task
⑬ cooperate
⑭ technique
⑮ benefit
⑯ remarkable
⑰ recreate
⑱ equally
⑲ merit
⑳ expert
㉑ intention
㉒ ambitious
㉓ composer
㉔ manage to
㉕ generate
㉖ approach
㉗ impact
㉘ await
㉙ complete
㉚ figure out

AI to the Rescue

교과서 89-91쪽 ①

❶ Take a look at the paintings below. ❷ One of them was created by a human, and the
수동태   정해진 둘 중 다른 하나
other by AI. ❸ Can you guess which one was created by AI? ❹ Interestingly, many people
간접 의문문
find it hard to choose the AI-created artwork. ❺ Both pieces are equally beautiful and have
가목적어   진목적어
their own unique merits. ❻ The painting on the right, which was actually created by AI,
계속적 용법의 주격 관계 대명사
even won first place at an American fine arts competition in 2022.

1 Why do people have difficulty selecting the painting created by AI? (AI에 의해 그려진 그림을 고르는 것은 왜 어려운가?)
Because both pieces are equally beautiful and have their own unique merits. (두 작품 모두 똑같이 아름답고 각자 독특한 장점이 있어서.)

Over to you 1 Which painting do you like more? Why?
(여러분은 어떤 그림이 더 좋은가? 이유는?)
Sample I like the one on the left because the colors are calm and it looks peaceful. (왼쪽에 있는 게 더 좋다. 색이 은은하고 평화로워 보여서.)

❼ AI technology can help solve puzzling problems in the art world. ❽ One such problem
현재 분사
was Rembrandt van Rijn's artwork *The Night Watch*. ❾ It is one of the most famous
paintings in the history of the Netherlands. ❿ It is also Rembrandt's most ambitious work.
⓫ In addition to the creative use of light and shadow, the size of the artwork surprises
주어(단수)   동사
viewers. ⓬ It is over 3.5 meters high and almost 4.5 meters wide.
높이   너비

2 The Night Watch surprises viewers not only with its ___creative___ use of light and shadow, but also with its
___size___. (The Night Watch는 창의적인 빛과 그림자 사용뿐만 아니라 크기로도 관람객들을 놀라게 한다.)

어휘 rescue ⑲ 구출; ⑧ 구출하다   interestingly ⑨ 흥미롭게도   equally ⑨ 똑같이, 동등하게   merit ⑲ 장점   fine art 미술
competition ⑲ 대회, 경쟁   puzzle ⑧ 어리둥절하게 만들다 ⑲ 수수께끼   ambitious ⑱ 야심적인, 야심 있는

구조에 나선 AI

❶ 아래의 그림들을 보라. ❷ 그 중 하나는 인간에 의해, 다른 하나는 AI에 의해 창작되었다. ❸ 어떤 것이 AI에 의해 창작된 것인지 추측할 수 있는가? ❹ 흥미롭게도, 많은 사람들이 AI가 창작한 작품을 고르는 데 어려움을 겪는다. ❺ 두 작품은 똑같이 아름답고 자신만의 독특한 장점을 가지고 있다. ❻ 실제로 AI에 의해 그려진 오른쪽 그림은 심지어 2022년 미국 미술 대회에서 1등을 차지했다.

❼ 인공지능 기술은 미술계에서 당혹스러운 문제들을 해결하는 데 도움이 될 수 있다. ❽ 그러한 문제 중 하나는 렘브란트 판 레인의 작품인 The Night Watch였다. ❾ 그것은 네덜란드 역사상 가장 유명한 그림 중 하나이다. ❿ 그것은 또한 렘브란트의 가장 야심찬 작품이다. ⓫ 빛과 그림자의 창의적인 사용 이외에도, 작품의 크기가 관람객들을 놀라게 한다. ⓬ 그것은 높이가 3.5m 넘고 너비가 거의 4.5m이다.

구문 해설

❷ **One** of them was created by a human, and **the other** by AI.
- 정해진 두 개 중 하나를 가리킬 때는 one, 나머지 하나는 the other를 쓴다.

❸ Can you guess **which one was created by AI**?
- which one was created by AI는 '의문사+주어+동사'의 어순으로 쓰인 간접 의문문이며, 이 간접 의문문에서는 의문사를 포함한 which one이 주어로 쓰였다.

❹ Interestingly, many people **find it hard to choose the AI-created artwork**.
- find it hard는 'find+목적어+목적격 보어' 구문으로, 목적격 보어로 형용사를 사용하는 것에 유의한다.
- it은 find의 가목적어(형식상 목적어)이고, to choose the AI-created artwork가 진목적어(진짜 목적어)이다.

❻ The painting on the right, **which** was actually created by AI, even won first place at an American fine arts competition in 2022.
- 콤마 뒤의 which는 계속적 용법의 주격 관계 대명사로, 선행사는 The painting on the right이다.

❼ AI technology can **help solve puzzling** problems in the art world.
- help는 to 부정사와 원형 부정사를 둘 다 목적어로 취할 수 있으므로 solve, to solve 둘 다 문법적으로 옳다.
- 현재 분사인 puzzling은 명사 problems를 앞에서 수식하고 있다.

❾ **It** is **one of the most famous paintings** in the history of the Netherlands.
- It은 대명사로 앞 문장의 The Night Watch를 가리킨다.
- 'one of the 최상급 + 복수 명사'는 '가장 ~한 것 중 하나'를 의미한다.

⓫ In addition to the creative use of light and shadow, **the size of the artwork surprises** viewers.
- 이 문장의 주어는 the size of the artwork로 단수라서 동사도 이에 맞춰 surprises로 썼다.

문법 톡톡

가목적어-진목적어 구문

'주어 + 동사 + 목적어 + 목적격 보어'로 이루어진 문장에서 목적어가 to 부정사 등을 이용한 명사구나 that 절과 같이 긴 것이 올 경우 이를 문장 뒤로 보내고, 목적어가 원래 있던 자리를 it으로 채우는데, 이 때의 it을 '가목적어', 뒤로 간 진짜 목적어를 '진목적어'라고 한다.

They considered **it** important **to do exercise every day**.
　　　　　　 가목적어　　　　　　　　 진목적어

(그들은 매일 운동하는 것이 중요하다고 생각했다.)

Check Up

▶ Answers p. 204

■ **우리말과 같은 뜻이 되도록 괄호 안의 표현을 바르게 배열하시오.**

1 _____
　그는 영어를 배우는 것이 쉽다는 것을 알게 되었다. (to learn English, it, he discovered, easy)

2 _____
　나는 아침을 거르는 것이 건강에 좋지 않다고 생각한다. (think, unhealthy, it, I, to skip breakfast)

❶ The artwork was painted in 1642 and moved to the Amsterdam Town Hall in 1715. ❷ However, it was too big for the new location, so the painting had to be trimmed on all sides. ❸ It resulted in the loss of some parts of the painting. ❹ Art lovers viewing the outstanding painting often wondered, "Is there a way to restore the painting to its original state?" ❺ In 2019, in order to answer this age-old question, the staff at Rijksmuseum, the national museum of the Netherlands in Amsterdam, decided to solve the puzzle using AI technology. ❻ They wanted to give visitors an opportunity to appreciate Rembrandt's artwork in its original size.

❼ Fortunately, a Dutch artist had made a smaller copy of the original artwork, and this copy helped the restoration process greatly. ❽ The museum's *Operation Night Watch* team trained the computer to learn Rembrandt's techniques by looking for patterns in all of his paintings. ❾ With the help of AI technology, the missing pieces were recreated, and the restored artwork was displayed for several months.

3 Why was *The Night Watch* trimmed? (왜 The Night Watch는 잘려나갔는가?)
  Because it was too big for the new location. (새 위치에 놓기에 너무 커서.)

Over to you 2 Which work of art do you want to see in a museum? (박물관에서 어떤 작품을 보고 싶은가?)
Sample I want to see the Mona Lisa at the Louvre Museum in Paris. (파리 루브르 박물관에 있는 모나리자를 보고 싶다.)

어휘 outstanding 형 뛰어난   restore 동 복원하다   state 명 상태   opportunity 명 기회   appreciate 동 감상하다; 고마워하다   fortunately 부 다행히, 운 좋게   restoration 명 복원   operation 명 작업   technique 명 기술   miss 동 놓치다; 그리워하다   recreate 동 되살리다, 재현하다

❶ 그 작품은 1642년에 그려졌고, 1715년에 암스테르담 시청으로 옮겨졌다. ❷ 하지만 새로운 장소에 비해 너무 커서 그림의 모든 면을 잘라내야만 했다. ❸ 그 결과로 그림의 일부가 손실되었다. ❹ 그 뛰어난 작품을 보는 미술 애호가들은 "작품을 원래 상태로 복원할 방법이 있을까?"라고 종종 궁금해했다. ❺ 2019년에 이 오래된 질문에 답을 하기 위하여 암스테르담에 있는 네덜란드의 국립 미술관인 레이크스 미술관의 직원들이 인공지능 기술을 이용하여 이 수수께끼를 해결하기로 결정했다. ❻ 그들은 방문객들에게 렘브란트의 작품을 원래의 크기로 감상할 기회를 주고 싶었다.

❼ 다행히도, 한 네덜란드의 화가가 원래의 작품의 작은 사본을 만들었고, 이 사본이 복원 과정에 크게 도움이 되었다. ❽ 박물관의 Operation Night Watch 팀은 컴퓨터가 렘브란트의 모든 그림에서 패턴을 찾아 그의 기법을 배우도록 훈련시켰다. ❾ 인공지능 기술의 도움으로 없어진 부분이 재현되었고 복원된 작품은 몇 달 동안 전시되었다.

구문 해설

❶ The artwork **was painted** in 1642 and **moved** to the Amsterdam Town Hall in 1715.
- moved 앞에 was가 생략된 것이며, was painted와 (was) moved가 병렬 구조를 이루고 있다.

❹ Art lovers **viewing the outstanding painting** often wondered, "Is there a way **to restore** the painting to its original state?"
- viewing the outstanding painting은 앞에 있는 Art lovers를 수식하고 있다. 이처럼 현재 분사가 구를 이루는 경우에는 수식 받는 명사 뒤에서 수식한다.
- a way to restore the painting에서 to restore는 to 부정사의 형용사적 용법으로, a way를 수식한다.

❼ Fortunately, a Dutch artist **had made** a smaller copy of the original artwork, and this copy **helped** the restoration process greatly.
- 먼저 일어난 일(복제품을 그린 것)과 나중에 일어난 일(복제품이 복원을 도운 것)을 나열할 때, 나중에 일어난 일이 helped와 같이 과거 시제일 경우 먼저 일어난 일은 had made처럼 과거 완료형으로 쓴다.

❾ With the help of AI technology, **the missing pieces were recreated**, and **the restored artwork was displayed** for several months.
- 현재 분사와 과거 분사는 명사의 앞이나 뒤에서 수식할 수 있는데 missing은 현재 분사로 명사인 pieces를, restored는 과거 분사로 명사인 artwork를 앞에서 수식하고 있다.
- 주어인 the missing pieces와 the restored artwork는 복원되고 전시된 것이므로 동사를 수동태로 썼다. 이 때, 앞의 주어는 복수여서 were를 썼고, 뒤의 주어는 단수여서 was를 썼다.

문법 톡톡

병렬 구조
문장 내에서 기능이나 문법적으로 유사한 단어, 구, 절을 나열하는 것을 의미한다. 등위 접속사인 and, but, or 또는 상관 접속사에 의해 연결되는 단어, 구, 절은 같은 성분 또는 형태여야 한다.
Tony enjoys **reading** books, **listening** to music, and **meeting** friends.
(토니는 책 읽기, 음악 듣기, 친구 만나기를 즐긴다.)

과거 완료
과거 완료는 had p.p. 형태로 과거의 어느 때를 기준으로 그 이전부터 기준점까지의 완료, 계속, 경험, 결과를 나타내며, 과거에 일어난 사건의 시간 순서를 나타내기 위해 사용한다.
When she **arrived** at the station, the train **had** already **left**. (그녀가 역에 도착했을 때, 기차는 이미 떠나버렸다.)

Check Up

▶ Answers p. 204

1 다음 문장에서 문법적으로 어색한 부분을 찾아 바르게 고치시오.

She likes to run in the morning, to swim in the afternoon, and cycling in the evening.

2 다음 밑줄 친 부분을 바르게 고치시오.

She has cleaned the house before her friends came over.

❶ Another problem puzzled lovers of Ludwig van Beethoven's symphonies. ❷ Even when
 종속 접속사

the composer had completely lost his hearing, he began to work on his 10th Symphony.
                 ——— 과거 완료 ———   과거

❸ Though he managed to put down some notes and sketches, he could not finish the
 종속 접속사(비록 ～했지만)

work before he died in 1827. ❹ Many music lovers questioned, "Could there be a way to
     종속 접속사(～하기 전에)

finish Beethoven's 10th Symphony?" ❺ In 2019, a team of experts including a composer,

musicologists, and AI specialists started a creative mission to solve the puzzle left unsolved

until then. ❻ In the spirit of friendly collaboration, they wanted to complete the symphony

to celebrate the composer's 250th birthday the following year.
              = Beethoven   = 2020

4 Beethoven could not finish his _____10th Symphony_____ until his death in 1827.
   (1827년에 죽을 때까지 베토벤은 그의 10번째 교향곡을 완성하지 못했다.)

5 The team wanted to complete the symphony for Beethoven's 250th birthday. Ⓣ/ F
   (팀은 베토벤의 250번째 생일을 위해 교향곡을 완성하고 싶어 했다.)

어휘 **symphony** 몡 교향곡   **composer** 몡 작곡가   **work on** 작업하다   **manage to** 간신히 ～하다   **put down** (글, 메모
등을) 적다   **note** 몡 메모; 음표   **expert** 몡 전문가   **including** 젠 포함하여   **musicologist** 몡 음악학자   **specialist**
몡 전문가   **mission** 몡 임무   **unsolved** 혱 해결되지 않은   **in the spirit of** ～의 정신으로   **collaboration** 몡 공동 작업,
협력   **complete** 동 완성하다 혱 완성된

해석

❶ 또 다른 문제가 루드비히 반 베토벤의 교향곡을 좋아하는 애호가들을 어리둥절하게 했다. ❷ 작곡가는 청력을 완전히 잃었을 때에도 그의 10번째 교향곡 작업을 시작했다. ❸ 비록 몇몇 악보와 스케치를 적어 놓았지만, 그는 1827년 사망 전에 작품을 끝낼 수 없었다. ❹ 많은 음악 애호가들은 "베토벤의 10번째 교향곡을 완성할 방법이 있을까?"라고 궁금해했다. ❺ 2019년에, 작곡가, 음악학자, 그리고 인공지능 전문가들이 포함된 전문가 팀이 그때까지 풀리지 않은 채 남아있던 퍼즐을 풀기 위한 창의적인 임무를 시작했다. ❻ 우호적인 협력의 정신으로, 그들은 다음 해에 있을 작곡가의 250번째 생일을 축하하기 위해 교향곡을 완성하고 싶었다.

구문 해설

❷ Even when the composer **had** completely **lost** his hearing, he **began to work** on his 10 Symphony.
- 과거 완료형 구문인 had completely lost his hearing(먼저 일어난 일)과 과거형 구문인 began to work on his 10th Symphony(나중에 일어난 일)를 통해 사건의 전후 관계를 알 수 있다.
- begin은 to 부정사와 동명사 둘 다 목적어로 취할 수 있으므로 began to work를 began working으로 고쳐도 의미는 같다.

❺ In 2019, a team of experts including a composer, musicologists, and AI specialists started a creative mission to solve the puzzle **left unsolved** until then.
- a team of ... AI specialists가 주어이고 started가 동사이다.
- left unsolved는 '풀리지 않은 채로 남은'의 의미로, 과거 분사 left가 앞의 명사인 the puzzle을 수식한다.

❻ In the spirit of friendly collaboration, they wanted **to complete** the symphony **to celebrate** the composer's 250th birthday **the following year**.
- to complete은 '완성하기를'이라고 해석하며 want의 목적어로 쓰인 명사적 용법의 to 부정사이고, to celebrate는 '축하하기 위하여'라고 해석하며 목적을 나타내는 부사적 용법의 to 부정사이다.
- the following year는 앞 문장에 나온 2019년을 기준으로 해서 다음 해이므로 2020년을 가리킨다.

동사의 목적어로서의 to 부정사와 동명사

문법 톡톡

동사에 따라 to 부정사나 동명사 중 한 가지만 목적어로 취할 수도 있고, 둘 다 목적어로 취할 수도 있다.

1) to 부정사를 목적어로 쓰는 동사

  want, hope, wish, expect, decide, plan, promise, agree, refuse 등
  I **hope to see** my favorite singer in person. (나는 좋아하는 가수를 직접 보고 싶다.)

2) 동명사를 목적어로 쓰는 동사

  enjoy, stop, quit, finish, mind, look forward to, avoid, keep, delay, consider 등
  Do you **mind opening** the door? (문을 열어도 될까요?)

3) to 부정사, 동명사 둘 다 목적어로 쓰는 동사

  like, love, prefer, hate, start, begin, continue 등
  I **hate to sing/singing** in front of people. (나는 대중 앞에서 말하는 것이 싫다.)

Check Up

▶ Answers p. 204

■ **다음 괄호 안에서 문법적으로 옳은 표현을 모두 고르시오.**

1 I'm getting tired, so I want (to take / taking) a break.

2 Mina expected (to pass / passing) the test.

3 He doesn't enjoy (to play / playing) soccer.

4 Why don't you begin (to tell / telling) the story?

❶ The team studied Beethoven's notes and sketches to figure out his intentions for the

symphony. ❷ Then they <u>fed</u> all of Beethoven's music into a computer and <u>trained</u> <u>the AI</u>
　　　　　　　　　　동사 ①　　　　　　　　　　　　　　　　　　　　　　　　　동사 ②　　목적어

to learn and reproduce Beethoven's unique musical style. ❸ Whenever the AI generated
목적격 보어　　　　　　　　　　　　　　　　　　　　　　　　　　　　　복합 관계 부사

musical notes, they were sent to the composer, <u>who</u> reviewed them and selected the ones
　　　　　　　　　　　　　　　　　　　　　계속적 용법의 주격 관계 대명사

that best matched Beethoven's style. ❹ Through this collaborative approach, the team
주격 관계 대명사(= which)

successfully completed the symphony without delay. ❺ However, <u>because of</u> the impact
　　　　　　　　　　　　　　　　　　　　　　　　　　　　　　　　　　　+ 명사구

of COVID-19, the performance took place on October 9, 2021, almost ten months after

Beethoven's 250th birthday. ❻ The collaborative efforts of human experts and AI technology

brought Beethoven's creative ideas to life.

해석　❶ 팀은 교향곡에 대한 그의 의도를 파악하기 위해 베토벤의 악보와 스케치를 연구했다. ❷ 그런 다음 그들은 베토벤의 모든 음악을 컴퓨터에 입력하고 AI가 베토벤의 독특한 음악 스타일을 학습하고 재현하도록 훈련시켰다. ❸ AI가 음악 악보를 만들 때마다 그것들은 작곡가에게 보내졌고, 작곡가는 그것들을 검토하고 베토벤의 스타일에 가장 잘 맞는 것들을 선택했다. ❹ 이 협력적인 접근을 통해, 팀은 지연 없이 성공적으로 교향곡을 완성했다. ❺ 하지만 코로나 19의 영향으로 인해, 공연은 베토벤의 250번째 생일의 거의 10달 후인 2021년 10월 9일에 개최되었다. ❻ 인간 전문가들과 인공지능 기술의 협력적 노력이 베토벤의 창의적인 아이디어를 소생시켰다.

6 Why didn't the performance happen on Beethoven's 250th birthday?
(왜 공연은 베토벤의 250번째 생일에 하지 않았는가?)
It didn't happen on his 250th birthday because of the impact of COVID-19.
(코로나의 영향 때문에 그의 250번째 생일에 하지 못했다.)

어휘 figure out 알아내다, 이해하다   intention ⑲ 의도   feed ... into ~에 …을 넣다   reproduce ⑧ 다시 만들어내다, 재현하다
generate ⑧ 생성하다, 만들어내다   collaborative ⑲ 협력적, 공동의   approach ⑧ 접근하다   impact ⑲ 영향, 충격
performance ⑲ 공연, 연주회   take place 열리다, 일어나다   bring ... to life …에 활기를 불어넣다, …을 소생시키다

❷ Then they **fed** all of Beethoven's music into a computer and **trained** the AI **to learn and reproduce** Beethoven's unique musical style.

- 이 문장의 동사는 fed와 trained이며, reproduce는 앞에 있는 to learn과 함께 to 부정사로 to learn and (to) reproduce과 같이 쓸 수 있다.

❸ **Whenever** the AI generated musical notes, they were sent to the composer, who reviewed them and selected **the ones that** best matched Beethoven's style.

- whenever는 '~할 때는 언제나'를 의미하는 복합 관계 부사이다.
- 콤마 뒤의 who는 계속적 용법으로 쓰인 주격 관계 대명사이고, 관계사 절은 선행사인 the composer에 대해 부가적인 설명을 더하고 있다.
- the ones는 앞에 나온 명사인 musical notes를 의미한다.
- that best matched ...는 the ones를 선행사로 하는 관계사절이고, that은 주격 관계 대명사이고 which로 바꿔 쓸 수 있다.

❺ However, **because of** the impact of COVID-19, the performance took place on October 9, 2021, almost ten months after Beethoven's 250th birthday.

- because of는 이유를 나타내는 전치사로 due to로 바꿔 쓸 수 있으며 명사(구)의 앞에 위치한다. 반면 이유를 나타내는 접속사인 because는 주어, 동사 형태를 갖춘 절을 이끈다는 것에 유의한다.

이유, 원인을 나타내는 전치사와 접속사

1) because는 '... 때문에'라는 의미를 지닌 접속사이고, 뒤에 '주어+동사'의 형태를 취한다.
   Because it rained, we couldn't go on a picnic.
2) because of 역시 '... 때문에'라는 의미를 지녔으나 전치사이므로 뒤에는 반드시 명사(구)가 와야 한다.
   Because of rain, we couldn't go on a picnic.

복합 관계 부사

관계 부사인 when, where, how에 –ever를 붙인 것을 '복합 관계 부사'라고 한다.

	의미	
whenever	~할 때는 언제나	언제 ~ 하더라도
wherever	(~하는 곳은) 어디든지	어디에/어디로 ~ 하더라도
however	어떻게 ~ 할지라도	아무리 ~ 할지라도

Check Up

▶ Answers p. 204

1 다음 문장에서 문법적으로 <u>어색한</u> 부분을 찾아 알맞게 고치시오.

They trained the AI to learn and reproducing Beethoven's unique musical style.

2 다음 괄호 안에서 어법에 알맞은 것을 고르시오.

She decided to take the bus (because / because of) her car broke down.

3 다음 괄호 안에서 문맥상 알맞은 것을 고른 뒤 우리말로 해석하시오.

(1) (Wherever / Whenever) it rains, I stay at home and enjoy reading books.

_____

(2) (However / Whenever) difficult the task may seem, we will complete it on time.

_____

❶ Clearly, AI can come to the rescue when humans have problems awaiting solutions.
종속 접속사(시간)

❷ In the future, there may be many puzzling problems that can be solved through the help
주격 관계 대명사(= which)

of AI technology. ❸ More people will appreciate its benefits if AI continues to amaze them
종속 접속사   현재형 사용에 주의
(조건)

with remarkable achievements. ❹ However, AI cannot

work wonders by working alone. ❺ We humans have
동명사

to train AI to learn first and then perform a task.
동사   목적어   목적격 보어

❻ If the two do not cooperate in a friendly
종속 접속사(조건) 현재형 사용에 주의

manner, nothing magical will happen. ❼

As the old saying goes, "Two hands

make light work."

해석 ❶ 분명히, 인간들이 해결해야 할 문제가 있을 때 인공지능이 도움을 줄 수 있다. ❷ 앞으로 인공지능 기술의 도움을 통해 해결될 수 있는 많은 당혹스러운 문제들이 있을 것이다. ❸ 만약 인공지능이 주목할 만한 성과로 사람들을 계속 놀라게 한다면 더 많은 사람들이 그것의 혜택을 인정하게 될 것이다. ❹ 하지만 인공지능이 혼자 작업하여 기적을 만들 수는 없다. ❺ 먼저 학습을 하고 그 후 과업을 수행하도록 우리 인간들이 인공지능을 훈련시켜야 한다. ❻ 만약 둘이 우호적인 방식으로 협력하지 않는다면 어떤 마법 같은 일도 일어나지 않을 것이다. ❼ 옛 속담에도 있듯이, "백지장도 맞들면 낫다".

7 AI cannot work wonders alone because humans must ____train____ it to learn and ___perform___ a task.
 (AI는 인간이 학습하고 작업을 수행하도록 훈련시켜야 하기 때문에 혼자서 놀라운 일을 할 수 없다.)

어휘 come to the rescue 구하다   await ⑧ 기다리다   benefit ⑲ 혜택, 이익   remarkable ⑱ 놀라운, 주목할 만한
achievement ⑲ 성취   work wonders 기적을 낳다   task ⑲ 일, 과업   cooperate ⑧ 협력하다, 협조하다
in a friendly manner 우호적인 방식으로

❶ Clearly, AI can come to the rescue **when** humans have problems **awaiting solutions**.
- when은 시간의 부사절을 이끄는 접속사이다.
- awaiting은 problems를 수식하는 현재 분사이다. awaiting solutions처럼 구를 이루므로 명사의 뒤에서 수식하는 것에 주의한다.

❷ In the future, there may be many puzzling problems **that** can be solved through the help of AI technology.
- that은 many puzzling problems를 선행사로 하는 관계사 절을 이끄는 주격 관계 대명사이고, which로 바꾸어 쓸 수 있다.

❸ More people will appreciate its benefits **if** AI **continues** to amaze them with remarkable achievements.
- if는 조건을 나타내는 접속사로, 조건절에서 현재 시제(continues)를 사용하여 미래를 나타낸다. (will continue로 쓰지 않는다.)
- **If** she **comes** tomorrow, I will serve Korean dishes. (will come으로 쓰지 않는다.)
  (그녀가 내일 오면 나는 한국 음식을 대접할 것이다.)

❹ However, AI cannot work wonders **by working** alone.
- working은 전치사 by의 목적어로 쓰인 동명사이다.

❺ We humans have to **train AI to learn** first and then **perform** a task.
- train AI to learn ... and ... perform a task는 '동사+목적어+목적격 보어(to 부정사) 구문이고, to learn과 (to) perform은 병렬 구조이다.

❻ If the two do not cooperate in a friendly manner, **nothing magical** will happen.
- nothing magical처럼 부정 대명사(nothing)는 형용사(magical)가 뒤에서 수식한다.

접속사 if

1) 조건의 부사절을 이끄는 if: '~라면'의 의미이며 현재 시제로 미래를 나타낸다.
If Susie **calls** me, I will tell her the news.
(수지가 내게 전화하면, 나는 그녀에게 소식을 말해줄 것이다)

2) 명사절을 이끄는 if: '~인지 어떤지'의 의미이고, whether를 사용하기도 하며 will을 이용하여 미래를 나타낸다.
I want to know **if** he will come to the party tomorrow.
(나는 그가 내일 파티에 올지 알고 싶다.)

형용사의 위치

형용사는 보통 명사의 앞에서 수식하지만 -thing, -body, -one으로 끝나는 부정 대명사를 수식할 때는 명사의 뒤에서 수식한다.
It's so cold that I'd like to eat **something hot**. (너무 추워서 뜨거운 것을 먹고 싶다.)
Someone special will come to the party tonight. (특별한 누군가가 오늘 밤 파티에 올 거야.)

Check Up

▶ Answers
p. 204

1 다음 밑줄 친 if의 의미에 유의하여 문장을 해석하시오.

(1) I wonder if the weather will be fine tomorrow.
(2) If you buy this cookie, you will get one more for free.

2 다음 문장에서 문법적으로 어색한 부분을 찾아 바르게 고치시오.

I discovered amazing something during my travels.

3 다음 괄호 안에서 문법적으로 옳은 것을 고르시오.

Humans have lots of problems (awaited / awaiting) solutions.

1 GRAPHIC ORGANIZER

Rembrandt's *The Night Watch*

문제: 그림이 잘려 일부가 사라졌다.

과정: 인공지능은 그 화가의 스타일을 모방하기 위해 그림의 패턴을 찾았다.

결과: 그림은 사라진 조각들을 재현하여 복원되었다.

Beethoven's 10th Symphony

문제: 베토벤은 그의 10번 교향곡의 단지 일부 악보와 스케치만 남겼다.

과정: 인공지능은 그의 스타일을 학습하고 음을 만들었다. 그 다음에 작곡가는 예술가의 스타일에 가장 적합한 것을 선택하였다.

결과: 인공지능과 전문가 팀은 10번 교향곡을 완성했다.

기적을 만들어 내는 것은 바로 인간과 인공지능 기술 간의 협업이다.

GRAPHIC ORGANIZER

1 빈칸에 알맞은 말을 넣어 본문의 정보를 요약해 봅시다.

	Rembrandt's *The Night Watch*	Beethoven's 10th Symphony
Problem	The painting was (1)trimmed and lost some of its parts.	Beethoven left just some (3) notes and sketches for his 10th Symphony.
Process	AI searched for painting patterns to imitate the artist's style.	AI learned his style and generated notes. The composer then chose the best match to the artist's style.
Result	The painting was restored by recreating the (2) missing pieces.	AI and the expert team (4)completed the 10th Symphony.

It is (5) collaboration between humans and AI technology that works wonders.

completed   trimmed   collaboration   notes and sketches   missing

DETAILS

2 본문의 내용과 일치하면 T에, 일치하지 않으면 F에 표시해 봅시다.

(1) *The Night Watch* had to be trimmed when it was moved to a new place. (T) F

(2) A small copy of *The Night Watch* helped to restore the painting. (T) F

(3) Beethoven stopped composing because he could not hear well. T (F)

(4) Beethoven's 10th Symphony was not performed on his 250th birthday. (T) F

여러분은 AI가 만든 작품이 창의적인 예술 작품이라고 생각하나요? 친구들과 이야기를 나누어 봅시다.

교과서 95쪽

---

2 DETAILS

(1) The Night Watch는 새 장소로 옮겨졌을 때 잘라내져야 했다. (T)

[해설] 교과서 91쪽에서 그림이 새로 전시될 장소에 비해 너무 커서 사방을 잘라냈다고 언급하고 있다.

(2) The Night Watch의 작은 사본이 그림의 복원에 도움을 주었다. (T)

(3) 베토벤은 잘 들을 수 없었기 때문에 작곡을 그만두었다. (F)

[해설] 교과서 92쪽에서 베토벤은 청력을 완전히 상실한 뒤에도 교향곡 10번을 만들기 시작했다고 언급하고 있다.

(4) 베토벤의 10번 교향곡은 그의 250번째 생일에 공연되지 않았다. (T)

[해설] 교과서 93쪽에서 코로나로 인해 베토벤의 250번째 생일보다 약 10개월 뒤에 공연이 이루어졌다고 언급하고 있다.

Check Up

▶ Answers p. 205

■ 다음 각 문장이 본문의 내용과 일치하면 T, 일치하지 않으면 F에 동그라미 하시오.

1. It is not difficult to select the AI-created painting because it is totally different from the human-created painting. T / F

2. *The Night Watch* is a large-sized artwork painted by Rembrandt. T / F

3. *Operation Night Watch* team searched for the missing pieces with the help of AI technology. T / F

4. Beethoven couldn't finish his symphony because of his eye problems. T / F

5. Composer wrote musical notes first, then AI chose ones that best matched Beethoven's style. T / F

170 Lesson 4

01 (Make / Take) a look at the paintings below.

02 One of them (created / was created) by a human, and the other by AI.

03 Can you guess which one (created / was created) by AI?

04 Interestingly, many people find it hard to choose the (AI-created / AI-creating) artwork.

05 Both pieces are equally beautiful and have (its / their) own unique merits.

06 The painting on the right, (which / that) was actually created by AI, even won first place at an American fine arts competition in 2022.

07 AI technology can help solve (puzzling / puzzled) problems in the art world.

08 (One / Other) such problem was Rembrandt van Rijn's artwork *The Night Watch*.

09 It is one of the (more / most) famous paintings in the history of the Netherlands.

10 It is also Rembrandt's (most / least) ambitious work.

11 In addition to the creative use of light and shadow, the size of the artwork (surprises / is surprised) viewers.

12 It is over 3.5 meters high and almost 4.5 meters (wide / widely).

13 The artwork (painted / was painted) in 1642 and moved to the Amsterdam Town Hall in 1715.

14 However, it was too (small / big) for the new location, so the painting had to be trimmed on all sides.

15 It resulted (in / from) the loss of some parts of the painting.

16 Art lovers (viewing / viewed) the outstanding painting often wondered, "Is there a way to restore the painting to its original state?"

17 In 2019, in order to answer this age-old question, the staff at Rijksmuseum, the national museum of the Netherlands in Amsterdam, decided to solve the puzzle (using / used) AI technology.

18 They wanted to give visitors an opportunity to (be appreciated / appreciate) Rembrandt's artwork in its original size.

19 (Unfortunately / Fortunately), a Dutch artist had made a smaller copy of the original artwork, and this copy helped the restoration process greatly.

20 The museum's *Operation Night Watch* team trained the computer to (learn / be learned) Rembrandt's techniques by looking for patterns in all of his paintings.

21 With the help of AI technology, the (missed / missing) pieces were recreated, and the (restored / restoring) artwork was displayed for several months.

22 Another problem (was puzzled / puzzled) lovers of Ludwig van Beethoven's symphonies.

23 Even (when / where) the composer had completely lost his hearing, he began to work on his 10th Symphony.

24 (Though / As) he managed to put down some notes and sketches, he could not finish the work before he died in 1827.

25 Many music lovers (was questioned / questioned) "Could there be a way to finish Beethoven's 10th Symphony?"

26 In 2019, a team of experts including a composer, musicologists, and AI specialists started a creative mission to solve the puzzle (leaving / left) unsolved until then.

27 In the spirit of friendly collaboration, they wanted to (complete / be completed) the symphony to celebrate the composer's 250th birthday the following year.

28 The team studied Beethoven's notes and sketches to (figure / turn) out his intentions for the symphony.

▶ Answers p. 205

29 Then they fed all of Beethoven's music into a computer and (trained / were trained by) the AI to learn and reproduce Beethoven's unique musical style.

30 Whenever the AI generated musical notes, they were sent to the composer, (who / which) reviewed them and selected the ones that best matched Beethoven's style.

31 (Despite / Through) this collaborative approach, the team successfully completed the symphony without delay.

32 However, because of the impact of COVID-19, the performance took place on October 9, 2021, almost ten months (before / after) Beethoven's 250th birthday.

33 The collaborative efforts of human experts and AI technology brought Beethoven's creative ideas (to / on) life.

34 Clearly, AI can come to the rescue (when / why) humans have problems awaiting solutions.

35 In the future, there may be many (puzzling / puzzled) problems that can be solved through the help of AI technology.

36 More people will appreciate its benefits (if / while) AI continues to amaze them with remarkable achievements.

37 However, AI cannot (take / work) wonders by working alone.

38 We humans have to train AI to (learn / be learned) first and then perform a task.

39 If the two do not cooperate in a friendly manner, nothing (magical / magically) will happen.

40 As the old saying goes, "Two hands make (heavy / light) work."

▶ Answers p. 205

01 One of them _____ by a human, and the other by AI. (create)

02 Interestingly, many people find it hard to choose the _____ artwork. (AI-create)

03 AI technology can help solve _____ problems in the art world. (puzzle)

04 In addition to the creative use of light and shadow, the size of the artwork _____ viewers. (surprise)

05 The artwork _____ in 1642 and moved to the Amsterdam Town Hall in 1715. (paint)

06 However, it was too big for the new location, so the painting had to _____ on all sides. (trim)

07 Art lovers _____ the outstanding painting often wondered, "Is there a way to restore the painting to its original state?" (view)

08 They wanted to give visitors an opportunity _____ Rembrandt's artwork in its original size. (appreciate)

09 With the help of AI technology, the _____ pieces were recreated, and the _____ artwork was displayed for several months. (miss, restore)

10 Another problem _____ lovers of Ludwig van Beethoven's symphonies. (puzzle)

11 Though he _____ to put down some notes and sketches, he could not finish the work before he died in 1827. (manage)

12 In 2019, a team of experts including a composer, musicologists, and AI specialists started a creative mission to solve the puzzle _____ unsolved until then. (leave)

13 Whenever the AI generated musical notes, they _____ to the composer, who reviewed them and selected the ones that best matched Beethoven's style. (send)

14 Clearly, AI can come to the rescue when humans have problems _____ solutions. (await)

15 In the future, there may be many _____ problems that can be solved through the help of AI technology. (puzzle)

16 If the two do not cooperate in a _____ manner, nothing magical will happen. (friend)

Write & Present — Create Your Own Application

STEP 1 STUDY THE MODEL

앱 광고를 읽고, 어떤 내용으로 구성되었는지 살펴봅시다.

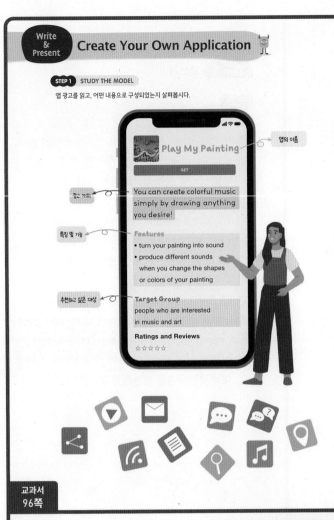

Play My Painting — 앱의 이름

GET

광고 카피 — You can create colorful music simply by drawing anything you desire!

특징 및 기능 — **Features**
• turn your painting into sound
• produce different sounds when you change the shapes or colors of your painting

추천하고 싶은 대상 — **Target Group**
people who are interested in music and art

Ratings and Reviews
☆ ☆ ☆ ☆ ☆

교과서 96쪽

'자신만의 앱' 디자인하기
앱을 고안하는 활동으로 사물의 용도와 기능을 표현해 볼 수 있으며, 발표를 통해 창의적인 아이디어를 나눌 수 있습니다.

STEP 2 BRAINSTORM YOUR IDEAS

모둠별로 만들고 싶은 앱을 생각해 본 뒤, 간단히 메모해 봅시다.

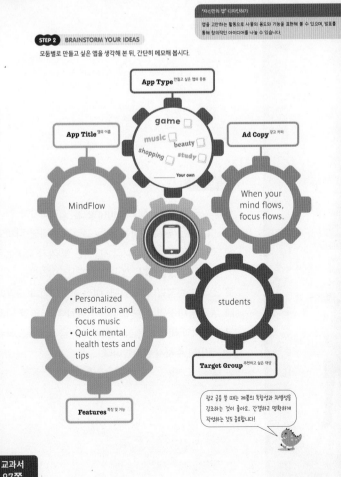

App Type 만들고 싶은 앱의 종류
game ☐
music ☐ beauty ☐
shopping ☐ study ☐
Your own

App Title 앱의 이름 — MindFlow

Ad Copy 광고 카피 — When your mind flows, focus flows.

• Personalized meditation and focus music
• Quick mental health tests and tips

students

Target Group 추천하고 싶은 대상

Features 특징 및 기능

광고 글을 쓸 때는 제품의 독창성과 차별성을 강조하는 것이 좋아요. 간결하고 명확하게 작성하는 것도 중요합니다!

교과서 97쪽

자신만의 앱 만들기

Step 1 모델 살펴보기

내 그림을 재생하세요.

광고 카피

여러분이 원하는 것을 그리기만 하면 다채로운 음악을 만들 수 있습니다.

특징 및 기능
• 그림을 음악으로 바꾼다
• 그림의 모양이나 색깔을 바꾸면 다른 소리를 생성한다

추천하고 싶은 대상
음악과 미술에 관심있는 사람

Step 2 아이디어 브레인스토밍하기

앱 기획 메모 예시

App Type
music, quick test

App Title
MindFlow

Features
1. Personalized meditation and focus music
   (맞춤형 명상 및 집중 음악)
2. Quick mental health tests and tips
   (간단한 심리 테스트와 힐링 팁)

Target Group
students

Ad Copy
When your mind flows, focus flows.
(마음이 흐르면, 집중도 흐른다.)

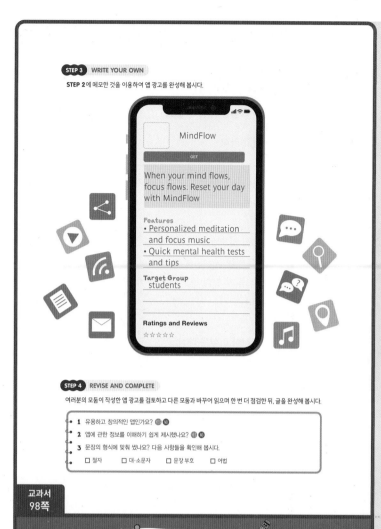

참고

App Features

When your mind flows, focus flows. Reset your day with MindFlow. (마음이 흐르면, 집중도 흐릅니다. MindFlow와 함께 일상을 리셋하세요.)

- Personalized meditation and focus music: The app suggests music or sounds based on your mood or goal. (사용자의 기분이나 목표에 맞춰 음악 및 소리를 제공합니다.).
- Quick mental health tests and tips: A 1-minute daily test checks your current state and gives you personalized healing tips. (하루에 1분이면 할 수 있는 심리 테스트를 통해 현재 상태를 진단하고, 이에 맞는 맞춤형 힐링 팁을 제안합니다.)

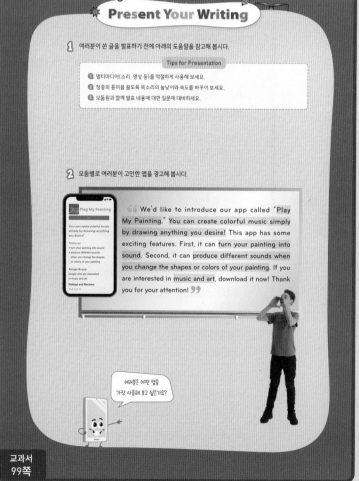

발표하기

우리의 앱인 "Play My Painting"을 소개하고자 합니다. 여러분은 단지 원하는 것을 그리기만 하면 다채로운 음악을 만들 수 있습니다. 이 앱은 몇 가지 흥미로운 기능을 갖고 있습니다. 첫 번째, 그것은 여러분의 그림을 소리로 변환합니다. 둘째, 여러분이 그림의 모양이나 색깔을 바꾸면 다른 소리가 생성됩니다. 만약 여러분이 음악과 미술에 관심이 있다면 지금 다운로드하세요. 주목해 주셔서 감사합니다.

Teen Vibes

Fun Time **AI Comics: Drawing with Technology**

AI 프로그램을 이용하여 자신만의 짧은 만화를 그려 봅시다.

You're in my seat!

Equal pay for equal work!

Rights for robots!

I built my first snowman!

I built my first snowman!

여러분의 만화를 친구들에게 발표해 보세요.

교과서 100쪽

Project Time **Teens' Lives in the Future**

STEP 1 30년 뒤 청소년의 일과는 지금과 어떻게 다를지 모둠별로 논의한 후 메모해 봅시다.

Sample

"Teens in 30 years might use AI tutors instead of traditional teachers."

"Robotics may handle daily chores, giving teens more free time."

STEP 2 모둠원들이 돌아가며 시간대를 선택한 후, 30년 뒤 청소년의 일과에 대해 릴레이 글쓰기를 해 봅시다.

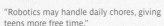

I don't have to choose clothes. They change by themselves as I desire.

 Morning

All classes take place virtually, without the need for a device. The virtual space appears right before my eyes.

 Noon

I simply put the food pill into the cooker, and a delicious dinner is ready.

 Evening

Sample

I use a sleep helper at night. It allows me to stay healthy even with just a few hours of sleep.

 Night

STEP 3 모둠별로 릴레이 글쓰기를 발표하고, 궁금한 것을 묻고 답해 봅시다.

교과서 101쪽

AI 만화: 기술을 이용해 그리기

#1 당신이 내 자리에 있잖아.
#2 동일한 노동에 동일한 임금!
　　로봇의 권리
(AI 로봇이 인간의 자리에서 일하고, 동일한 처우를 요구하며 시위하는 상황을 상상하여 창작한 만화)

#1 내가 나의 첫 눈사람을 만들었어.
#2 내가 나의 첫 눈사람을 만들었어.
(실제 눈으로 눈사람을 만들어 보여주는 상황과 스마트 기기로 눈사람을 만들어 보여주는 상황을 대비해서 보여주는 만화)

미래의 십대들의 삶

Step 1

예시
• 30년 뒤 청소년들은 전통적인 교사 대신 AI 튜터를 사용할지도 모른다.
• 로봇이 일상적인 집안일을 처리해 청소년들이 더 많은 자유 시간을 가질 수 있을 것이다.

Step 2

Morning
나는 옷을 고를 필요가 없다. 내가 원하는 대로 옷이 스스로 바뀐다.

Noon
모든 수업은 가상으로 이루어지고, 기기가 필요 없다. 가상 공간이 바로 내 눈 앞에 나타난다.

Evening
식품 알약을 조리기구에 넣기만 하면 맛있는 저녁 식사가 준비된다.

Night
밤에는 수면 도우미를 사용한다. 몇 시간의 수면만으로 내가 건강을 유지할 수 있게 해준다.

Lesson 4　**177**

The Finish Line

LISTEN

1 대화를 듣고, 대화의 내용과 일치하지 <u>않는</u> 것을 골라 봅시다.

ⓐ 3D printers in the restaurant can create dishes.

ⓑ The boy often eats out at the 3D printing restaurant.

ⓒ 3D printers use chocolate and cheese as printing materials.

GRAMMAR 1

3 괄호 안에서 어법상 알맞은 것을 골라 봅시다.

(1) The (breaking / broken) robot was sent to the factory.

(2) I could not get into the (moving / moved) car.

(3) The doctor was asked to treat (injuring / injured) soldiers.

(4) The scientist studied at a globally (knowing / known) school.

READ

5 본문의 내용과 일치하지 않는 것을 골라 봅시다.

ⓐ The museum used AI to restore *The Night Watch* to its original size.

ⓑ Beethoven left behind some notes and sketches for his 10th Symphony.

ⓒ AI created musical notes and completed Beethoven's symphony by itself.

SPEAK

2 AI가 어떤 문제를 해결해 주기를 원하는지 여러분의 희망을 말해 봅시다.

Sample

I hope AI technology can help solve hunger problems around the world.

GRAMMAR 2

4 우리말과 같은 뜻이 되도록 괄호 안의 표현을 바르게 배열해 봅시다.

(1) 그 진보하는 기술은 세상을 변화시키고 있다.
→ The advancing technology is changing the world.
(the world / the advancing / is changing / technology)

(2) 그들은 스마트 안경이라고 불리는 제품을 발명했다. They invented a product called smart glasses.
(invented / called / they / smart glasses / a product)

WRITE

6 자신이 만들고 싶은 로봇을 생각한 뒤, 그 기능을 써 봅시다. **Sample**

• My robot can *clean my room*.

• My robot can wake me up every morning.

• My robot can help me when I cannot solve math problems.

Script

W Have you heard about the new 3D printing restaurant?

M No, what's that?

W It's a restaurant that uses 3D printers to create its dishes.

M That's amazing! How does it work?

W You just select a dish from the menu, and the 3D printer uses materials such as chocolate and cheese to create it.

M Oh, really? I'd love to try it.

여: 새로운 3D 프린팅 레스토랑에 대해 들어 봤니?

남: 아니, 그게 뭐야?

여: 3D 프린터를 사용하여 요리를 만드는 레스토랑이야.

남: 정말 놀랍다! 어떻게 작동해?

여: 메뉴에서 요리를 선택하기만 하면 3D 프린터가 초콜릿과 치즈와 같은 재료를 사용해 요리를 만들어.

남: 오, 정말? 꼭 먹어보고 싶다.

---

1 ⓐ 식당에 있는 3D 프린터는 요리를 만들 수 있다.

ⓑ 소년은 3D 프린팅 식당에서 종종 외식한다.

ⓒ 3D 프린터는 초콜릿과 치즈를 재료로 사용한다.

2 나는 AI 기술이 전 세계 기아 문제를 해결하는 데 도움이 될 수 있기를 바라.

3 (1) 망가진 로봇은 공장으로 보내졌다.

(2) 나는 움직이는 차에 탈 수 없었다.

(3) 의사들은 부상당한 군인들을 치료해 달라는 요청을 받았다.

(4) 과학자들은 국제적으로 알려진 학교에서 공부했다.

해설 (1) 로봇은 망가뜨려진 것이고, (3) 군인들은 부상당했으며, (4) 학교는 '알려진' 것이므로 셋 모두 수동의 의미를 내포한 과거 분사 형태로 명사를 수식한다.

5 ⓐ 박물관은 The Night Watch를 본래의 사이즈로 복원하기 위해 AI를 사용했다.

ⓑ 베토벤은 그의 10번 교향곡을 위해 약간의 악보와 스케치를 남겼다.

ⓒ AI는 음악 악보를 만들었고 베토벤의 교향곡을 혼자 완성했다. (→ 인간과 AI의 협업으로 완성했다.)

6 • 내 로봇은 내 방을 청소할 수 있다.

• 내 로봇은 매일 아침 나를 깨워줄 수 있다.

• 내 로봇은 내가 수학 문제를 풀지 못할 때 나를 도울 수 있다.

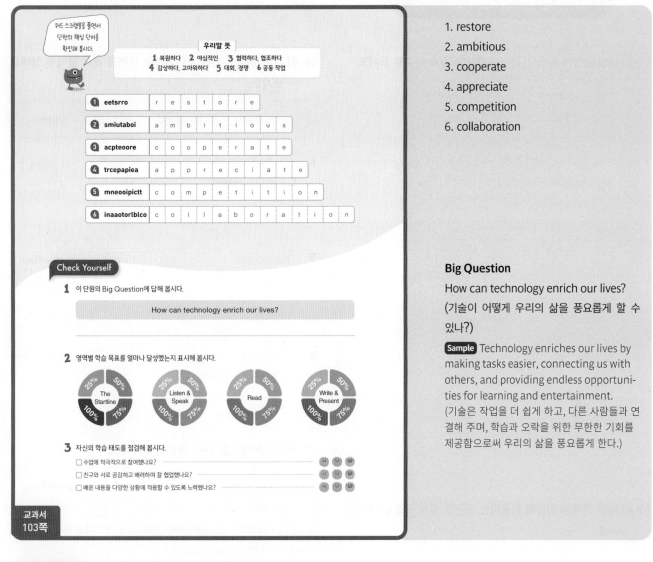

▶ Answers p. 205

1. restore
2. ambitious
3. cooperate
4. appreciate
5. competition
6. collaboration

Big Question

How can technology enrich our lives?
(기술이 어떻게 우리의 삶을 풍요롭게 할 수 있나?)

Sample Technology enriches our lives by making tasks easier, connecting us with others, and providing endless opportunities for learning and entertainment.
(기술은 작업을 더 쉽게 하고, 다른 사람들과 연결해 주며, 학습과 오락을 위한 무한한 기회를 제공함으로써 우리의 삶을 풍요롭게 한다.)

Check Up

■ **다음 빈칸에 알맞은 단어를 쓰시오.**

1. The _____ AI project aims to solve global problems.
(그 야심 찬 AI 프로젝트는 세계적인 문제를 해결하는 것을 목표로 한다.)

2. We _____ how AI makes our work faster and easier.
(우리는 AI가 우리의 일을 더 빠르고 쉽게 만들어 주는 것을 감사히 여긴다.)

3. _____ between humans and AI creates amazing innovations.
(인간과 AI의 협업은 놀라운 혁신을 만들어낸다.)

4. AI companies are in strong _____ to develop better technology.
(AI 회사들은 더 나은 기술을 개발하기 위해 치열한 경쟁을 벌이고 있다.)

5. Robots and humans can _____ to complete complex tasks.
(로봇과 인간은 복잡한 작업을 완수하기 위해 협력할 수 있다.)

6. AI can _____ old photos to their original quality.
(AI는 오래된 사진을 원래 품질로 복원할 수 있다.)

[1-2] 다음 문장의 밑줄 친 단어의 의미를 골라 번호를 쓰시오.

① 그리워하다	② 놓치다
③ 감상하다	④ 감사하다

1 (1) She didn't want to <u>miss</u> her favorite actor's performance.　　　　　(　)

(2) I really <u>miss</u> my friends since they moved away.
　　　　　　　　　　　　　　　　　(　)

2 (1) I <u>appreciate</u> your help; I couldn't have done it without you.　　　　　(　)

(2) I want to go to a concert to <u>appreciate</u> classical music.　　　　　(　)

[3-4] 다음 문맥상 빈칸에 어울리는 단어를 골라 문장을 완성하시오.

complete	restore	cooperate

3 The team worked very hard to _____ the damaged building.

4 I need to _____ the assignment before the deadline.

5 다음 영영 풀이에 해당하는 단어는?

to cut a small amount from something

① rescue　　　　　② perform
③ trim　　　　　　④ complete
⑤ generate

[6-8] 다음 문맥상 빈칸에 어울리는 단어를 골라 올바른 형태로 쓰시오.

embarrass	surround	amaze	injure

6 The president was _____ because he forgot his speech.

7 The dancer _____ during his performance had to go to the hospital.

8 The walls _____ the ancient castle have stood for centuries.

[9-10] 다음 대화를 읽고, 물음에 답하시오.

M: Yuna, what are you watching? Is it something interesting?
W: I'm watching a program about a smart glove.
M: A smart glove? What's that?
W: Well, ⓐ it's an AI-based glove. It makes ⓑ it easier to communicate with people who have difficulty hearing or speaking.
M: Really? Sounds fascinating! How does ⓒ it work?
W: When you wear ⓓ it and make hand gestures, the glove turns them into speech.
M: Wow, _____ ⓔ It could improve our communication with people who have hearing or speaking difficulties.

9 위 대화의 빈칸에 들어가기 적절한 표현을 모두 고르면?

① what a surprise!　　　② that's amazing.
③ what a shame!　　　　④ that's not fair!
⑤ I can't believe this.

10 밑줄 친 ⓐ~ⓔ 중 가리키는 대상이 다른 하나는?

① ⓐ　　② ⓑ　　③ ⓒ　　④ ⓓ　　⑤ ⓔ

11 자연스러운 대화가 되도록 (A)~(C)를 바르게 배열하시오.

(A)

> W: That's so sad. I'm afraid there may still be some people trapped under collapsed buildings.
>
> M: Yes, and it's too risky for rescue workers to enter the buildings and search for survivors.

(B)

> W: Did you hear about the earthquake?
>
> M: Yes, I did. A lot of people were hurt, and sadly, some even lost their lives.

(C)

> W: That's why they're sending AI-based rescue robots to help! These robots can enter the buildings and find survivors.
>
> M: I hope they can save as many people as possible.

_____ → _____ → _____

[12-13] 다음 글을 읽고, 물음에 답하시오.

> Take a look at the paintings below. One of them was created by a human, and the other by AI. Can you guess which one was created by AI? Interestingly, many people find ⓐ it hard to choose the AI-created artwork. Both pieces are equally beautiful and have their own unique merits. The painting on the right, which was actually created by AI, even won first place at an American fine arts competition in 2022.

12 윗글의 밑줄 친 ⓐ it이 의미하는 바를 우리말로 간단히 쓰시오.

_____

13 윗글의 요지로 가장 적절한 것은?

① 인공지능의 급속한 발달로 인간성이 황폐화되고 있다.

② 인공지능이 만든 그림과 인간의 작품을 구별하는 것이 어려울 정도가 되었다.

③ 예술은 인공지능이 접근할 수 없는 인간만의 고유한 영역이다.

④ 인공지능이 예술 교육에 다양하게 활용될 것이다.

⑤ 사회 전반에서 인공지능의 활약이 두드러지고 있다.

[14-15] 다음 글을 읽고, 물음에 답하시오.

> AI technology can help solve ⓐ puzzle problems in the art world. One such problem was Rembrandt van Rijn's artwork *The Night Watch*. It is one of the most famous paintings in the history of the Netherlands. In addition to the creative use of light and shadow, the size of the artwork surprises viewers. It is over 3.5 meters high and almost 4.5 meters wide.

14 윗글에서 답을 찾을 수 없는 질문은?

① Who painted *The Night Watch*?

② What surprises viewers of *The Night Watch*?

③ What are the features of *The Night Watch*?

④ How big is *The Night Watch*?

⑤ When was *The Night Watch* painted?

15 윗글의 밑줄 친 ⓐ puzzle을 알맞은 형태로 쓰시오.

_____

[16-18] 다음 글을 읽고, 물음에 답하시오.

The artwork was painted in 1642 and ① moved to the Amsterdam Town Hall in 1715. However, it was ② too big for the new location, so the painting had to be trimmed on all sides. It ③ resulted from the loss of some parts of the painting. Art lovers viewing the o＿＿＿＿ painting often wondered, "Is there a way to restore the painting to its ④ original state?" In 2019, in order to answer this age-old question, the staff at Rijksmuseum, the national museum of the Netherlands in Amsterdam, decided ⑤ to solve the puzzle using AI technology. They wanted to give visitors an opportunity to ⓐ appreciate Rembrandt's artwork in its original size.

16 윗글의 밑줄 친 ①~⑤ 중 흐름상 표현의 쓰임이 어색한 것은?

①   ②   ③   ④   ⑤

17 윗글의 밑줄 친 ⓐ와 같은 의미로 쓰인 문장은?

① I would appreciates some help.
② I really appreciate your help with the project.
③ He appreciated the beauty of nature during his hikes.
④ The teacher wanted to appreciate the students for their hard work.
⑤ I appreciate you bringing me coffee this morning.

18 다음 영영 풀이를 참고하여 윗글의 빈칸에 주어진 철자로 시작하는 단어를 쓰시오.

o＿＿＿＿＿＿＿＿＿＿＿
(excellent and much better than most)

19 다음 글의 내용과 일치하지 않는 것은?

Fortunately, a Dutch artist had made a smaller copy of the original artwork, and this copy helped the restoration process greatly. The museum's *Operation Night Watch* team trained the computer to learn Rembrandt's techniques by looking for patterns in all of his paintings. With the help of AI technology, the missing pieces were recreated, and the restored artwork was displayed for several months.

① 한 네덜란드의 화가가 원본의 작은 복제본을 그려 놓았다.
② 복제본이 원본의 복원 과정에 큰 도움을 주었다.
③ 컴퓨터는 인간의 도움 없이 렘브란트 작품들의 패턴을 찾아냈다.
④ AI의 도움으로 그림의 사라진 부분이 복원되었다.
⑤ 복원된 작품은 몇 달 동안 전시되었다.

[20-21] 다음 글을 읽고, 물음에 답해 봅시다.

Another problem puzzled lovers of Ludwig van Beethoven's symphonies. (①) Though he managed to put down some notes and sketches, he could not finish the work before he died in 1827. (②) Many music lovers questioned, "Could there be a way to finish Beethoven's 10th Symphony?" (③) In 2019, a team of experts including a composer, musicologists, and AI specialists started a creative mission to solve 그 때까지 풀리지 않은 채 남아 있던 퍼즐. (④) In the spirit of friendly collaboration, they wanted to complete the symphony to celebrate the composer's 250th birthday the following year. (⑤)

20 윗글의 ①~⑤ 중 다음 주어진 문장이 들어가기에 가장 알맞은 곳은?

Even when the composer had completely lost his hearing, he began to work on his 10th Symphony.

①   ②   ③   ④   ⑤

21 윗글의 밑줄 친 우리말과 같은 뜻이 되도록 다음 표현을 바르게 배열하시오.

> _____
> (left / until then / the puzzle / unsolved)

[22-23] 다음 글을 읽고, 물음에 답하시오.

The team studied Beethoven's notes and sketches to figure out his intentions for the symphony.

(A) Whenever the AI generated musical notes, they were sent to the composer, _____ reviewed them and selected the ones that best matched Beethoven's style. Through this collaborative approach, the team successfully completed the symphony without delay.

(B) However, because the impact of COVID-19, the performance took place on October 9, 2021, almost ten months after Beethoven's 250th birthday. The collaborative efforts of human experts and AI technology brought Beethoven's creative ideas to life.

(C) Then they fed all of Beethoven's music into a computer and trained the AI to learn and reproduce Beethoven's unique musical style.

22 주어진 문장에 이어 자연스러운 흐름이 되도록 윗글의 (A)~(C)를 순서대로 배열하시오.

> _____ → _____ → _____

23 윗글의 빈칸에 들어갈 가장 적절한 말은?

① that   ② what
③ who   ④ which
⑤ whom

[24-25] 다음 글을 읽고, 물음에 답하시오.

Clearly, AI can come to the rescue when humans have problems awaiting solutions. In the future, there may be many puzzling problems that can be solved through the help of AI technology. More people will appreciate its benefits if AI continues to amaze them with remarkable achievements. However, AI cannot work wonders by working alone. We humans have to train AI to learn first and then perform a task. If the two do not cooperate in a friendly manner, 어떤 기적적인 일도 발생하지 않을 것이다. As the old saying goes, "Two hands make light work."

24 윗글의 밑줄 친 우리말과 같은 뜻이 되도록 다음 표현을 바르게 배열하시오.

> _____
> (magical / will / nothing / happen)

25 다음 영영 풀이에 해당하는 단어를 윗글에서 찾아 쓰시오.

> _____
> (to work together with somebody else in order to achieve something)

[1-3] 다음 (1), (2)의 빈칸에 공통으로 들어갈 단어를 골라 문장을 완성하시오.

address	company	work	miss

1 (1) I'll give you my _____ and phone number.

(2) The mayor will _____ the public at the town hall meeting this evening.

2 (1) My parents _____ diligently to improve their skills and achieve their career goals.

(2) The artist's latest _____ is on display at the gallery.

3 (1) My brother applied to a food _____ and had an interview today.

(2) I enjoy the _____ of my friends during the weekend.

4 다음 영영 풀이에 해당하는 단어는?

- to repair something old
- to make something good exist again

① cooperate   ② await
③ achieve   ④ restore
⑤ complete

5 다음 영어 표현과 우리말 뜻이 잘못 연결된 것은?

① win a competition – 경쟁에서 이기다
② trim your hair – 머리를 다듬다
③ a song composer – 노래 작사가
④ appreciate paintings – 그림을 감상하다
⑤ come to the rescue – 구조하러 오다

[6-7] 다음 괄호 안에 주어진 단어가 들어갈 위치에 ∨를 표시하시오.

6 Spanish is the main language in Latin America.

(spoken)

7 It is useless to cry over milk. (spilt)

8 다음 밑줄 친 표현 중 어법상 어색한 것은?

① The shoes <u>bought</u> in this store are very satisfying.
② Letters <u>written</u> by him made me cry.
③ A <u>rolling</u> stone has no moss.
④ Only <u>invited</u> guests can attend the main event.
⑤ The wall <u>painting</u> in green makes me feel comfortable.

[9-10] 다음 대화를 읽고, 물음에 답하시오.

M: Yuna, what are you watching? Is it something ① <u>interesting</u>?

W: I'm watching a program about a smart glove.

M: A smart glove? What's that?

W: Well, it's an AI-based glove. It makes ② <u>that</u> easier to communicate with people ⓐ have difficulty ③ <u>hearing or speaking</u>.

M: Really? Sounds fascinating! How does it work?

W: When you wear it and make hand gestures, the glove turns ④ <u>them</u> into speech.

M: Wow, that's ⑤ <u>amazed</u>! It could improve our communication with people ⓑ have hearing or speaking difficulties.

9 위 대화의 밑줄 친 ①~⑤ 중 문법적으로 옳지 <u>않은</u> 것을 모두 고르면?

①   ②   ③   ④   ⑤

10 위 대화의 밑줄 ⓐ, ⓑ에 공통으로 들어갈 말을 쓰시오.

_____

[11-12] 다음 대화를 읽고, 물음에 답하시오.

W: Did you hear about the earthquake?

M: Yes, I did. A lot of people were hurt, and sadly, some even lost their lives.

W: That's so sad. I'm afraid there may still be some people trapped under collapsed buildings.

M: Yes, and it's too risky for rescue workers to enter the buildings and search for survivors.

W: That's why they're sending AI-based rescue robots to help! These robots can enter the buildings and find survivors.

M: I hope they can save as many people as possible.

11 위 대화에서 답할 수 <u>없는</u> 질문은?

① What recent event are the speakers talking about?

② How many people were hurt because of the earthquake?

③ Why did they use AI-based rescue robots?

④ How are AI-based rescue robots expected to help in this situation?

⑤ What does the man hope that rescue robots will do?

12 다음 영영 풀이에 해당하는 단어를 위의 대화에서 찾아 쓰시오.

(to fall down, sometimes breaking into pieces)

[13-14] 다음 글을 읽고, 물음에 답하시오.

Take a look at the paintings below. One of them was created by a human, and the other by AI. Can you guess which one was created by AI? Interestingly, many people find it hard to choose the AI-created artwork. Both pieces are equally beautiful and have their own unique merits. The painting on the right, _____ was actually created by AI, even won first place at an American fine arts competition in 2022.

13 윗글의 빈칸에 알맞은 말은?

① which   ② that

③ whom   ④ who

⑤ whose

14 윗글의 내용과 일치하면 T, 일치하지 않으면 F를 쓰시오.

(1) 누구나 쉽게 AI가 창작한 작품을 알아볼 수 있다. _____

(2) AI 창작 작품과 인간 창작 작품은 각각 독특한 장점을 가지고 있다. _____

(3) AI가 창작한 작품이 2022년 미국 미술 대회에서 1등을 하였다. _____

[15-17] 다음 글을 읽고, 물음에 답하시오.

AI technology can help ⓐ_____ puzzling problems in the art world. One such problem was Rembrandt van Rijn's artwork *The Night Watch*.

(A) In 2019, in order to answer this age-old question, the staff at Rijksmuseum, the national museum of the Netherlands in Amsterdam, decided ⓑ_____ the puzzle using AI technology. They wanted to give visitors an opportunity to appreciate Rembrandt's artwork in its original size.

(B) However, ① it was too big for the new location, so the painting had to be trimmed on all sides. ② It resulted in the loss of some parts of the painting. Art lovers viewing the outstanding painting often wondered, "Is there a way to restore the painting to its original state?"

(C) ③ It is one of the most famous paintings in the history of the Netherlands. In addition to the creative use of light and shadow, the size of the artwork surprises viewers. ④ It is over 3.5 meters high and almost 4.5 meters wide. ⑤ It was painted in 1642 and moved to the Amsterdam Town Hall in 1715.

15 자연스러운 흐름이 되도록 윗글의 (A)~(C)를 순서대로 배열하시오.

_____ → _____ → _____

16 윗글의 빈칸 ⓐ, ⓑ에 다음 단어를 이용하여 문장을 완성하시오.

solve

ⓐ _____   ⓑ _____

17 윗글의 밑줄 친 ①~⑤ 중 가리키는 대상이 다른 하나는?

①   ②   ③   ④   ⑤

18 다음 빈칸 ⓐ, ⓑ에 알맞은 단어를 골라 문법적으로 올바른 형태로 쓰시오.

Fortunately, a Dutch artist had made a smaller copy of the original artwork, and this copy helped the restoration process greatly. The museum's *Operation Night Watch* team trained the computer to learn Rembrandt's techniques by looking for patterns in all of his paintings. With the help of AI technology, the missing pieces ⓐ _____, and the restored artwork ⓑ _____ for several months.

| display | cooperate | recreate |

[19-21] 다음 글을 읽고, 물음에 답하시오.

Another problem puzzled lovers of Ludwig van Beethoven's symphonies. Even when the composer had completely lost his hearing, he began ① to work on his 10th Symphony. Though he managed ② to put down some notes and sketches, he could not finish the ⓐ work before he died in 1827. Many music lovers questioned, "Could there be a way ③ to finish Beethoven's 10th Symphony?" In 2019, a team of experts including a composer, musicologists, and AI specialists started a creative mission to solve the puzzle left unsolved until then. In the spirit of friendly collaboration, they wanted ④ to complete the symphony ⑤ to celebrate the composer's 250th birthday the following year.

19 윗글의 제목으로 가장 적절한 것은?

① Mysterious Reasons for Beethoven's Hearing Loss
② Collaboration to Complete Beethoven's 10th Symphony
③ Importance of Notes and Sketches for Learning
④ How to Compete with Experts in Various Fields
⑤ Beethoven's 250th Birthday as a Major Event for Music Lovers

20 윗글의 밑줄 친 ①~⑤ 중 아래 문장의 밑줄 친 부분과 쓰임이 같은 것을 고르시오.

> We have to hurry up to make it in time.

①   ②   ③   ④   ⑤

21 윗글의 밑줄 친 ⓐ work와 같은 의미로 쓰인 것은?

① She goes to work every day.
② It takes a lot of work to maintain a garden.
③ The gallery is displaying several works of Van Gogh.
④ We worked together to achieve our goal.
⑤ I need to fix the phone because it doesn't work.

[22-23] 다음 글을 읽고, 물음에 답하시오.

The team studied Beethoven's notes and sketches to figure out his intentions for the symphony. (①) Then ⓐ they fed all of Beethoven's music into a computer and trained the AI to learn and reproduce Beethoven's unique musical style. (②) Whenever the AI generated musical notes, ⓑ they were sent to the composer, who reviewed them and selected the ones that best matched Beethoven's style. (③) However, because of the impact of COVID-19, the performance took place on October 9, 2021, almost ten months after Beethoven's 250th birthday. (④) The collaborative efforts of human experts and AI technology brought Beethoven's creative ideas to life. (⑤)

22 윗글의 밑줄 친 ⓐ, ⓑ가 가리키는 것을 본문에서 각각 찾아 쓰시오.

ⓐ _____

ⓑ _____

23 윗글의 ①~⑤ 중 다음 문장이 들어가기에 가장 적절한 곳은?

> Through this collaborative approach, the team successfully completed the symphony without delay.

①   ②   ③   ④   ⑤

[24-25] 다음 글을 읽고, 물음에 답하시오.

Clearly, AI can come to the rescue when humans have problems awaiting solutions. In the future, there may be many puzzling problems that can be solved through the help of AI technology. More people will appreciate its benefits if AI continues to amaze them with remarkable achievements. _____, AI cannot work wonders by working alone. We humans have to train AI to learn first and then perform a task. If the two do not cooperate in a friendly manner, nothing magical will happen. As the old saying goes, "Two hands make light work."

24 윗글의 빈칸에 들어가기 가장 알맞은 것은?

① Therefore
② In constrast
③ However
④ Furthermore
⑤ In other words

25 밑줄 친 the two가 가리키는 것을 윗글에서 찾아 쓰시오.

_____

Answers

Lesson 1

Listen & Speak   pp. 10-11

❶ 1. ⑤   2. I'm good at dealing with the machine.
    3. 1 – 4 – 3 – 2

1. A: 나는 카드에 이미지를 좀 그리고 싶지만, 그림을 잘 그리지는 못해.
    B: 걱정하지 마. 내가 그리는 걸 도와줄 수 있어.
2. A: 나는 복사기를 사용할 줄 몰라. 도와줄래?
    B: 물론이지. 나는 기계 다루는 것에 능숙해.
    [해설] be good at ~에 능숙하다 (at이 전치사이므로 뒤에 동명사가 와야 한다.)   deal with 다루다
3. __1__ 나는 배드민턴 동아리에 가입하고 싶다.
    __4__ 물론이지. 나는 잘 쳐.
    __3__ 아니. 너는 칠 줄 알아?
    __2__ 너는 배드민턴을 잘 치니?

❷ 1. ③, ⑤   2. 4 – 1 – 3 – 2

1. A: 나는 이태석님을 정말 존경해. 그가 누군지 아니?
    B: ③ 아니. 그분에 대해 정보를 좀 줄래?
       ⑤ 음, 들어본 적 없어. 그분에 대해 말해줄래?
    A: 물론이지. 그분은 남수단의 어려운 사람들을 위해 평생을 바쳤어.
    B: 정말 고무적이다.
    [해설] 밑줄 뒤 응답이 이태석 신부에 대한 설명이므로, 밑줄에는 설명을 요청하는 표현이 어울린다.
2. __4__ 다양한 허브와 야채를 조금 키워. 그것들을 요리에 사용하는 것이 좋아.
    __1__ 네가 가장 좋아하는 취미에 대해 말해줄래?
    __3__ 멋지다. 어떤 종류의 식물을 키워?
    __2__ 물론이지. 나는 정원 가꾸기를 정말 좋아해. 아주 편안해.

내신 출제 문법 포인트   pp. 14-15

to 부정사
1. (1) 명사(주어)   (2) 명사(보어)
    (3) 명사(보어)   (4) 명사(목적어)
    (5) 형용사   (6) 부사(감정의 원인)
2. (1) 그는 메시지를 읽으려고 안경을 썼다.
    (2) 이 기계는 사용하기 편리하다고 생각한다.
    (3) 사촌을 만나 매우 기쁘다.
    (4) 그는 자라서 경찰이 되었다.

1. (1) 수의사가 되는 것이 나의 목표이다.
    (2) 그녀의 직업은 신발을 디자인하는 것이다.
    (3) 그의 꿈은 미래에 사진작가가 되는 것이다.
    (4) 메시지를 남기시겠습니까?
    (5) 학교에 갈 시간이다.
    (6) 오늘 버블 쇼를 봐서 정말 기뻤어.

동명사
1. (1) Memorizing   (2) breaking
    (3) practicing   (4) going
    (5) being   (6) swimming
2. (1) being
    (2) Drinking 또는 To drink
    (3) opening   (4) watching

1. (1) 모든 문장을 외우는 것은 불가능하다.
    [해설] 동사는 is이고, 주어로는 동명사가 알맞다.
    (2) 그는 내가 가장 좋아하는 꽃병을 깨뜨린 것에 대해 사과했다.
    [해설] 전치사 for의 목적어로는 동명사가 알맞다.
    (3) 그들은 콘서트를 위해 연습하기 시작했다.
    [해설] 동사의 목적어가 와야 하므로 동명사가 알맞다.
    (4) 그녀는 영화를 보러 가기 전에 수영을 하러 갔다.
    [해설] 전치사 before의 목적어로 동명사가 알맞다.
    (5) 우리는 학교에 지각하는 것에 대해 걱정하고 있다.
    [해설] 전치사 about의 목적어로 동명사가 알맞다.
    (6) 나는 여름에 바다에서 수영하는 것을 즐긴다.
    [해설] enjoy는 동명사를 목적어로 하는 동사이다.
2. (1) 늦어서 미안해.
    [해설] 전치사 for의 목적어로, 동명사 형태로 쓴다.
    (2) 물을 마시는 것은 건강에 좋다.
    [해설] 문장의 주어이므로 동명사 또는 to 부정사로 쓴다.
    (3) 창문을 열어도 괜찮다.
    [해설] mind는 동명사를 목적어로 쓰는 동사이다.
    (4) 그녀는 어젯밤에 그 SF 영화를 다 보았다.
    [해설] finish는 동명사를 목적어로 쓰는 동사이다.

Grammar Practice   pp. 16-17

to 부정사
1. (1) to meet   (2) to finish
    (3) to talk   (4) to go
2. (1) not to tell   (2) to give
    (3) to be   (4) to see
3. (1) to be a famous guitarist
    (2) a chance to travel to Canada
    (3) happy to hear the good news
4. ①

1. (1) 제인은 마이크를 다시 만나지 않기로 결심했다.

(2) 우리는 보고서를 마칠 시간이 충분하지 않다.

(3) 우리가 그 주제에 대해 이야기할 기회가 생겨 기쁘다.

(4) 나는 지금 해변에 가고 싶다.

2. (1) 그는 거짓말을 하지 않기로 약속했다.

[해설] to 부정사의 부정은 to 앞에 not이나 never를 쓴다.

(2) 나는 너에게 줄 것이 있다.

[해설] 형용사 역할을 할 수 있는 to 부정사로 쓴다.

(3) 케이트는 자라서 전문 요리사가 되었다.

[해설] 결과를 나타내는 부사 역할을 하는 to 부정사로 쓴다.

(4) 우리는 최고의 스타들을 직접 만나볼 수 있기를 바란다.

[해설] hope는 to 부정사를 목적어로 쓴다.

4. 어떤 사람들은 살 곳이 없다. (형용사적 용법)

① 나에게 물을 것이 있니? (형용사적 용법)

② 새 드레스를 사기로 결정했니? (명사적 용법)

③ 내 감정을 너에게 설명하는 것이 어렵다. (명사적 용법)

④ 나는 숙제를 하기 위해 책을 몇 권 샀다. (부사적 용법)

⑤ 신출어를 다 외우다니 너는 분명 똑똑하다. (부사적 용법)

동명사

1. (1) being   (2) talking

(3) having   (4) not getting

2. (1) Exercising 또는 To exercise

(2) walking   (3) making

(4) not keeping   (5) having

(6) not making

3. (1) What about taking a taxi?

(2) My hobby is drawing cartoons.

(3) Studying every day is a good habit.

(4) She is busy doing her homework.

---

1. (1) 내 동생은 혼자 있는 것을 무서워한다.

[해설] 전치사의 목적어로는 동명사를 써야 한다.

(2) 그는 너무 시끄러워서 전화 통화를 포기했다.

[해설] give up은 동명사를 목적어로 쓰는 동사구이다.

(3) 정직한 것이 매너가 좋은 것보다 중요하다.

[해설] 전치사 than이 있으므로 동명사 형태로 써야 한다.

(4) 아담은 시험에서 좋은 성적을 받지 못할까봐 걱정한다.

[해설] 동명사의 부정은 동명사 앞에 not을 써야 한다.

Word Practice ❶   p. 20

1. ⑥	**2.** ㉑	**3.** ⑯	**4.** ⑭	**5.** ⑳	**6.** ②
7. ⑲	**8.** ③	**9.** ㉚	**10.** ㉗	**11.** ㉒	**12.** ⑨
13. ⑪	**14.** ㉙	**15.** ⑮	**16.** ⑤	**17.** ④	**18.** ⑦
19. ㉓	**20.** ⑰	**21.** ⑩	**22.** ⑬	**23.** ⑫	**24.** ㉕
25. ⑱	**26.** ㉔	**27.** ⑧	**28.** ①	**29.** ㉘	**30.** ㉖

Word Practice ❷   p. 21

1. ①	**2.** ⑮	**3.** ③	**4.** ②	**5.** ㉚	**6.** ㉘
7. ⑳	**8.** ㉒	**9.** ㉗	**10.** ⑧	**11.** ⑥	**12.** ㉔
13. ⑬	**14.** ⑤	**15.** ⑱	**16.** ⑯	**17.** ⑲	**18.** ㉖
19. ④	**20.** ⑨	**21.** ⑰	**22.** ⑦	**23.** ㉙	**24.** ㉓
25. ㉕	**26.** ⑩	**27.** ⑫	**28.** ⑭	**29.** ⑪	**30.** ㉑

Read: Check Up   pp. 23-33

p. 23	**1.** to be a great pianist	
	2. is easy to open	
p. 25	**1.** finishing	**2.** swimming
	3. exciting	
p. 27	**1.** a little	**2.** little
	3. A few	
p. 29	**1.** watch	**2.** study
p. 31	**1.** it	**2.** one
	3. ones	
p. 33	**1.** some	**2.** any
	3. any	**4.** some

After You Read: Check Up   p. 34

1. T	**2.** F	**3.** F	**4.** T	**5.** T	**6.** F

본문 연습: 옳은 것 고르기   pp. 35-37

1. be inspired   **2.** as   **3.** followed   **4.** With

5. to share   **6.** during   **7.** when   **8.** creating

9. reading   **10.** while   **11.** that   **12.** drawing

13. creating   **14.** after   **15.** as   **16.** more

17. to protect   **18.** worked   **19.** Since

20. missing   **21.** posting   **22.** pursuing

23. to include   **24.** that   **25.** a little

26. to become   **27.** but   **28.** dealing   **29.** to finish

30. feel   **31.** what   **32.** as   **33.** growing

34. better   **35.** to move   **36.** With   **37.** one   **38.** to

39. able   **40.** Fortunately   **41.** any   **42.** them

43. who   **44.** starting   **45.** to see   **46.** feed

1. ready   2. to share   3. when   4. shortages
5. above   6. into   7. productive   8. diseases
9. time   10. posting   11. passionate   12. because
13. meeting   14. let   15. what   16. While
17. Since   18. final   19. who   20. young

Check Up   p. 43

1. affect   2. challenge   3. journey   4. negative
5. passion   6. positive   7. pursue   8. shortage

단원 평가 1회   pp. 44-47

1. ④   2. ⑤   3. challenge   4. desperately   5. ②
6. ③   7. ②   8. ②   9. good at making movies   10. ⑤
11. ③   12. ③   13. ①   14. excited to share her story
with our readers   15. ⓒ developing → to develop
16. interested in global food shortages   17. ④
18. ②   19. (j)ourney   20. ⓐ to move   ⓑ drawing
21. ①   22. ③   23. ④   24. videos   25. ③, ⑤

1. ① 계속하다 – 그만두다
② 기억하다 – 잊다
③ 포함하다 – 제외하다
④ 구매하다 – 구매하다
⑤ 긍정적인 – 부정적인
[해설] ④번은 유의어 관계이고, 나머지는 반의어 관계이다.

2. ① 지역적인 – 세계적인
② 창조하다 – 파괴하다
③ 안전한 – 위험한
④ 증가하다 – 감소하다
⑤ 시작하다 – 시작하다
[해설] ⑤번은 유의어 관계이고, 나머지는 반의어 관계이다.

5. ① 지호는 자라서 가수가 되었다.
② 나의 계획은 일주일에 한 권의 책을 읽는 것이다.
③ 함께 사진을 찍어서 기쁘다.
④ 그녀는 계란을 사기 위해 시장에 갔다.
⑤ 수영장은 다이빙하기에 충분히 깊지 않다.
[해설] ②번은 to 부정사의 명사적 용법(보어 역할)이고, 나머지는 부사적 용법이다.

6. ① 그의 직업은 신발을 디자인하는 것이다.
② 여러분은 짠 음식을 먹는 것을 피해야 한다.
③ 길거리에서 노래하는 소년을 봐.
④ 다른 언어를 배우는 것은 매우 어렵다.
⑤ 내가 가장 좋아하는 활동은 산을 오르는 것이다.

[해설] ③번은 앞에 있는 명사 the boy를 수식하는 현재 분사이고, 나머지는 동명사이다.

7. 우리는 함께 캠핑 가는 것을 _____.
① 시작했다   ② 결정했다   ③ 중단했다
④ 즐겼다   ⑤ 피했다
[해설] ② decide는 to 부정사를 목적어로 쓰는 동사이다.

8. 나는 주말마다 내 여동생에게 전화하는 것을 _____.
① 좋아했다   ② 지속했다   ③ 희망했다
④ 시작했다   ⑤ 잊었다
[해설] ② keep은 동명사를 목적어로 취하는 동사이다.

9. [해설] be good at ~을 잘하다 (뒤에 명사·동명사가 온다.)
make movies 영화를 만들다

10. [해설] (C) 대화의 흐름상 상대방에게도 꿈을 묻는 것이 자연스럽다.
(B) 자신의 재능과 꿈에 대해 답한다.
(A) 꿈이 이루어지기를 바란다는 격려의 말로 응답하는 것이 적절하며, 이는 앞선 대화의 주제를 마무리하는 역할을 한다.

11. [해설] 주어진 말은 설명을 요청하는 의미이므로, 그녀에 대해 전혀 들어본 적이 없다고 말한 내용 뒤인 ③번에 들어가야 적절하다.

12. [해설] ③번은 스티븐 호킹에 대한 내용이다.

13. [해설] ⓐ '영감을 받다'라는 의미가 자연스러우므로 수동태 be inspired 가 알맞다.

14. [해설] 그녀의 이야기를 독자들과 공유하게 되어 기쁘다는 내용이다.

15. [해설] ⓒ hope는 to 부정사를 목적어로 취하는 동사이므로 developing을 to develop으로 고쳐야 한다.

16. [해설] become interested in ~에 관심을 갖게 되다

17. ① 학생들의 학업 성취에 대한 소셜 미디어의 영향
② 직업 선택에 있어 가족 배경의 역할
③ 기술 개발에서 다양한 활동의 중요성
④ 시간 흐름에 따른 개인적 관심과 진로 목표의 진화
⑤ 청년들이 직업 선택 시 직면하는 어려움
[해설] 이 글은 화자의 학창 시절부터 대학 시절까지의 관심사와 꿈의 변화를 보여주고 있다. 초등학교 때는 만화 그리기에 관심이 있었고, 고등학교 때는 식량 부족 문제에 관심을 갖게 되어 하이브리드 식물 개발을 꿈꾸었으며, 대학에서는 식품에 대해 배우면서도 여전히 만화 그리기에 관심을 가졌다. 따라서 이 글의 주제로 가장 적절한 것은 ④ '시간 흐름에 따른 개인적 관심사와 진로 목표의 진화'이다.

18. [해설] 질문이 대학 졸업 후의 경력 경로에 대한 것이므로, (B) 졸업 직후의 첫 직업에 대한 설명으로 시작하는 것이 자연스럽다.
(A) 첫 직장에서의 경험을 더 자세히 설명하며, 좋은 점(훌륭한 동료들과 환경)과 나쁜 점(주말 근무, 개인 시간 부족)을 모두 언급한다. 마지막 문장에서 '무언가가 부족하다'고 느꼈다는 것은 다음 단계로의 전환을 암시한다.
(C) So로 시작하는 것은 이전 문단에서 언급된 '무언가 부족함'에 대한 반응을 나타내며, 이 문단에서는 새로운 관심사(만화 그리기)를 발견하고 이를 경력으로 발전시키기로 결정

하는 과정을 설명한다.

19. 한 장소에서 다른 장소로 가는 긴 여행

20. 해설 ⓐ decide는 to 부정사를 목적어로 취하는 동사이고, ⓑ는 전치사 on의 목적어이므로 동명사를 써야 한다.

21. 성공한 웹툰 작가가 스마트 농업으로 전향하여 채소를 더 많이 생산하면서도 웹툰 작가로서의 경력을 이어갈 수 있게 되었다.

① 스마트한　계속하다

② 전통적인　포기하다

③ 유기농인　확장하다

④ 산업적인　소홀히 하다

⑤ 관습적인　일시 중단하다

해설 제시문에 따르면, 웹툰 작가는 스마트 농장 기술을 도입하여 채소 생산량을 30배 증가시켰다. 또한, 스마트 농업 기술 덕분에 휴대폰으로 농장을 모니터링하고 원격으로 제어할 수 있어 웹툰 작업도 계속할 수 있었다. 따라서 '스마트(smart)' 농업으로 전환하여 채소 생산량을 늘리면서 웹툰 경력을 '계속(continuing)' 이어갈 수 있었다는 내용이 가장 적절하다.

22. 해설 약 50배가 아니라 약 30배 더 많은 채소를 생산하게 되었다고 했다.

23. 해설 젊은 팔로워들이 많이 생겨서 모든 연령대의 사람들을 위한 프로그램을 시작하려고 하니, 바로 뒤 ④번에 더 많은 젊은이들을 보고 싶다는 내용이 와야 적절하다.

24. 해설 them이 지칭하는 것은 앞에 언급된 (농장에서 일하는 모습을 찍은) 동영상이다.

25. 해설 선행사 followers가 사람이므로, 주격 관계 대명사 who 또는 that이 알맞다.

단원 평가 2회　　　　　　　　pp. 48-51

1. ⑤　**2.** ⑤　**3.** shortage　**4.** disease　**5.** ②　**6.** ④
7. ⑤　**8.** ③　**9.** ③　**10.** ②　**11.** ③　**12.** ④　**13.** ②
14. ⑤　**15.** ⓓ draw → drawing　**16.** ⑤　**17.** ⑤　**18.** ⓐ to develop 또는 developing　ⓑ experimenting
19. ④　**20.** ③　**21.** ④　**22.** ④　**23.** (C) – (B) – (A)
24. ③　**25.** (a)dventure

---

1. ① 풍부한 – 부족한　　　② 부정적인 – 긍정적인

③ 아마추어의 – 전문적인　④ 깨지기 쉬운 – 강한

⑤ 빠른 – 신속한

해설 ①~④는 모두 반의어 관계이고, ⑤는 유의어이다.

2. ① 승리 – 패배　　　　　② 확장 – 축소

③ 친구 – 적　　　　　　④ 세계적인 – 지역적인

⑤ 지원 – 도움

해설 ①~④는 모두 반의어 관계이고, ⑤는 유의어이다.

5. ① 그녀는 이야기할 친구들이 많다.

② 그 문제는 너무 복잡해서 쉽게 해결할 수 없다.

③ 나는 먹을 것이 필요하다.

④ 나는 너의 질문에 대답할 충분한 시간이 없다.

⑤ 적을 물리치는 가장 좋은 방법은 먼저 너 자신을 아는 것이다.

해설 ②는 to 부정사의 부사적 용법을 나타내고 나머지는 모두 to 부정사의 형용사적 용법으로 사용되었다.

6. ① 책 읽기는 내가 가장 좋아하는 취미이다.

② 그는 해변에 가는 것을 제안했다.

③ 나는 새 차를 사는 것을 생각하고 있다.

④ 노래하는 새가 나를 깨웠다.

⑤ 우리는 새로운 도시로 이사하는 것에 대해 논의했다.

해설 ④는 현재 분사로 형용사 역할을 하고 있다. 나머지는 모두 동명사로 명사의 역할(주어, 목적어)을 하고 있다.

7. 해설 ⑤ expect는 to 부정사를 목적어로 취하는 동사이다. 나머지 동사들(enjoy, avoid, consider, suggest)은 모두 동명사를 목적어로 취한다.

8. 해설 ③ finish는 동명사를 목적어로 취하는 동사이다. 나머지 동사들(promise, agree, manage, fail)은 모두 to 부정사를 목적어로 취한다.

9. 해설 여학생이 진수에게 수학을 잘하는지 묻자, 진수는 이유를 물어보고 있다. (B) 여학생이 수학 학습법을 모른다고 말하고, (A) 진수가 도와주겠다고 말하자, (C) 고맙다고 말하는 순서가 자연스럽다.

10. 해설 선생님이 학생들에게 제시한 과제는 장래희망에 대해 쓰는 것이다.

11. 해설 대화에서 이태석 님이 남수단의 어려운 사람들을 위해 헌신적으로 봉사했다는 말에 대해 여자가 That's really inspiring!이라고 감동적으로 반응하는 것이 가장 적절하다.

12. 해설 대화에서 이태석 님은 남수단의 빈민층을 위해 봉사했다고만 언급되었을 뿐, 아프리카의 여러 국가에서 봉사했다는 내용은 나오지 않았다.

13. ① 나는 너에게 말해줄 중요한 뭔가가 있다. (명사를 수식하는 형용사적 용법)

② 그는 결과를 듣고 싶어 불안해한다. (부사적 용법: 감정의 원인)

③ 솔직히 말해서, 나는 해산물을 좋아하지 않는다. (부사적 용법: 문장 전체 수식)

④ 그의 목표는 작가가 되는 것이다. (명사적 용법: 보어)

⑤ 그녀는 새로운 사람들을 만나기 위해 파티에 왔다. (부사적 용법: 목적)

해설 주어진 문장과 ②의 to 부정사는 감정의 원인을 나타내는 부사적 용법으로 사용되었다.

14. 해설 글쓴이는 Lee Jian이라는 인물이 음식 과학자로 시작하여 웹툰 작가를 거쳐 농부가 되기까지의 특별한 경력을 소개하며, 독자들에게 그녀의 이야기를 전하고자 한다고 밝히고 있다. 따라서 이 글의 목적은 한 인물의 다양한 삶의 이력을 소개하는 것이다.

15. 해설 ⓓ번은 전치사 into의 목적어로 동명사를 써야 알맞다.

16. 해설 글쓴이는 환경과 건강에 안전하면서도 식량 생산을 늘릴 수 있는 혼종 식물을 개발하고 싶다는 희망을 밝히며,

예시로 '땅속에서는 감자가 자라고 위로는 토마토가 자라는' 식물을 언급하고 있다. 따라서 감자(potato)와 토마토(tomato)의 합성어인 ⑤ pomatoes가 빈칸에 가장 적절하다.

17. 〔해설〕 글의 마지막 부분에서 '대학에서도 여전히 만화 그리기에 관심이 있어서 만화 동아리에서 계속 활동했다'라고 했으므로, 만화 동아리 활동을 그만두고 식물 연구에만 전념했다는 ⑤번은 글의 내용과 일치하지 않는다.

18. 〔해설〕 ⓐ be동사의 보어 역할로 to부정사를 쓰거나 동명사를 쓸 수 있다.
ⓑ spend는 동명사를 목적어로 취하는 동사이다.

19. ① 과학적 열정: 완벽한 직업 경로로 이어진 이야기
② 주말 근무: 식품 과학 분야에서의 도전
③ 실험실에서 예술로: 갑작스러운 직업 전환
④ 새로운 방향을 찾으며 옛 방향을 유지하기
⑤ 온라인 만화: 과학 연구에서의 탈출
〔해설〕 이 글은 화자가 식품 과학자로서의 경력을 이어가면서도 웹툰 창작이라는 새로운 방향을 자신의 여정에 포함시키기로 결정했다는 내용을 담고 있다. 따라서 기존의 직업을 유지하면서 새로운 진로를 찾아가는 것을 의미하는 ④번이 가장 적절한 제목이다. ①번은 완벽한 경력으로 이어졌다는 내용이 없고, ②번은 주말 근무라는 부분적 내용만 다루고 있으며, ③번은 갑작스러운 경력 전환이 아니라 점진적 변화를 보여주며, ⑤번은 과학 연구로부터의 도피가 아닌 새로운 방향의 추가임을 보여준다.

20. 〔해설〕 웹툰 작가가 되기 위해 그림 실력뿐만 아니라 이야기를 잘 전달하는 능력을 향상시켜야 한다는 맥락이므로, ⓒ의 disabilities(무능력)는 적절하지 않다. 이야기를 전달하는 능력을 향상시켜야 한다는 의미로 abilities(능력)와 같은 낱말로 고쳐야 한다.

21. 〔해설〕 ④번 바로 앞 문장에서 웹툰 작가로서 마감 기한을 맞추고 부정적인 댓글에 대처하는 것은 힘든 일이라고 두 가지를 묶어 이야기했다. ④번 뒤에서는 두 가지 중 후자인 부정적인 댓글 대처에 대한 언급이 나오므로, 전자인 마감 기한에 관한 언급은 그 앞 즉 ④번에 오는 것이 적절하다.

22. 〔해설〕 웹툰 작가는 부정적인 댓글로 인해 힘들었지만 그것에 너무 영향을 받지 않으려 했다고 했으며, 자신이 좋아하는 일을 계속하고 있다고 했으므로, 부정적인 댓글 때문에 작품 활동을 중단했다는 ④번은 글의 내용과 일치하지 않는다. 나머지 선택지들은 모두 글의 내용과 일치한다.

23. 〔해설〕 웹툰 작가가 어떻게 농부가 되었는지 묻는 질문 다음에는, 식품 과학자로 일하면서 시골에서 농사를 짓고 싶었다는 배경과 가족의 결정을 설명하는 (C)가 먼저 와야 한다. 그 다음에는 시골로 이주한 후 실제로 농사를 시작하고 스마트 팜을 구축하게 된 과정을 설명하는 (B)가 이어지고, 마지막으로 스마트팜 덕분에 웹툰 작업도 병행할 수 있게 되었다는 결과를 설명하는 (A)가 오는 것이 자연스럽다.

24. 한 웹툰 작가는 스마트 농업 기술을 통해 농업과 콘텐츠 제작을 성공적으로 결합했다.
〔해설〕 제시문에서 웹툰 작가가 스마트 팜 기술 덕분에 농사와 웹툰 작업을 함께 할 수 있게 되었다는 내용이 핵심이다. 스마트 팜 기술을 통해 휴대폰으로 농장을 모니터링하고 원격으로 제어할 수 있게 되어 웹툰 작업도 가능하게 되었다고 했으므로, ⓐ에는 combined(결합했다)가, ⓑ에는 technology(기술)가 가장 적절하다.

25. 〔해설〕 '흥미진진하거나 위험한 경험'을 의미하는 단어는 '모험(adventure)'이다

Listen & Speak

pp. 58-59

❶ 1. ②   2. ⑤   3. I prefer macarons (to donuts). 또는 I like macarons more/better. 또는 I like macarons more/better than donuts. 등

1. A: 애슐리, 배고프지 않아? 점심 먹으러 가자.
   B: 좋아. 샌드위치와 햄버거 중 어떤 것이 더 좋아?
   A: 나는 샌드위치가 더 좋아.
   B: 좋아, 그럼 샌드위치를 먹자.

2. A: 저녁 시간이다. 이번에는 새로운 것을 먹어 보면 어떨까?
   B: 좋은 생각이야! 최근에 문을 연 새로운 국제 레스토랑이 있다고 들었어. ⑤ 태국 음식과 프랑스 음식 중 어떤 것이 더 좋아?
   A: 태국 음식이 더 마음에 들어. 태국 레스토랑으로 가자.

3. 당신과 친구는 카페에 있습니다. 도넛과 마카롱이 있습니다. 친구가 어떤 디저트를 선호하는지 묻습니다. 당신은 마카롱을 더 먹고 싶습니다. 친구에게 뭐라고 말하겠습니까?

❷ 1. Would you like some sandwiches?
   2. ④   3. 3 - 2 - 1 - 4

1. A: 엄마 배고파요.

2. A: 쿠키를 드세요.
   B: ①, ② 네, 감사해요. / ③ 그것 좋겠네요.
   ⑤ 사양하겠습니다. 저는 쿠키를 좋아하지 않아요.

3. _3_ 여기 있습니다. 우유도 드시겠습니까?
   _2_ 오, 정말 좋습니다! 감사합니다!
   _1_ 빵을 드시겠습니까? 방금 구웠어요.
   _4_ 네, 부탁합니다! 빵과 우유는 함께 먹으면 좋습니다.

내신 출제 문법 포인트

pp. 62-63

수동태

1. (1) was written   (2) fixed   (3) was held
2. (1) was sent   (2) will be built
3. (1) was caught by   (2) are watered by

1. (1) 이 책은 유명한 작가에 의해 쓰여졌다.
   (2) 그는 어젯밤에 고장난 컴퓨터를 수리했다.
   (3) 콘서트는 지난 주말 공원에서 열렸다.

2. (1) 편지는 어제 그의 친구에 의해 그에게 보내졌다.
   해설 주어인 '편지'는 '보내지는' 것이므로 수동태로 써야 한다.
   (2) 새 쇼핑몰이 내년에 우리 동네에 지어질 것이다.
   해설 '새 쇼핑몰'은 '지어질' 것이므로 수동태가 알맞다.

3. (1) 경찰이 도둑을 잡았다.
   (2) 정원사는 매일 아침 식물에 물을 준다.

동사+목적어+(to) 동사 원형

1. (1) to join   (2) to rest   (3) finish
2. (1) called   (2) play
3. (1) Fred to be quiet
   (2) helped his brother (to) find

1. (1) 나는 그가 우리와 함께 동아리에 가입했으면 좋겠다.
   (2) 의사는 내게 며칠간 쉬라고 조언했다.
   (3) 선생님은 학생들에게 가기 전에 숙제를 끝내라고 했다.
   해설 want, advise는 목적격 보어로 to 부정사를 쓰고, made는 사역 동사이므로 목적격 보어로 동사 원형을 쓴다.

2. (1) 나는 군중 속에서 내 이름이 불리는 것을 들었다.
   해설 '이름이 불리는' 것이니 수동의 의미인 과거 분사형으로 쓴다.
   (2) 그는 아이들이 마당에서 놀게 내버려두었다.
   해설 let은 사역 동사이고, 목적어인 the kids와 play의 관계가 능동이므로 동사 원형을 쓴다.

Grammar Practice

pp. 64-65

수동태

1. (1) was written   (2) decorated
   (3) was sung   (4) lost
2. (1) was painted   (2) be thrown away
   (3) should be finished
   (4) will be announced
3. (1) was built   (2) was directed
   (3) was damaged   (4) were published
4. (1) The trip was put off because of bad weather.
   (2) This rule can be changed if necessary.

1. (1) 그 보고서는 지난밤에 사라에 의해 쓰여졌다.
   (2) 학생들은 파티를 위해 교실을 꾸몄다.
   (3) 그 노래는 합창단에 의해 아름답게 불렸다.
   (4) 나의 오빠는 어제 공원에서 지갑을 잃어버렸다.
   해설 (1) 보고서는 쓰이는 것이고, (3) 노래는 불리는 것이므로 수동태가 알맞다.

2. (1) 이 그림은 유명한 화가에 의해 1920년에 그려졌다.
   (2) 썩은 사과는 즉각 버려져야 한다.
   (3) 숙제는 내일까지 마쳐져야 한다.
   (4) 시험 결과는 내일 안내될 것이다.

3. (1) 그 박물관은 1925년에 지어졌다.
   (2) 그 영화는 유명한 감독에 의해 연출되었다.
   (3) 그 다리는 폭풍에 의해 손상되었다.
   (4) 그 책들은 여러 언어로 출간되었다.
   해설 과거형 수동태 문장은 주어가 3인칭 단수이면 was, 복수이면 were를 쓰는 것에 주의한다.

동사+목적어+(to) 동사 원형

1. (1) to try   (2) play
    (3) painted   (4) to work

2. (1) to leave
    (2) perform 또는 performing
    (3) fixed   (4) to take

3. (1) finish   (2) vibrate 또는 vibrating
    (3) chopped   (4) dyed

4. (1) ⓑ   (2) ⓑ   (3) ⓐ

---

1. (1) 코치는 선수들이 경기 동안 최선을 다하도록 격려했다.
   [해설] encourage는 목적격 보어로 to 부정사를 쓴다.
   (2) 나는 아이들이 공원에서 노는 것을 보았다.
   [해설] saw는 지각 동사이고 목적어와 목적격 보어의 관계가 능동이므로 목적격 보어로 동사 원형을 쓴다.
   (3) 그는 지난달에 그의 집을 페인트칠했다.
   [해설] had는 사역 동사이고 목적어와 목적격 보어의 관계가 수동이므로 목적격 보어로 과거 분사를 쓴다.
   (4) 그 회사는 직원들이 재택 근무를 하도록 허락했다.
   [해설] allow는 목적격 보어로 to 부정사를 쓴다.

2. (1) 교장은 학생들이 집에 일찍 가는 것을 허락했다.
   (2) 그녀는 친구들이 무대에서 공연하는 것을 관람했다.
   [해설] watched는 지각 동사이고 목적어와 목적격 보어의 관계가 능동이므로 목적격 보어로 동사 원형을 쓴다. 공연이 진행 중임을 강조하기 위해 현재 진행형을 쓸 수도 있다.
   (3) 그는 그의 전화기를 전문가가 고치도록 했다.
   (4) 의사는 그에게 며칠 동안 쉬라고 조언했다.

3. (1) 선생님은 학생들이 숙제를 마치게 했다.
   (2) 나는 전화기가 주머니에서 울리는 것을 느꼈다.
   (3) 요리사는 야채를 잘게 썰었다.
   (4) 나는 어제 미용실에서 머리를 염색했다.
   [해설] 지각 동사와 사역 동사는 목적어와 목적격 보어의 관계가 능동이면 동사 원형, 수동이면 과거 분사로 쓴다.

4. (1) 선생님은 학생들에게 말하기 전에 손을 들라고 했다.
   (2) 그는 작업자들에게 건설 현장에서 안전모를 쓰라고 명령했다.
   (3) 그녀는 친구가 시험을 위해 자신의 필기 노트를 빌리도록 했다.

Word Practice ❶   p. 68

1. ⑫	**2.** ㉙	**3.** ㉒	**4.** ㉕	**5.** ㉓	**6.** ⑰
7. ㉗	**8.** ⑨	**9.** ㉔	**10.** ①	**11.** ⑧	**12.** ②
13. ⑯	**14.** ⑩	**15.** ⑲	**16.** ⑭	**17.** ⑪	**18.** ⑳
19. ㉚	**20.** ③	**21.** ⑤	**22.** ⑮	**23.** ⑬	**24.** ④
25. ⑦	**26.** ㉑	**27.** ⑱	**28.** ㉘	**29.** ㉖	**30.** ⑥

Word Practice ❷   p. 69

1. ⑦	**2.** ㉗	**3.** ①	**4.** ㉓	**5.** ⑬	**6.** ②
7. ⑫	**8.** ④	**9.** ⑧	**10.** ⑨	**11.** ㉒	**12.** ⑭
13. ⑯	**14.** ㉖	**15.** ⑰	**16.** ㉚	**17.** ⑪	**18.** ⑲
19. ⑳	**20.** ㉙	**21.** ㉑	**22.** ⑩	**23.** ㉔	**24.** ③
25. ㉕	**26.** ㉘	**27.** ⑥	**28.** ⑱	**29.** ⑤	**30.** ⑮

Read: Check Up   pp. 71-75

p. 71   **1.** are   **2.** is   **3.** be
p. 73   **1.** healthy and simple to make
         2. across   **3.** dish
p. 75   **1.** 제니는 카페에서 요리사로 일한다.
         2. 네가 밖에 있어서 나는 메시지를 남겼다.

After You Read: Check Up   p. 78

1. week	**2.** mixture	**3.** steamed
4. T	**5.** F	**6.** T

본문 연습: 옳은 것 고르기   pp. 79-81

1. to   **2.** exciting   **3.** that   **4.** is   **5.** with   **6.** be enjoyed   **7.** are fried   **8.** is   **9.** heated   **10.** be added   **11.** reduce   **12.** When   **13.** to enjoy   **14.** that   **15.** to share   **16.** from   **17.** dish   **18.** having   **19.** topped   **20.** disliked   **21.** went   **22.** surprise   **23.** tasted   **24.** dishes   **25.** from   **26.** tell   **27.** difficult   **28.** chopped   **29.** crack   **30.** served   **31.** to be   **32.** and   **33.** As   **34.** feel   **35.** trouble   **36.** from   **37.** steamed   **38.** to   **39.** as   **40.** special   **41.** with   **42.** developed   **43.** becoming   **44.** how   **45.** to make   **46.** steam   **47.** make   **48.** "egg-citing"   **49.** tiny   **50.** discovering

---

본문 연습: 빈칸 채우기   p. 82

1. common   **2.** be   **3.** are   **4.** is   **5.** waste   **6.** to   **7.** to   **8.** to   **9.** in   **10.** Thanks   **11.** Let   **12.** are   **13.** to   **14.** As   **15.** no   **16.** as   **17.** confident   **18.** how   **19.** mixture   **20.** forward

1. belonging 2. commonly 3. confident
4. crack 5. ingredient 6. leftover

단원 평가 1회 pp. 88-91

1. ① 2. ③ 3. ③ 4. ④ 5. ① 6. ⑤ 7. ③ 8. ④
9. ④ 10. ⑤ 11. ⑤ 12. cookies 13. ③ 14. ④
15. ⑤ 16. ③ 17. ⑤ 18. ② 19. ② 20. The dish
is commonly served with bread. 21. ④ 22. ④
23. ③ 24. ③ 25. ⑤

1. ① 무언가의 크기, 양 또는 정도를 더 크게 만들다
   ② 자주 발생하거나 많은 사람이 공유하는
   ③ 특히 요리에서 혼합물을 구성하는 부분 중 하나
   ④ 보통 칼로 무언가를 작은 조각으로 자르다
   ⑤ 식사 후에 먹지 않고 남은 음식
   해설 ①은 increase '증가하다'에 해당하고, reduce는
   영영 풀이하면 to make something smaller in size,
   amount, or degree이다.

2. ⓐ 달걀을 조심스럽게 깨서 그릇에 넣어라.
   ⓑ 파스타를 추가하기 전에 물을 꼭 끓여라.
   ⓒ 양파를 팬에 넣기 전에 잘게 썰어라.
   해설 달걀을 '깨다'라는 동사는 crack, 물을 '끓인다'고 할
   때 동사는 boil, 양파를 잘게 '썬다'라고 할 때 동사는 cut이
   자연스럽다.

3. ① 파에야를 왜 좋아하나요?
   ② 파에야를 요리하는 게 어때요?
   ③ 파에야를 좀 드셔 보시겠어요?
   ④ 이전에 파에야를 먹어 본 적이 있나요?
   ⑤ 제가 파에야를 좀 먹어 볼까요?
   해설 ③ Would you like to try ~?는 음식을 권하는 표현
   이다.

4. ① 그러나 ② 그러므로 ③ 결과적으로
   ④ 예를 들어 ⑤ 다시 말해서
   해설 앞 문장에서 식사 예절이 나라마다 다르다고 언급한
   후, 태국에 대한 예시가 나왔기 때문에 '예를 들어'라는 의미
   를 가진 ④ for example이 적절하다.

5. 해설 이 글은 다양한 나라의 식사 예절을 소개하고 있다.

6. 해설 이 문장에서 주어는 noodles가 아닌 making
   sounds while eating noodles이고, 동명사 주어는 단수
   취급하기 때문에 단수 동사 is가 와야 한다.

7. ① 새로 생긴 버거 가게는 제한적인 메뉴를 가지고 있다.
   ② 마크는 새 버거 가게에 가는 중이다.
   ③ 웬디는 불고기 버거보다 치즈 버거를 더 좋아한다.
   ④ 웬디는 새 버거 가게에 대해 전에 들어본 적이 있다.
   ⑤ 새 버거 가게는 시립 도서관 안에 있다.
   해설 치즈 버거와 불고기 버거 중에 무엇을 더 선호하냐는

마크의 질문에 웬디는 치즈 버거를 더 선호한다고 했다.

8. 해설 'can't wait to + 동사 원형'은 '빨리 ~하고 싶다'라
   는 의미로, 무언가를 기대하거나 매우 하고 싶어하는 마음을
   표현할 때 사용된다.

9. ① 지원이는 알렉스의 생일을 위해 음식을 준비했다.
   ② 알렉스는 지원이가 준비한 음식의 양에 놀랐다.
   ③ 미역국은 한국에서 엄마에게 감사의 마음을 전하는 방법
   이다.
   ④ 미국에서는 어린이 생일에 요정 빵으로 축하해 준다.
   ⑤ 요정 빵은 흰 빵, 버터, 그리고 색깔 있는 설탕으로 만들어
   진다.
   해설 ④ 요정 빵은 미국이 아닌 호주의 생일 음식이다.

10. 해설 생일을 축하하는 음식으로 한국에서는 미역국을, 호주
    에서는 요정 빵이 있다고 하였으므로 생일 음식이 문화마다
    ⑤ 비슷한(similar)것이 아니라 다르다(different)고 해야
    한다.

11. 해설 ⓐ everything은 단수 취급하므로 단수 동사 looks
    가 와야 하고, ⓑ 전치사 for 뒤에 동사는 동명사 형태로 써야
    하므로 inviting이 와야 한다.

12. 해설 홈메이드 쿠키를 먹어보겠냐고 권한 뒤, 그것들을 아
    침에 구웠다고 했으므로 cookies를 가리킨다.

13. 해설 주어인 teens가 직접 공유하는 것이므로 능동태로
    share가 알맞고, 요리들은 준비되는 것이므로 수동태로 be
    prepared가 알맞다.

14. 해설 밑줄 친 it은 frittata를 가리킨다.

15. 해설 ⑤ come over는 '(누구의 집에) 들르다'라는 의미이
    고 come across가 '우연히 마주치다'라는 뜻이다.

16. 해설 ① 프리타타는 하루 중 언제든지 즐길 수 있고, ④ 냉
    장고에 남은 어떤 채소든 추가될 수 있으므로 ② 음식물 쓰레
    기를 줄일 수 있다. ⑤ 필자는 친구들이 놀러오면 함께 프리
    타타를 만들며 시간을 보낼 수 있는 좋은 방법이라고 소개하
    고 있다.

17. ① 서류는 주말까지 제출되어야 한다.
    ② 접시들은 오늘 아침에 직원들에 의해 설거지되었다.
    ③ 콘서트 티켓은 미리 구매되어야 한다.
    ④ 그 프로젝트는 그 팀에 의해 내일 완료될 것이다.
    ⑤ 이 사진들은 전문 사진작가에 의해 촬영되었다.
    해설 ⑤ 주어가 The photos로 복수이므로 were가 되어야
    한다.

18. ① ~ 대신에 ② ~ 덕분에
    ③ ~ 앞에 ④ ~에도 불구하고
    ⑤ ~에 따라
    해설 달걀을 싫어했지만 에그 베네딕트를 우연히 접한 후,
    맛있게 먹었고 이로 인해 다양한 달걀 요리에도 관심이 생겼
    으므로 '~ 덕분에'라는 의미의 ② Thanks to가 빈칸에 오는
    것이 자연스럽다.

19. 해설 잉글리시 머핀 위에 베이컨, 수란, 크림 소스의 토핑이
    얹어지는 것이므로 수동태로 과거 분사 topped가 와야 한다.

21. ① 두려움 ② 후회 ③ 질투
    ④ 소속감 ⑤ 외로움

해설 빈칸 다음 문장에 함자가 가족들과 캠핑 여행에서 샥슈카를 먹게 된 후, 더 가까워졌다고 했으므로 소속감(belonging)을 느끼게 되었다고 말하는 것이 적절하다.

22. ① 샥슈카는 태국에서 인기 있는 요리이다.

② 샥슈카는 요리하기 어렵고 비싸다.

③ 함자의 가족은 매일 아침 식사로 샥슈카를 먹는다.

④ 함자의 가족은 캠핑 여행 중에 샥슈카를 먹었다.

⑤ '샥슈카'라는 이름은 '행복한 혼합물'을 의미한다.

해설 샥슈카는 ① 튀니지에서 인기 있는 요리이고, ② 준비하기에 어렵지 않다고 했다. ③ 캠핑 여행을 갔을 때 아침식사로 먹었다고만 했지 매일 먹는다고 하지 않았으며, ⑤ 샥슈카라는 단어는 '혼합물'을 의미한다.

23. 해설 I now dream of becoming a chef.라는 문장에서 진호의 장래희망이 요리사임을 알 수 있다.

24. ① 나는 어제 책상 위에서 그것을 찾았다.

② 우리가 시작했을 때는 7시였다.

③ 이 문제를 해결하는 것은 어렵다.

④ 그것은 한밤중에 크게 짖었다.

⑤ 그녀는 새 드레스를 사서 그것을 입고 파티에 갔다.

해설 밑줄 친 (A)와 ③번은 가주어 it이고, ①, ④, ⑤번은 대명사 it이며, ②번은 비인칭 주어 it이다.

25. 해설 주어진 문장은 계란찜 만드는 방법을 말하는 것을 잊을 뻔 했다고 했으므로 만드는 방법이 나오기 시작하는 ⑤번에 위치해야 흐름상 자연스럽다.

단원 평가 2회   pp. 92-95

> **1.** ④   **2.** ②   **3.** ③   **4.** ④   **5.** ④, ⑤   **6.** ②   **7.** ④
> **8.** ③   **9.** ⑤   **10.** ③   **11.** ③   **12.** ②   **13.** ⑤   **14.** ⓒ
> - ⓐ - ⓑ   **15.** ④   **16.** I want you to share your
> favorite egg dishes with us.   **17.** ⑤   **18.** ③   **19.** ⑤
> **20.** ④   **21.** ⑤   **22.** ⑤   **23.** ③   **24.** ③   **25.** ⑤

1. 무언가를 잘 할 수 있거나 성공할 수 있다는 느낌이나 믿음을 갖는

① 간단한   ② 다양한   ③ 공통의; 흔한

④ 자신감 있는   ⑤ 대단히 흥미로운

2. 제공하기 전에 케이크 위에 휘핑 크림을 얹어야 한다.

① 튀기다   ② 위에 놓다, 얹다

③ 굽다   ④ 잘게 자르다

⑤ 찌다

해설 케이크 위에 휘핑 크림을 얹는 행위를 설명하고 있으므로 top이 적절하다.

3. ⓐ 재료: 고추, 양파, 마늘

ⓑ 조리법: 데우다, 찌다, 다지다

ⓒ 조리 도구: 팬, 냄비, 오븐

4. 파에야 좀 드셔보시겠어요?

① 네, 부탁드려요.

② 물론이죠. 감사합니다.

③ 정말 좋을 것 같아요.

④ 죄송하지만, 저는 파에야 요리를 못해요.

⑤ 아니요, 괜찮습니다. 배고프지 않아요.

5. ① 숙제는 오늘 아침 선생님에 의해 검사되었다.

② 선생님은 학생들에게 에세이를 다시 쓰게 했다.

③ 학교 축제는 다음 달에 열릴 것이다.

④ 포스터는 학교 축제가 시작되기 전에 반드시 인쇄되어야 한다.

⑤ 교장 선생님은 학생들이 행사를 준비하도록 했다.

해설 ④ 포스터가 인쇄되는 것이므로 수동형인 must be printed로 써야 하고, ⑤는 let 뒤에 오는 목적어와 목적격 보어의 관계가 능동이면 목적격 보어로 동사 원형을 써야 하므로 let the students organize로 고쳐야 한다.

옳은 문장의 개수는 4개이다.

6. ① 그는 나에게 나중에 전화하겠다고 약속했다.

② 건강을 유지하는 것이 중요하다.

③ 그는 파티에서 그녀를 보고 놀랐다.

④ 그들은 내년 여름에 파리를 방문할 계획이다.

⑤ 그녀는 장을 보러 시장에 갔다.

해설 (A) to pass와 ② to stay는 명사적 용법으로, 진주어 역할을 한다.

①번과 ④번은 목적어 역할을 하는 명사적 용법이고, ③번은 감정의 원인을 나타내는 부사적 용법이며, ⑤번은 목적을 나타내는 부사적 용법이다.

7. ① 태국에서 식사할 때 무례하다고 여겨지는 것은 무엇인가?

② 인도 사람들은 식사할 때 어느 손을 사용하는가?

③ 인도에서는 왼손이 무엇을 위해 사용되는가?

④ 이탈리아에서 소금을 건네는 것이 왜 불운하다고 여겨지는가?

⑤ 일본에서 국수를 먹으면서 소리를 내는 것은 무엇을 의미하는가?

해설 ④ 이탈리아에서 소금을 건네는 것이 불운하다고 여겨진다고 언급은 되었지만 이유에 대해서는 언급되지 않아 답할 수 없다.

8. 해설 나머지는 the new burger restaurant를 가리키고 ③번은 flier를 가리킨다.

9. ① 그들은 몇 가지 종류의 버거를 가지고 있니?

② 이전에 치즈 버거를 먹어본 적 있니?

③ 시립 도서관에 같이 갈래?

④ 시립 도서관 근처에서 네가 가장 좋아하는 식당은 어디니?

⑤ 치즈 버거와 불고기 버거 중 어느 것을 더 선호하니?

해설 빈칸 다음에 나오는 웬디의 대답이 선호하고 있는 버거에 대해 이야기하고 있으므로 선호하는 버거의 종류를 묻는 질문인 ⑤번이 와야 문맥상 자연스럽다.

10. 호주에서 아이들의 생일에 보통 요정 빵을 먹는다.

해설 요정 빵(Fairy bread)이 무엇인지 되묻는 지원이의 말 앞에 요정 빵에 대한 언급이 나오는 것이 대화의 흐름상 자연스럽다.

11. ① 생일 음식은 문화마다 다를 수 있다.

② 각 문화는 고유한 생일 음식을 가지고 있다.

③ 생일 음식 전통은 어디에서나 동일하다.

④ 생일 음식은 문화마다 다르다.

⑤ 다양한 문화는 다양한 유형의 생일 음식을 가지고 있다.

[해설] 한국에서는 생일에 미역국을, 호주에서는 요정 빵을 먹는다는 이야기를 통해 생일 음식이 문화마다 다르다는 것을 말하고 있다.

12. ① 이 블로그는 한 나라의 전통 음식을 공유한다.

② 10대들은 이 블로그에서 자신들의 음식 경험을 공유할 수 있다.

③ 이 블로그는 매달 새로운 이야기와 재료로 업데이트된다.

④ 전문 요리사들이 매주 이 블로그에서 자신들의 요리법을 공유한다.

⑤ 이 블로그는 드물고 이국적인 재료만 탐구한다.

[해설] ① 전 세계의 흥미로운 음식을 다룬다. ③ 매주 한 가지 재료를 다룬다. ④ 10대들이 이야기를 공유한다. ⑤ 매주 평범한 재료에 대해 초점을 맞춘다.

13. [해설] ⓐ with: ~을 가지고(재료), ⓑ at ~에서(특정 장소), ⓒ look for ~을 찾다

14. ⓒ 양파를 썰어서 팬에 볶으세요.

ⓐ 그 팬에 계란, 소금, 치즈, 고기를 넣으세요.

ⓑ 그 혼합물을 오븐에서 익히세요.

15. ① 그녀는 나중에 전화하겠다고 말했다.

② 그가 프로젝트를 일찍 끝냈다는 것은 사실이다.

③ 그는 우리에게 다른 경로를 택해야 한다고 제안했다.

④ 탁자 위에 있는 가방은 사라의 것이다.

⑤ 이것은 내가 도서관에서 빌린 책이다.

[해설] (A)와 ④번은 주격 관계 대명사이다. ①, ②, ③번은 명사절을 이끄는 접속사이고, ⑤번은 목적격 관계 대명사이다.

16. [해설] want는 목적격 보어로 to 부정사를 쓴다.

17. ① 계란은 부엌에서 가장 흔한 재료이다.

② 프리타타는 많은 신선한 재료가 필요한 요리이다.

③ 친구들과 요리하는 것은 함께 음식을 즐길 수 있는 가장 좋은 방법이다.

④ 남은 채소는 다양한 조리법에 창의적으로 활용될 수 있다.

⑤ 프리타타는 준비하기 간단하며 음식물 쓰레기를 줄이는 데 좋다.

[해설] 지문은 프리타타라는 요리가 간단히 만들 수 있다는 점과 냉장고에 남아 있는 채소를 활용하여 음식물 쓰레기를

줄일 수 있다는 점을 중심으로 설명하고 있으므로 ⑤번이 핵심 내용을 한문장으로 정확하게 요약하고 있다.

18. [해설] ③은 잉글리시 머핀을 가리키고, 나머지는 모두 에그 베네딕트를 가리킨다.

19. [해설] 올리비아가 어렸을 때 달걀을 싫어한다고 했지만, 싫어했던 이유에 대해서는 언급되어 있지 않다.

20. ① 사람들이 달걀 요리를 싫어하는 이유

② 에그 베네딕트의 역사

③ 뉴욕에서 인기 있는 아침 식사 음식들

④ 내가 에그 베네딕트를 사랑하게 된 이야기

⑤ 완벽한 에그 베네딕트를 만드는 가이드

[해설] 윗글은 개인적인 경험을 중심으로 달걀을 싫어하던 시절에서 좋아하게 된 과정을 다루고 있으므로 ④번이 제목으로 가장 적절하다. 에그 베네딕트의 만드는 방법이 간단히 언급되긴 하지만, 주된 내용은 만드는 방법이 아니므로 ⑤번은 답으로 부적절하다.

21. ① 토마토, 양파, 고추, 마늘을 썬다.

② 기름을 두른 팬에 모든 재료를 요리한다.

③ 향신료를 추가한다.

④ 팬에 계란을 깨서 넣는다.

⑤ 밥과 함께 제공한다.

[해설] 샥슈카는 주로 빵과 함께 제공된다고 하였기 때문에 ⑤번은 적절하지 않다.

22. [해설] ⑤ 사역동사 make는 목적어와 목적격 보어의 관계가 능동일 때 동사 원형을 쓰기 때문에 feeling이 아닌 feel이 되어야 한다.

23. ① 나는 달걀 요리를 싫어하기 시작했다.

② 나는 캠핑을 새로운 취미로 삼았다.

③ 나는 더 이상 학교에서 어려움을 겪지 않는다.

④ 나는 요리사가 되겠다는 꿈을 포기했다.

⑤ 나는 그 여행 이후 가족과 더 멀어진 기분이 들었다.

[해설] 두 번째 문단의 첫 문장에서 학교에서 어려움이 있었다고 했지만, 이후 긍정적인 변화를 기술하고 있으므로 '샥슈카 덕분에 더 이상 학교에서 어려움을 겪지 않았다'라는 것이 마무리 문장으로 가장 적절하다.

24. [해설] (C)는 외국인들이 한국 반찬이 무료라는 점에 놀란다는 내용으로, 글의 핵심 주제인 계란찜과 개인적 경험, 요리에 대한 열정과 관련이 없다.

25. [해설] ⑤ look forward to에서 to는 전치사이므로 동사 원형이 아닌 동명사 형태인 discovering이 와야 한다.

Lesson 3

Listen & Speak
pp. 102-103

❶ 1. ⑤ **2.** ③ **3.** 3 – 5 – 4 – 2 – 1

1. A: 당신은 어떤 종류의 창의적인 사람인가요?
   B: 저는 예술가인 것 같아요. 저는 예술을 통해 제 감정을 표현하는 것을 좋아합니다.
   [해설] ⑤ I think of being an artist.(나는 미술가가 될 생각이다.)는 장래희망을 이야기하는 표현이다.

2. ① A: 너는 가장 위대한 미술가가 누구라고 생각해?
      B: 나는 프리다 칼로라고 생각해.
   ② A: 새 소설을 어떻게 생각해?
      B: 내 의견으로는 누구나 그것을 좋아할 거야.
   ③ A: 너의 누나는 어떤 사람이야?
      B: 나도 네게 동의해.
   ④ A: 내일 날씨는 어떨까?
      B: 비가 올 것 같아.
   ⑤ A: 너는 시험에 합격할 거라고 생각하니?
      B: 그럴 것 같아. 난 최선을 다했어.

3. 3 새 영화 말하는 거야?
   5 나도 그렇게 생각해. 같이 보자.
   4 응. 내 생각에 그 영화는 굉장할 것 같아.
   2 음, 영화를 볼 계획이야.
   1 이번 주말에 뭘 할 거야?

❷ 1. ⑤ **2.** How about studying in a different place? **3.** ④

1. [해설] ①~④는 피자 가위를 제안하는 표현이고, ⑤는 피자 가위를 산 이유를 묻는 표현이다.

3. [해설] 할아버지의 생신 선물을 제안해 달라는 내용이므로, 제안하는 표현인 ④가 응답으로 알맞다.

내신 출제 문법 포인트
pp. 106-107

전치사+관계 대명사
1. (1) about which
   (2) in which
2. (1) 틀린 부분 없음
   (2) with → with whom 또는 with를 문장 맨 뒤에 두기
   (3) whom → which 또는 that
3. (1) in which his favorite actor
   (2) girl to whom everyone asks

1. (1) 나는 네가 말한 식당에 가 본 적이 없다.
   [해설] 선행사가 장소이므로 about which가 알맞다.
   (2) 서울은 수백만의 사람이 사는 수도이다.

[해설] 선행사가 장소이므로 in which가 알맞다.
2. (1) 나는 아버지가 일하시는 회사에 가고 싶다.
   (2) 나는 그녀가 말하는 남자를 모른다.
   [해설] 전치사 뒤에 사람을 선행사로 하는 whom을 쓴다.
   (3) 생물은 내가 잘하는 과목이다.
   [해설] 선행사가 과목이므로 관계 대명사 which 또는 that을 써야 한다.
3. (1) 그는 그가 제일 좋아하는 배우가 나오는 영화를 봤다.
   (2) 너는 모두가 조언을 구하는 소녀를 아니?

관계 부사
1. (1) where   (2) when
2. (1) where → when   (2) when → why
   (3) 틀린 부분 없음
3. (1) the moment when I surprised
   (2) museum where cars are displayed

1. (1) 나는 내가 태어난 집을 찾을 수 없다.
   [해설] 선행사가 '장소(집)'이므로 관계 부사 where가 알맞다.
   (2) 그들은 학교가 끝나는 달을 고대한다.
   [해설] 선행사가 '시간(달)'이므로 관계 부사 when이 알맞다.
2. (1) 나는 우리가 놀이 공원을 간 날을 잊지 못한다.
   [해설] 선행사가 '시간(날)'을 나타내므로 when을 써야 한다.
   (2) 선생님은 전쟁이 일어난 이유 몇 가지를 나열했다.
   [해설] 선행사가 '이유'을 나타내므로 why을 써야 한다.
   (3) "인디안 셰프들"이 우리가 만난 장소이다.
3. (1) 너는 내가 너를 놀라게 한 순간을 기억하니?
   (2) 너는 차가 전시된 박물관을 쉽게 찾을 수 있다.

Grammar Practice
pp. 108-109

전치사+관계 대명사
1. (1) with which   (2) on whom
   (3) in which   (4) for which
2. (1) about which   (2) from whom
   (3) from which   (4) with which
3. (1) which   (2) whom
   (3) with   (4) in
4. (1) to which   (2) with whom
   (3) in whom

1. (1) 교통 혼잡은 우리가 다뤄야 하는 하나의 문제이다.
   (2) 미아는 문제가 있을 때 네가 의존할 수 있는 사람이다.
   (3) 너는 어머니가 태어난 도시를 방문한 적이 있니?
   (4) 네가 응원하는 팀이 있니?
2. (1) 내가 너에게 말한 책은 정말 재미있다.

(2) 김선생님은 내가 많이 배운 훌륭한 선생님이다.

(3) 의사들은 내가 겪은 병을 치료할 수 없었다.

(4) 수학은 내가 중학교 때 어려움을 겪은 과목이다.

3. (1) 반 고흐가 작업한 스튜디오에 가보자.

(2) 톰은 수업 중 내가 함께 토론한 짝이었다.

(3) 너는 리더가 제안한 아이디어가 마음에 들 것이다.

(4) 나는 참석할 계획이 있는 축제에 대한 정보가 있다.

관계 부사

1. (1) where (2) when (3) why (4) where

2. (1) why (2) when (3) where (4) when

3. (1) where (2) when (3) why (4) where

4. (1) ⓒ (2) ⓓ (3) ⓑ

1. (1) 주민들은 우리가 아이들 때 놀았던 공원을 좋아한다.

(2) 12월 20일은 우리가 처음 만난 날이다.

(3) 나는 네가 전공으로 생물을 선택한 이유를 알고 싶다.

(4) 부산은 내가 자란 항구 도시이다.

2. (1) 그 프로젝트가 지연된 이유를 설명할 수 있겠니?

(2) 그들은 해외 여행을 한 여름에 대해 말했다.

(3) 나는 우리가 함께 꽃을 심은 정원에서 일할 것이다.

(4) 그녀는 특히나 추웠던 겨울을 회상했다.

3. (1) 우리는 유명한 미술 작품이 전시된 박물관을 방문했다.

(2) 나는 우리가 캠핑 갔던 시간을 잊지 않을 것이다.

(3) 나는 그녀가 늦은 이유를 알고 싶다.

(4) 너는 콘서트가 열릴 장소를 알고 있니?

4. (1) 나는 멘토를 처음 만난 교실을 아직도 그릴 수 있다.

(2) 아무도 그가 마음을 바꾼 이유를 모른다.

(3) 보행자는 차에 치일 뻔한 순간을 결코 잊지 않을 것이다.

Word Practice ❶　　　　　　　　p. 112

1. ㉕	**2.** ⑪	**3.** ⑧	**4.** ②	**5.** ⑫	**6.** ㉘
7. ①	**8.** ⑤	**9.** ⑩	**10.** ③	**11.** ㉔	**12.** ㉒
13. ㉙	**14.** ⑦	**15.** ㉗	**16.** ⑬	**17.** ㉑	**18.** ㉓
19. ㉖	**20.** ⑳	**21.** ⑮	**22.** ⑯	**23.** ⑭	**24.** ⑲
25. ㉚	**26.** ⑨	**27.** ⑱	**28.** ⑰	**29.** ④	**30.** ⑥

Word Practice ❷　　　　　　　　p. 113

1. ②	**2.** ㉗	**3.** ⑧	**4.** ㉒	**5.** ㉖	**6.** ①
7. ⑮	**8.** ⑳	**9.** ㉓	**10.** ㉚	**11.** ㉘	**12.** ⑰
13. ⑩	**14.** ㉙	**15.** ⑪	**16.** ⑥	**17.** ㉔	**18.** ⑬
19. ⑤	**20.** ⑭	**21.** ⑲	**22.** ⑯	**23.** ⑱	**24.** ㉑
25. ㉕	**26.** ⑦	**27.** ⑫	**28.** ③	**29.** ⑨	**30.** ④

Read: Check Up　　　　　　　　pp. 115-123

p. 115	**1.** (1) encouraging (2) painted
	2. (1) are (2) planned (3) Eating
p. 117	**1.** in which
	2. (1) titled (2) built (3) became
p. 119	**1.** (1) when (2) left (3) the residents
	2. (1) when (2) finished (3) the students
p. 121	**1.** have become
	2. (1) is operated (2) which (3) The poor
p. 123	**1.** (1) visited (2) he did (3) gave it up
	2. (1) singing (2) been (3) known

After You Read: Check Up　　　　p. 124

1. operation　**2.** air　**3.** T　**4.** T　**5.** F　**6.** T

본문 연습: 옳은 것 고르기　　　　pp. 125-127

1. common **2.** are **3.** impossible **4.** cause

5. because **6.** needs **7.** which **8.** times

9. which **10.** long **11.** whom **12.** connecting

13. than **14.** known **15.** without **16.** number

17. where **18.** translates **19.** from **20.** half

21. unclean **22.** to **23.** which **24.** that

25. were **26.** with **27.** appreciate **28.** high

29. more **30.** with **31.** Like **32.** when

33. ease **34.** driving **35.** called **36.** When

37. that **38.** better

본문 연습: 빈칸 채우기　　　　　　p. 128

1. are **2.** is **3.** with **4.** which **5.** which

6. whom **7.** than **8.** without **9.** where

10. lovely **11.** from **12.** to **13.** which

14. that **15.** when **16.** When **17.** that

18. better

Check Up　　　　　　　　　　　p. 133

1. commute **2.** congestion **3.** essential

4. launch **5.** pedestrian **6.** prohibit

7. resident **8.** Unfortunately

1. ②   2. ③   3. suffer   4. come   5. (1) impossible
(2) Fortunately   6. ③   7. ⑤   8. ⓐ where
ⓑ on whom   9. ④   10. ⑤   11. 3-4-2-1   12. ④
13. creative   14. ⓐ congestion ⓑ solution   15. ③
16. ①   17. the capital in which they worked 또는
the capital which they worked in   18. ②   19. ⑤
20. ①   21. ④   22. ②   23. ④   24. campaign
25. ③

1. ① 오염, 정책   ② 보행자, 주민
③ 수도, 군중   ④ (좁은) 곳, 공무원
⑤ 악몽, 시민

2. • 교통 체증은 대도시에서 흔한 문제이다.
• 오늘날 개는 많은 가정에서 흔한 애완동물이다.
① 다양한   ② 처음의
③ 흔한   ④ 필수적인
⑤ 공식적인

3. [해설] suffer from ~로 어려움을 겪다, ~로 고통받다

4. [해설] come up with 생각해내다, 떠올리다

5. 미아는 새로운 자전거를 사고 싶었다. 하지만 그녀는 충분한
돈을 가지고 있지 않았기 때문에 그건 불가능했다. 다행히도
그녀는 시간제 일자리를 찾았다. 그녀는 조금씩 저축했고, 마
침내 꿈의 자전거를 샀다.
[해설] (1) independent는 '독립적인', impossible은 '불
가능한'의 뜻이므로 문맥에는 impossible이 적절하다.
(2) Fortunately는 '다행히도', Unfortunately는 '불행히
도'의 의미이다. 희망이 없는 상황에서 일자리를 찾아 돈을
저축하게 되었으므로 Fortunately가 알맞다.

6. 소년은 자신이 관심이 있는 학교 클럽에 가입했다.
[해설] '~에 관심이 있다'고 할 때 be interested in을 사용
하며, 관계사 절의 끝에 있는 전치사 in을 관계 대명사와 함
께 선행사(a school club) 바로 뒤에 둘 수 있다. 선행사
가 a school club이므로 관계 대명사는 which를 써서 in
which가 적절하다.

7. 흥미로운 행사들이 있는 주말에는 공원에 오는 방문자들이
많다.
[해설] 선행사가 시간을 나타내는 the weekend이므로 관계
부사 when이 적절하다.

8. 아버지는 여기로 이사한 해에 고등학생 때 의존했던 옛날 친
구를 만났다.
[해설] ⓐ는 선행사가 시간을 나타내는 the year이므로 관계
부사는 where가 아니라 when이 되어야 한다. ⓑ는 선행사
가 사람(an old friend)이고 '의존하다'는 depend on으로
표현하므로 on which가 아니라 on whom이 되어야 한다.

9. ① 넌 그것에 대해 어떻게 생각해?
② 난 그녀가 그걸 좋아할 거라고 생각하지 않아.
③ 넌 그것을 왜 추천하니?
④ 넌 그녀가 그걸 좋아할 거라고 생각하니?

⑤ 난 그녀가 그것을 갖고 있는지 아닌지 몰라.
[해설] 여자가 할머니에게 무엇을 선물할지 몰라 남자에게 선
물을 추천해달라고 요청한다. 남자는 a pet umbrella를 추
천하고, 할머니에게 강아지가 있는 것으로 기억한다고 말하
자, 여자는 할머니가 강아지를 키우는데, 그 선물을 좋아할지
궁금해한다. 뒤이어 남자는 할머니가 분명히(Definitely!)
좋아하실 거라고 답하는 상황이다. 따라서 빈칸에는 ④번이
적절하다.

10. [해설] 여자는 할머니의 생신 선물을 고민하고 있는데, 남자
의 추천에 따라 a pet umbrella를 온라인으로 주문하려고
하므로 ⑤번이 대화의 내용과 일치한다.
① 선물을 고르고 있는 사람은 여자이다.
② 할머니의 생신이 나흘 뒤에 있다.
③ 여자의 할머니가 애완동물을 키우신다.
④ 여자는 남자가 아니라 할머니께 선물을 드리려고 한다.

11. [해설] 맨 먼저 상대방에게 어떤 유형의 창의성이 있는지 묻
고, 어떤 유형의 창의적인 사람이라고 답하면 그렇게 말하는
이유를 묻고, 구체적인 이유를 설명하는 순서가 가장 자연스
럽다.

12. [해설] 두 번째 충고(②)에 대해 구체적으로 자연, 서적, 예술
로부터 아이디어를 얻을 수 있다는 구체적 내용(③)을 제시하
고, 마지막 충고(⑤)로 이어지는 것이 자연스러운데 중간에
"아름다움이 새로운 아이디어를 찾는 데 도움이 된다"(④)는
엉뚱한 내용이 끼어 있다.

13. [해설] 본문은 창의성을 키우는 데 도움이 될 충고를 나열하
고 있으며, 마지막 문장에서 이런 충고를 따른다면 아인슈타
인처럼 창의적(creative)으로 될 수 있다고 결론을 맺는다.

14. [해설] 필자는 전 세계 대도시들의 교통 체증은 심각한 문제
(예: 시간 낭비, 대기 오염)를 야기할 수 있으며, 도시들은 서
로 다르기 때문에 독특한 해결책이 필요하다고 주장하고 있
다. 따라서 ⓐ에는 '체증'을 뜻하는 congestion, 그리고 ⓑ
에는 '해결책'을 뜻하는 solution이 적절하다.

15. [해설] Also로 시작하므로 교통 체증의 문제 하나가 먼저 나
온 뒤인 ③번에 들어가는 것이 적절하다.

16. ① 나의 케이블카: 라파스를 위한 해결책
② 대도시에서의 케이블카의 장점
③ 볼리비아에서의 편안한 통근
④ 엘알토: 교통 문제가 없는 도시
⑤ 라파스: 세계에서 가장 고도가 높은 수도
[해설] 첫째 단락에서는 라파스에서 교통 체증이 심각하다는
내용이 나오고, 둘째 단락에서는 이러한 교통 체증을 해결하
기 위해 케이블카를 운행하여 성공을 거두었다는 내용이 제
시되어 있으므로 ①번이.제목으로 적절하다. ②번은 구체적
인 문제를 해결하기 위한 장치로서의 케이블카를 나타내지
못하고 너무 일반적인 내용을 함축하고 있어서 적절하지 않
은 제목이다. ③번과 ④번은 다루어지지 않은 내용을 나타내
고, ⑤번은 너무 지엽적인 세부사항만 나타내므로 제목으로
서 적절하지 못하다.

17. [해설] the capital을 선행사로 하고, 이를 수식할 수 있도
록 관계 대명사 which와 그 앞에 in을 써서 the capital in

which they worked라고 하거나, in을 관계절 맨 뒤에 남겨두어 the capital which they worked in처럼 쓸 수 있다.

18. 해설 수도의 해발 고도는 3,600미터인데, 둘째 단락에서는 엘알토가 수도보다 더 높은 곳에 위치한다고 했으므로 ②번은 본문의 내용과 일치하지 않는다.

19. 해설 첫째 단락에서 많은 가정이 한 대 이상의 자동차를 소유한다고 진술되어 있지만 구체적으로 자동차가 모두 몇 대인지는 언급되어 있지 않으므로 ⑤번이 정답이다.

20. ① 더 나은 도시로 가는 류블랴나의 여정
② 보행자를 위한 류블랴나의 중심가
③ 노인들을 위한 류블랴나의 창의적 생각
④ 더 환경친화적인 류블랴나를 위한 주민들
⑤ 류블랴나의 도시 계획
해설 보행자를 위한 정책이나 노인들을 위한 정책은 전체 계획의 일부에 불과하므로 ②번과 ③번은 전체 글의 제목으로 적절하지 못하고, 글의 초점이 시의 정책에 있고 주민들의 구체적 행동에 있지 않으므로 ④번도 적절한 제목이 될 수 없다. 그리고 단순한 도시 계획(⑤)은 너무 광범위하므로 제목으로 적절하지 않다.

21. 해설 Many initially thought the policies were impractical, but now ...는 시의 정책에 대해 초반에는 많은 사람이 시의 정책을 비현실적이라고 생각하고 환영하지 않았음을 알 수 있으므로 ④번은 본문의 내용과 일치하지 않는다.

22. ① ~에도 불구하고
② ~ 덕분에
③ ~에 더하여
④ ~와는 별도로
⑤ ~에 앞서서
해설 빈칸 앞부분에서 시의 정책이 성공했다는 내용이 제시되므로, 마지막 결론 문장에서는 '② 그 덕분에(Thanks to)' 도시가 더 아름다운 곳으로 변모하게 되었다고 진술하는 것이 적절하다.

23. ① 특정한 지역에 사는 사람들
② 10년의 기간
③ 중요한, 의미가 있는
④ 신체에 혈액을 보내는 기관
⑤ 어떤 일에 대해 고맙게 느끼다
해설 heart가 글에서는 '심장'이 아니라 '중심부'라는 의미로 사용되었기 때문에 ④번은 적절한 영영 풀이가 아니다.

24. 해설 Murcia의 교통 체증 문제를 해결하기 위해 시는 새로운 전차 시스템을 도입하고 이의 사용을 장려하기 위한 창의적인 캠페인을 벌여서 성공한다는 내용이므로 빈칸에는 campaign이 적절하다.

25. 해설 ③ '~라고 불리는'을 나타내려면 과거 분사 called가 되어야 한다.

단원 평가 2회	pp. 138-141

1. ③　**2.** ②　**3.** deal　**4.** differ　**5.** (1) unhappy (2) dependent　**6.** ①　**7.** ⑤　**8.** ⓐ where ⓑ for which　**9.** ②　**10.** ④　**11.** 2-3-1-4　**12.** ⑤
13. become very creative like Einstein　**14.** ⑤
15. ④　**16.** ⓐ traffic congestion ⓑ cable car　**17.** ②
18. 케이블카 설치　**19.** ⓐ known ⓑ dramatically
20. ①　**21.** ④　**22.** ①　**23.** ①　**24.** ③　**25.** ②

1. ① 통근자 ② 악몽 ③ 수도 ④ 혼잡 ⑤ 보행자

2. • 그녀는 자신의 여행 경험을 공유하기 위해서 블로그를 시작하기로 결심했다.
• 회사는 다음 달에 새로운 제품을 출시하기를 원한다.
① 연결하다 ② 개시, 출시하다 ③ 줄이다
④ 금지하다 ⑤ 고맙게 여기다

5. 톰은 수학 성적에 대해 기분이 좋지 않았다. 그래서 그는 미아에게 도움을 요청했다. 그는 한동안 그녀에게 의존했다. 그녀의 도움 덕분에 그는 곧 더 나은 성적을 받을 수 있었다.
해설 성적이 나쁘면 happy보다는 unhappy한 감정을 느낄 것이고, 도움을 받는 입장에서는 상대방에게 의존하므로 independent(독립적인)보다는 dependent(의존적인)한 상태이다.

6. 소녀는 지금까지 이야기를 많이 들어왔던 작가를 만날 것이다.
해설 소녀는 작가에 대해 많이 들었으므로 heard와 호응하는 전치사는 about이고, 선행사가 the writer로 사람이므로 관계 대명사는 whom이 와야 한다.

7. 한국 전쟁은 할아버지께서 태어난 해에 발발했다.
해설 선행사가 시간을 나타내는 the year이므로 관계 부사는 when이 되어야 한다. 아울러, 관계 대명사 which나 who는 빈칸이 주어나 목적어가 필요한 위치가 아니므로 사용할 수 없다.

8. 아름다운 꽃들이 자라는 정원에서 너는 네가 찾고 있는 보물을 발견하게 될 것이다.
해설 문장의 앞부분에서는 선행사가 in the garden이므로 장소에 어울리는 관계 부사는 where이며, 문장의 뒷부분에서는 선행사가 사물인 the treasure이므로 관계 대명사는 whom이 아니라 which가 되어야 한다.

9. ① 한 화가가 설문지를 설계했어.
② 설문지에 따르면 난 화가야.
③ 설문지는 정확한 것 같아.
④ 물론, 난 설문지를 신뢰해.
⑤ 난 내가 창의적인지 모르겠어.
해설 "넌 어떤 종류의 창의적 사람이니?"라는 질문에 창의적인 종류를 말하고, 그 근거(I see beauty in nature and express my emotions through painting.)를 제시하는 상황이므로 빈칸에는 The survey says I'm an artist.가 가장 적절하다.

10. ① 실망한 ② 초조한 ③ 슬픈 ④ 호기심이 있는 ⑤ 기쁜

해설 여자는 설문지에 관심을 보이면서 믿을 수 있는 것인지 궁금해하며, 자신은 어떤 종류의 창의적 사람인지 알아보려고 설문지에 응답하고 싶어 한다. 따라서 curious가 여자의 심경을 가장 잘 나타낸다.

11. 해설 여자가 온라인으로 선물을 구입하려는 상황에서, 남자가 화면에서 창의적 물품들이 많은 데 놀라고, 여자는 물품들이 많아서 무엇을 살지 정하지 못하겠으니 제안을 요청하자, 남자는 피자 가위를 제안하고, 여자는 그 제안에 대해 적절한 이유(She can cut and serve pizza easily with them.)를 대면서 동의하는 순서가 가장 자연스럽다.

12. 해설 주어진 문장은 다양한 관점에서 사물을 볼 수 있게 도와준다는 내용이므로 이 문장 바로 앞에는 "다른 사람들과 함께 일하라"는 충고가 오는 것이 가장 적절하다.

13. 해설 조동사 may 뒤에는 동사 원형이 와야 하고, "아인슈타인처럼 매우 창의적인"의 뜻은 very creative like Einstein으로 표현할 수 있다.

14. ① 어느 곳에서 교통 체증이 문제인가?
② 교통 체증이란 무슨 뜻인가?
③ 왜 교통 체증이 심각한 문제인가?
④ 대도시에서 교통 체증은 대기의 질에 어떻게 영향을 주는가?
⑤ 교통 체증에 대한 보편적인 해결책은 왜 필요한가?
해설 교통 체증은 전 세계의 대도시에서 문제이며(①), 교통 체증은 도로가 차들이 너무 많아 교통의 흐름이 느리다는 뜻이며(②), 시간 낭비와 대기 오염의 문제를 일으키므로 교통 체증은 심각한 문제이다(③, ④). 하지만 도시들이 서로 다르기 때문에 보편적인 해결책이 없으며(no one-size-fits-all solution), 각 도시마다 창의적 해결책이 필요하다고 했으므로 ⑤번은 답할 수 없는 질문이다.

15. 해설 ③번 문장에서 도시들은 서로 다르기 때문에 보편적인 해결책이 없다고 했으므로, 바로 이어서 각 도시마다 독특한 창의적인 해결책을 모색해야 한다는 내용(⑤)이 나오는 것이 자연스럽다. 따라서 교통 체증이 환경에도 부정적 영향을 끼친다는 내용의 ④번 문장은 글의 흐름을 방해한다.

16. 해설 첫째 단락은 라파스의 교통 체증이 심각했다는 내용, 그리고 둘째 단락은 케이블카 설치를 통해 이 문제를 해결하는 데 성공했다는 내용을 제시한다. 글 전체의 요지는 "교통 체증 문제는 라파스의 케이블카의 도움으로 창의적으로 해결되었다"가 되므로 빈칸에는 ⓐ traffic congestion, ⓑ cable car가 적절하다.

17. 해설 ① 선행사가 the highest capital이고 단수이므로 which sits는 어법에 맞는다.
② 원급 비교는 so high as가 아니라 as high as가 되어야 하므로 정답이다.
③ 도시는 계획되기 때문에 수동태 구문이 필요하고 poorly는 과거 분사를 수식하므로 poorly planned는 어법에 맞는다.
④ 사람들이 일한 수도는 the capital in which they worked 또는 the capital (which) they worked in처럼 표현할 수 있다.
⑤ 선행사가 many people이고 전치사 for가 필요한 문맥

이므로 for whom은 어법에 맞는다.

18. 해설 the idea는 두 도시를 연결하기 위한 케이블카 노선을 설치하는 것을 지칭한다.

19. 해설 '~라고 알려진'은 known처럼 수동의 의미를 나타내는 과거 분사로 써야 하고, 동사구 cuts travel time을 수식하려면 dramatic이 아니라 부사형 dramatically가 되어야 한다.

20. 해설 개인 차량(personal cars)은 시내 중심부 운행이 금지되었다(prohibited)고 했으므로 ①번이 본문의 내용과 일치한다. ② 자전거 사용자를 위한 공간은 시 전역이 아니라 시내 중심부였고, ③ 새로운 교량들은 시 외곽이 아니라 시내를 관통하는 강에 건설했으며, ④ 교통 약자를 위한 무료 서비스가 제공되었고, ⑤ 대중교통 이용자가 아니라 걷거나 자전거를 이용하는 사람의 숫자가 늘었다.

21. 해설 ④ 무료로 제공되는 Kavalir를 이용하여 교통 약자들이나 방문자들이 쉽게(easily) 돌아다닐 수 있다고 말해야지, 거의 돌아다닐 수 없다(hardly)고 하는 것은 글의 흐름에 맞지 않는다.

22. ① 그 과감한 정책들에 고마움을 느낀다
② 큰 변화들에 반대한다
③ 전통적인 접근법들을 환영한다.
④ 그들의 아름다운 자연을 사랑한다.
⑤ 더 많은 자전거 전용 노선과 교량들을 원한다.
해설 빈칸의 바로 앞 절에서는 사람들이 시의 과감한 정책에 대해 환영하지 않았다는 내용이 나오므로 but으로 연결된 절에서는 긍정적으로 생각한다는 내용인 ①이 가장 적절하다. welcome이나 love도 긍정적인 내용이지만 그 목적어 the traditional approaches, their beautiful nature가 글의 흐름과 완전히 동떨어져 있으므로 오답이다.

23. ① 교통 체증을 줄이기 위한 무르시아의 창의적 방법
② 전차 시스템이 무르시아의 환경에 미친 영향
③ 혼잡 시간에 교통 체증을 줄이는 방법
④ 통근자를 위한 평생 이용권의 혜택
⑤ 무르시아: 스페인에서 가장 환경 친화적인 도시
해설 첫째 단락에서는 무르시아의 교통 체증 문제를 다루고, 둘째 단락에서는 이 문제를 창의적으로 해결한 점을 기술하므로 ①번이 가장 적절한 제목이다. 글이 전차 시스템이 환경에 미친 영향을 다루지 않으므로 ②는 오답이고, ③과 ④는 본문의 내용을 충실하게 반영하지 못하는 너무 일반적인 제목이며, 무르시아가 스페인에서 가장 환경친화적인 도시라는 설명이 전혀 없으므로 ⑤도 적절하지 않은 제목이다.

24. ① 완전히 금지된   ② 매우 편리한   ③ 특히 어려운
④ 놀랄 정도로 쉬운   ⑤ 극히 잘 계획된
해설 운전자들이 주차를 하려고 많은 시간을 허비하는 이유가 빈칸이 포함된 절에서 기술되어야 하므로 ③번이 가장 적절하다.

25. 해설 시의 관리들이 고민했다는 내용(①)이 제시되고, 바로 이어서 충분히 고려한 후에 캠페인을 시작했다는 언급(주어진 문장)이 이루어져야 글의 흐름이 자연스럽다.

Lesson 4

Listen & Speak pp. 148-149

❶ 1. ③
2. [Sample] That's amazing!
3. 4 – 1 – 3 – 2

1. A: 이 그림 어때? 내가 AI 도구로 만들었어.
B: 놀랍다! 나는 네가 직접 그린 거라고 생각했어.
[해설] ③은 '불쌍해라. 애석한 일이다'라는 뜻이고 나머지는 놀랐을 때 사용하는 표현이다.

2. A: 그거 알아? 나 꿈에 그리던 대학에 합격했어.
B: 놀랍구나. 축하해.

3. 4 와, 인상적이야! 널 보니 나도 달리기를 시작하고 싶어!
1 나 지난 주말에 첫 마라톤을 완주했어.
3 힘들었지만 결승선을 통과하는 것이 정말 보람됐어.
2 놀랍다! 기분이 어땠어?

❷ 1. ②
2. I hope you have a wonderful time in nature.
3. 2 – 1 – 4 – 3

1. ① 나는 옛 친구들을 다시 만날 수 있기를 바란다.
② 나는 네 질문에 답을 찾을 수가 없다.
③ 나는 여름 방학이 기대된다.
④ 모든 일이 잘 풀리기를 바라.
⑤ 새 일을 시작하는 것이 기대가 된다.

3. 2 멋지다. 어떤 종류를 골랐어?
1 나는 지난 주말에 정원에 꽃을 좀 심었다.
4 분명 그럴 거야. 기대가 된다.
3 장미와 튤립. 곧 아름다운 꽃을 볼 수 있기를 바라.

내신 출제 문법 포인트 pp. 152-153

현재 분사·과거 분사
1. (1) laughing (2) thrilling (3) broken
2. ②
3. (1) destroyed (2) barking (3) boiled

1. (1) 그녀는 공원에서 웃는 아이들을 지나 걸어갔다.
[해설] 아이들이 '웃는' 것이므로 능동의 현재 분사를 쓴다.
(2) 그는 이 스릴 넘치는 소설을 쓴 유명한 작가이다.
[해설] 소설이 '스릴 넘치게 하는' 것이므로 능동의 현재 분사가 알맞다.
(3) 소년은 깨진 창문 옆에서 울고 있었다.
[해설] 창문은 '깨지는' 것이므로 수동의 과거 분사를 쓴다.
2. ① 충격적인 소식이 사람들을 놀라게 했다.
② 나는 딸기 아이스크림을 먹는 것을 즐겼다.

③ 나는 전에 말하는 앵무새를 본 적이 없다.
[해설] ① shocking은 news를 수식하는 현재 분사이다.
② eating은 동사 enjoyed의 목적어로 쓰인 동명사이다.
③ talking은 parrots를 수식하는 현재 분사이다.

3. (1) 마을 사람들은 망가진 집 때문에 울기 시작했다.
[해설] 집은 '망가뜨려지는' 것이므로 수동의 과거 분사를 쓴다.
(2) 나는 짖어대는 개를 보았을 때 움직일 수 없었다.
[해설] 개가 '짖는' 것이므로 능동의 현재 분사를 쓴다.
(3) 나는 삶은 달걀을 먹고 싶다.
[해설] 달걀은 '삶아지는' 것이므로 수동의 과거 분사를 쓴다.

분사의 위치
1. (1) ① (2) ①
2. (1) She brought the ∨ news to all of us.
(2) The ∨ bird is flying high in the sky.
(3) The cake ∨ in the morning is very delicious.
3. (1) ⓑ (2) ⓒ (3) ⓐ

1. (1) ① 도난당한 내 차는 강 근처에서 발견되었다.
(2) ① 우리는 깨진 창문을 보고 무척 충격받았다.
[해설] 단독으로 명사를 수식하는 분사는 명사 앞에 온다.
2. (1) 그녀는 우리 모두에게 놀라운 소식을 가져왔다.
(2) 노래하는 새는 하늘 높이 날고 있다.
(3) 아침에 구운 케이크는 무척 맛있다.
[해설] 구를 이루어 명사를 수식하는 분사는 명사 뒤에 온다.
3. (1) 여자 쪽으로 달려오는 소년은 내 동생이다.
(2) 기술자에 의해 만들어진 로봇은 많은 일을 할 수 있다.
(3) 아이들에게 둘러싸인 할머니는 매우 행복해 보였다.

Grammar Practice pp. 154-155

현재 분사·과거 분사
1. ③
2. (1) ⓐ exciting ⓑ excited
(2) ⓐ frightening ⓑ frightened
(3) ⓐ boring ⓑ bored
(4) ⓐ confused ⓑ confusing
3. (1) O (2) disappointing (3) hidden (4) O
4. (1) named (2) flying (3) used (4) written

1. ① 나는 거리에 떨어진 잎들을 청소하는 것이 싫다.
② 우리는 눈으로 뒤덮인 산을 오를 것이다.
③ 그녀는 나에게 문자 메시지를 보낸 것을 잊었다.
④ 그들은 결승선으로 달려오는 선수를 보았다.
⑤ 타고 있는 촛불이 내 방을 따뜻한 빛으로 채웠다.
[해설] ③은 목적어로 쓰인 동명사이고, 나머지는 분사이다.
2. (1) ⓐ 롤러 코스터를 타는 것은 흥미진진했다.
ⓑ 나는 롤러 코스터를 타게 되어 흥분되었다.

(2) ⓐ 그 공포 영화는 무서운 장면이 좀 있다.

ⓑ 그는 공포 영화 때문에 겁에 질려 보던 것을 멈추었다.

(3) ⓐ 나는 강의가 지루하다는 것을 알게 되었다.

ⓑ 나는 강연 동안 무척 지루했다.

(4) ⓐ 그는 복잡한 설명 때문에 혼란스러웠다.

ⓑ 그의 설명은 너무 혼란스러워서 사람들이 이해할 수 없었다.

[해설] 감정을 나타내는 형용사는 주어가 느끼는 감정을 표현할 때는 과거 분사형(-ed)을 사용하고, 주어가 감정을 일으키는 대상일 때는 현재 분사형(-ing)을 사용한다.

3. (1) 그들은 복원된 그림을 보아서 무척 행복했다.

(2) 그녀는 아들의 성적이 실망스러워서 화가 났다.

[해설] 성적이 '실망시키는' 것이므로 현재 분사형으로 쓴다.

(3) 선장은 섬에서 숨겨진 보물을 찾고 있었다.

[해설] 보물은 '숨겨진' 것이므로 수동의 의미를 담은 과거 분사형으로 써야 한다.

(4) 나비 넥타이를 매고 있는 남자는 노벨상 수상자이다.

4. (1) 나는 스티키라고 이름 붙여진 개가 있다.

(2) 미래에 우리는 하늘을 나는 차를 보게 될지도 모른다.

(3) 나는 돈을 절약하기 위해 헌책을 사고 싶다.

(4) 윌리엄 워즈워드에 의해 쓰인 시는 무척 유명하다.

[해설] 수식 받는 명사와의 관계가 능동이면 현재 분사, 수동이면 과거 분사로 쓴다.

분사의 위치

1. (1) which is (2) who is

(3) that is (4) who is

2. (1) O (2) O

(3) The disappointed boy (4) O

3. (1) I am listening to the songs sung by children.

(2) There are many beautiful flowers attracting bees.

(3) He was reading the novel published 50 years ago.

4. (1) The excited crowd called his name in a loud voice.

(2) The confused people looked at each other.

(3) The kid sitting next to his mom is reading a book.

---

1. (1) 밖에 주차된 차는 나의 아빠 것이다.

(2) 기후 변화를 연구하는 과학자가 내일 강의할 것이다.

(3) 반 고흐 전시회를 여는 미술관에 가고 싶다.

(4) 아이들에게 미소짓고 있는 남자분이 우리 영어 선생님이다.

[해설] 분사 앞에 쓴 '주격 관계 대명사 + be동사'는 생략할 수 있다.

2. (1) 다이빙하는 돌고래는 관객을 위해 묘기를 선보였다.

(2) 얼어붙은 호수에서 스케이트 타는 것은 정말 재미있었다.

(3) 실망한 소년은 작별 인사도 없이 교실을 떠났다.

[해설] 이 문장의 동사는 left이고, 분사가 단독으로 명사를 수식하는 경우에는 명사 앞에 쓴다.

(4) 줄을 서서 기다리던 소녀들은 매우 피곤해 보였다.

3. (1) 나는 아이들이 부르는 노래를 듣고 있다.

(2) 벌을 유인하는 아름다운 꽃들이 많다.

(3) 그는 50년 전에 출간된 소설을 읽고 있었다.

4. (1) 흥분한 관중이 큰 소리로 그의 이름을 불렀다.

(2) 혼란스러운 사람들은 서로를 쳐다보았다.

(3) 엄마 옆에 앉은 아이는 책을 읽고 있다.

Word Practice ❶ p. 158

1. ⑯	2. ⑩	3. ⑫	4. ⑤	5. ㉔	6. ⑨
7. ⑪	8. ⑱	9. ④	10. ㉚	11. ⑰	12. ㉑
13. ㉗	14. ③	15. ⑳	16. ㉒	17. ⑦	18. ㉓
19. ⑬	20. ②	21. ㉖	22. ①	23. ⑲	24. ⑮
25. ㉕	26. ⑭	27. ㉙	28. ⑥	29. ㉘	30. ⑧

Word Practice ❷ p. 159

1. ①	2. ⑥	3. ⑦	4. ②	5. ㉓	6. ④
7. ⑤	8. ⑧	9. ⑨	10. ⑱	11. ⑲	12. ㉒
13. ⑩	14. ⑭	15. ⑰	16. ③	17. ㉔	18. ⑳
19. ㉙	20. ㉚	21. ㉑	22. ㉕	23. ⑫	24. ㉗
25. ㉘	26. ⑮	27. ⑯	28. ⑪	29. ㉖	30. ⑬

Read: Check Up pp. 161-169

p. 161　1. He discovered it easy to learn English.

2. I think it unhealthy to skip breakfast.

p. 163　1. cycling → to cycle

2. had cleaned

p. 165　1. to take　　2. to pass

3. playing　　4. to tell, telling

p. 167　1. reproducing → (to) reproduce

2. because

3. (1) Whenever / 나는 비가 올 때마다 집에 머무르면서 독서를 즐긴다.

(2) However / 그 일이 아무리 어려워 보여도 우리는 제시간에 끝낼 것이다.

p. 169　1. (1) 내일 날씨가 좋을지 어떨지 궁금하다.

(2) 이 쿠키를 사면 공짜로 하나 더 줄 것이다.

2. amazing something → something amazing

3. awaiting

1. F   **2.** T   **3.** F   **4.** F   **5.** F

본문 연습: 옳은 것 고르기   pp. 171-173

1. Take   **2.** was created   **3.** was created
4. AI-created   **5.** their   **6.** which   **7.** puzzling
8. One   **9.** most   **10.** most   **11.** surprises
12. wide   **13.** was painted   **14.** big   **15.** in
16. viewing   **17.** using   **18.** appreciate
19. Fortunately   **20.** learn   **21.** missing, restored
22. puzzled   **23.** when   **24.** Though
25. questioned   **26.** left   **27.** complete
28. figure   **29.** trained   **30.** who   **31.** Through
32. after   **33.** to   **34.** when   **35.** puzzling
36. if   **37.** work   **38.** learn   **39.** magical
40. light

본문 연습: 빈칸 채우기   p. 174

1. was created   **2.** AI-created   **3.** puzzling
4. surprises   **5.** was painted   **6.** be trimmed
7. viewing   **8.** to appreciate   **9.** missing, restored   **10.** puzzled   **11.** managed   **12.** left
13. were sent   **14.** awaiting   **15.** puzzling
16. friendly

Check Up   p. 179

1. ambitious   **2.** appreciate
3. Collaboration   **4.** competition
5. cooperate   **6.** restore

단원 평가 1회   pp. 180-183

1. (1) ② (2) ①   **2.** (1) ④ (2) ③   **3.** restore
4. complete   **5.** ③   **6.** embarrassed   **7.** injured
8. surrounding   **9.** ①, ②, ⑤   **10.** ②   **11.** (B) – (A) – (C)   **12.** AI가 창작한 작품을 고르는 것   **13.** ②   **14.** ⑤
15. puzzling   **16.** ③   **17.** ③   **18.** (o)utstanding
19. ③   **20.** ①   **21.** the puzzle left unsolved until then   **22.** (C) – (A) – (B)   **23.** ③   **24.** nothing magical will happen   **25.** cooperate

1. (1) 그녀는 자신이 가장 좋아하는 배우의 공연을 놓치고 싶지 않았다.
(2) 친구들이 이사를 가서 나는 친구들이 참 그립다.

2. (1) 당신의 도움에 감사드립니다. 당신이 없었다면 저는 할 수 없었을 겁니다.
(2) 나는 클래식 음악을 감상하러 콘서트에 가고 싶다.

3. 그 팀은 손상된 건물을 복원하기 위해 매우 열심히 일했다.

4. 마감 시한 전에 나는 과제를 마쳐야 한다.

5. 어떤 것에서 작은 양을 잘라내다
① 구조하다 ② 공연하다, 수행하다 ③ 잘라내다
④ 완성하다 ⑤ 생성하다

6. 연설을 잊어버렸기 때문에 회장은 당황했다.
〔해설〕 embarrass는 '당황하게 하다'라는 의미로, 회장이 당황함을 느꼈기 때문에 과거 분사의 형태가 적절하다.

7. 공연 도중 부상 당한 무용수는 병원에 가야 했다.
〔해설〕 injure는 '다치게 하다'라는 의미로, 무용수가 다친 것이기 때문에 과거 분사의 형태가 적절하다.

8. 고대의 성을 둘러싼 벽은 수세기 동안 서 있었다.
〔해설〕 surround는 '둘러싸다'라는 의미로, 벽이 성을 둘러싸고 있기 때문에 현재 분사형이 적절하다.

9. 〔해설〕 놀람을 나타내는 표현인 ①, ②, ⑤번이 적절하다. ③번은 '부끄러운 일이다.'라는 뜻이고, ④번은 '그건 공평하지 않다.'라는 뜻이다.

10. 〔해설〕 ⓐ, ⓒ, ⓓ, ⓔ는 a smart glove를 가리키고, ⓑ는 가목적어로 진목적어의 내용인 to communicate with people who ... speaking을 의미한다.

12. 〔해설〕 it은 가목적어로 진목적어의 내용인 to choose the AI-created artwork (AI가 창작한 그림을 고르는 것)를 의미한다.

13. 〔해설〕 인공지능이 그린 그림과 인간이 그린 그림을 구분하기 어렵다는 것을 보여주는 사례에 관한 글이다.

14. ① 누가 The Night Watch를 그렸는가?
② 무엇이 The Night Watch의 관람객들을 놀라게 하는가?
③ The Night Watch의 특징들은 무엇인가?
④ The Night Watch는 얼마나 큰가?
⑤ The Night Watch가 언제 그려졌는가?
〔해설〕 ① 렘브란트가 그린 그림이다.
② 크기가 사람들을 놀라게 한다.
③ 빛과 그림자를 창의적으로 사용했다.
④ 그림의 크기는 세로 3.5m, 가로 4.5m이다.
⑤ 그림이 그려진 시기는 언급되어 있지 않다.

15. 〔해설〕 puzzle은 '어리둥절하게 하다'라는 의미이므로 어리둥절하게 만드는 문제라면 현재 분사 puzzling이 적절하다.

16. 〔해설〕 그림을 잘라낸 결과 분실이 일어난 것이므로 ③번은 resulted in이 적합하다.

17. ① 도와주시면 감사하겠습니다.
② 이 프로젝트를 도와주셔서 정말 감사합니다.
③ 그는 하이킹 동안 자연의 아름다움을 감상했다.
④ 그 교사는 학생들의 노고에 대해 감사하고 싶었다.
⑤ 오늘 아침 커피를 갖다 주셔서 감사드려요.

해설 ⓐ는 '감상하다'의 의미이다.

18. 탁월하고 대부분보다 훨씬 나은

19. **해설** ③ 인간이 컴퓨터를 훈련시켰기 때문에 인간의 도움 없이 이루어진 것은 아니다.

20. **해설** 베토벤 소개 뒤에 그가 겪은 어려움과, 그럼에도 불구하고 그가 시도한 일을 언급하기 시작하는 문장이 오는 것이 적절하다.

22. **해설** 복원의 과정을 소개하는 글로, '복구 팀이 학습한 것 → (C) AI를 학습시키는 것 → (A) AI가 음을 생성하면 복구 팀이 가장 적당한 것을 고르는 것 → (B) 공연'의 순서가 적절하다.

23. **해설** 선행사가 사람인 the composer이고, 계속적 용법으로 사용할 수 있는 주격 관계 대명사여야 하므로 who가 적절하다.

25. 어떤 일을 달성하기 위해 다른 누군가와 함께 일하다

단원 평가 2회   pp. 184-187

1. address   2. work   3. company   4. ④   5. ③
6. language ∨ in Latin America   7. over ∨ milk
8. ⑤   9. ②, ⑤   10. who/that   11. ②   12. collapse
13. ①   14. (1) F (2) T (3) T   15. (C) – (B) – (A)
16. ⓐ solve 또는 to solve ⓑ to solve   17. ②   18. ⓐ
were recreated ⓑ was displayed   19. ②   20. ⑤
21. ③   22. ⓐ the team ⓑ musical notes   23. ③
24. ③   25. AI, humans

1. (1) 주소 / 제 주소와 전화번호를 알려드리겠습니다.
   (2) 연설하다 / 시장은 오늘 저녁 시청에서 대중에게 연설을 할 예정이다.

2. (1) 일하다 / 나의 부모님은 능력을 향상시키고 직업 목표를 이루기 위해 부지런히 일하신다.
   (2) 작품 / 그 예술가의 작품은 미술관에서 전시 중이다.

3. (1) 회사 / 나의 형은 식품 회사에 지원해 오늘 면접을 봤다.
   (2) 동반, 동석 / 나는 주말 동안 친구들과 함께 하는 것을 즐긴다.

4. • 낡은 것을 고치다
   • 좋은 것이 다시 존재하게 하다
   ① 협력하다 ② 기다리다 ③ 달성하다, 이루다
   ④ 복원하다 ⑤ 완성하다

5. **해설** composer는 작사가가 아니라 작곡가이다

6. 라틴 아메리카에서 주로 쓰는 언어는 스페인어이다.
   해설 spoken in Latin America가 하나의 구를 이루어 the main language를 뒤에서 수식한다.

7. 엎질러진 우유 앞에서 울어봐야 소용없다.
   해설 spilt가 milk를 앞에서 수식한다.

8. ① 이 매장에서 구입한 신발은 매우 만족스럽다.
   ② 그가 쓴 편지는 나를 울렸다.
   ③ 구르는 돌은 이끼가 끼지 않는다.

④ 초대된 손님만 메인 이벤트에 참석할 수 있다.
⑤ 초록으로 칠한 벽은 나를 편안하게 느끼게 해준다.
해설 ① bought in this store가 구를 이뤄 The shoes를 뒤에서 수식한다.
② written by him이 구를 이뤄 Letters를 뒤에서 수식한다.
③ rolling이 stone을 앞에서 수식한다.
④ invited가 guests를 앞에서 수식한다.
⑤ 벽은 칠해지는 것이므로 The wall을 수식하는 분사는 painted in green으로 써야 한다.

9. **해설** ②는 가목적어이므로 it을 써야 한다.
   ⑤는 놀랍다는 의미이므로 amazing을 써야 한다.

10. **해설** 선행사가 people이고, 주격이므로 who나 that이 적합하다.

11. ① 화자들은 최근의 어떤 사건에 대해 이야기하고 있는가?
    ② 얼마나 많은 사람들이 지진으로 부상을 당했는가?
    ③ 왜 AI 기반의 구조 로봇을 사용했는가?
    ④ AI 기반의 구조 로봇은 이 상황에서 어떻게 도움을 줄 것으로 기대되는가?
    ⑤ 남자는 구조 로봇이 무엇을 하기를 희망하는가?
    해설 ② 부상자의 수는 언급하고 있지 않다.

12. 무너지고 때때로 조각조각 부서지다

13. **해설** 선행사가 사물인 The painting이며 주격 관계 대명사 중 계속적 용법에 사용할 수 있는 것은 which이다.

14. **해설** (1) 본문의 그림에서는 AI가 창작한 작품과 인간이 창작한 작품을 구별하기 힘들다고 하였다.

15. **해설** 그림 복원의 사례를 소개하는 순서로, '(C) 작품 소개 → (B) 작품에 문제가 생긴 경위 → (A) 해결하려는 노력'의 순서가 적절하다.

16. **해설** ⓐ help 뒤에 to 부정사나 to를 생략한 동사 원형이 올 수 있다.
    ⓑ decide의 목적어로 to 부정사를 쓴다.

17. **해설** ①, ③, ④, ⑤는 The Night Watch를 가리키나 ②는 그림의 네 면을 다듬었다는 앞 문장의 내용을 가리킨다.

18. **해설** ⓐ 사라진 조각이 다시 만들어진 것이므로 과거형 수동태로 써야 한다. 주어 the missing pieces가 복수형이므로 were recreated가 알맞다.
    ⓑ 복원된 작품이 전시된 것이므로 과거형 수동태로 써야 한다. 주어 the restored artwork가 단수형이므로 was displayed가 알맞다.

19. ① 베토벤의 청력 상실에 대한 미스테리한 이유
    ② 베토벤의 10번 교향곡을 완성하기 위한 협업
    ③ 학습을 위한 악보와 스케치의 중요성
    ④ 다양한 분야에서 전문가와 경쟁하는 방법
    ⑤ 음악 애호가들을 위한 주요 행사로서의 베토벤 탄생 250주년
    해설 AI와 협력하여 교향곡을 완성하기 위해 노력한 과정을 기술한 글이다.

20. 시간 맞춰 가려면 우리는 서둘러야 한다.

①, ②, ④번은 to 부정사의 명사적 용법이고, ③번은 a way를 수식하는 형용사적 용법이며, 주어진 문장과 ⑤번은 목적을 나타내는 부사적 용법이다.

21. ① 그녀는 매일 일하러 간다.

② 정원을 유지하는 데는 많은 노력이 필요하다.

③ 그 미술관은 반 고흐의 작품 몇 개를 전시하고 있다.

④ 우리는 목표를 달성하기 위해 함께 일했다.

⑤ 전화기가 작동하지 않아서 고치러 가야 한다.

밑줄 친 ⓐ는 '작품'이라는 뜻으로 사용되었다.

24. ① 그러므로

② 대조적으로

③ 하지만

④ 게다가

⑤ 즉, 다시 말하면

25. 인간과 AI의 협업에 대해 이야기하고 있다.

필요충분한 수학유형서로
등급 상승각을 잡다!

'22개정 교육과정

시리즈 구성

공통수학1

공통수학2

1 Goodness 빼어난 문제
'22 개정 교육과정에 맞춰 빼어난 문제를 필요한 만큼
충분하게 담아 완전 학습을 할 수 있습니다.

2 Analysis 철저한 분석
수학 시험지를 철저하게 분석하여 적확한 유형으로 구성,
가로로 익히고, 세로로 반복하는 학습을 할 수 있습니다.

3 Kindness 친절한 해설
선생님의 강의 노트 같은 깔끔한 해설로 알찬 학습,
정확하고 꼼꼼한 해설로 꽉 찬 학습을 할 수 있습니다.

지은이

안 병 규	現 전남대학교	오 준 일	現 부경대학교	홍 주 연	現 인천해송고등학교
이 천 우	現 청원여자고등학교	류 예 슬	現 용인 서천중학교	김 성 희	現 ㈜NE능률 교과서개발연구소
박 은 정	現 ㈜NE능률 교과서개발연구소				

High School
Basic English 2 자습서

펴 낸 날	2025년 3월 1일 (초판 1쇄)
펴 낸 이	주민홍
펴 낸 곳	(주)NE능률
개 발 책 임	김지현
개 발	김성희, 박은정
디자인책임	오영숙
디 자 인	안훈정, 조가영, 디자인 뮤제오
제 작 책 임	한성일
등 록 번 호	제1-68호
I S B N	979-11-253-4949-5

대표전화	02 2014 7114
홈 페 이 지	www.neungyule.com
주 소	서울시 마포구 월드컵북로 396(상암동) 누리꿈스퀘어 비즈니스타워 10층